Barbara Sykes
Border Collies

Border Collies

Richtig verstehen, erziehen, beschäftigen

Von Barbara Sykes

Aus dem Englischen von Dr. Gabriele Lehari

Verlagshaus Reutlingen · Oertel + Spörer

Haftungsausschluss

Die Hinweise in diesem Buch stammen von der Autorin.
Es können jedoch keinerlei Garantien übernommen werden.
Eine Haftung der Autorin bzw. des Verlages und seiner Beauftragten für Personen-,
Sach- und Vermögensschäden ist ausgeschlossen.

First Published in Great Britain as **Understanding Border Collies**
by: The Crowood Press
The Stable Block
Crowood Lane
Ramsbury, Marlborough, Wiltshire SN8 2HR
ENGLAND
© **Barbara Sykes, 1999**

Die Deutsche Bibliothek – CIP-Einheitsaufnahme

Barbara Sykes
Border Collies : richtig verstehen, erziehen, beschäftigen /
von Barbara Sykes – [Übers. der 1. Aufl. 1999 von Gabriele Lehari]. –
Reutlingen : Verl.-Haus Reutlingen Oertel und Spörer, 2001
ISBN 3-88627-806-9

© Verlagshaus Reutlingen · Oertel + Spörer · 2001
Postfach 16 42 · 72706 Reutlingen
Alle Rechte vorbehalten
Lektorat: Dr. Gabriele Lehari, Reutlingen
Schrift: 9/10.5 p Stone
Satz: typoscript GmbH, Kirchentellinsfurt
Reproduktionen: Gaensslen GmbH, Baindt-Schachen
Druck und Bindung: Gulde-Druck GmbH, Tübingen
Printed in Germany
ISBN 3-88627-806-9

Inhalt

Vorwort der Übersetzerin

Als Besitzerin von zwei Hunden und als jemand, der schon lange von Border Collies fasziniert ist, habe ich mich voller Spannung an die Übersetzung dieses Buches gemacht – und bin nicht enttäuscht worden. Dieses Buch von Barbara Sykes ist tatsächlich das „etwas andere Border-Collie-Buch", da es sich in vielen Dingen von den üblichen Rasse-Monografien abhebt. Die Autorin, die bisher ihr ganzes Leben mit Border Collies verbracht hat, will dem Leser einfach nur dabei helfen, diese Hunde besser zu verstehen und somit das Zusammenleben mit ihnen erleichtern.

In den letzten Jahren bin ich vielen verschiedenen Border Collies begegnet und so vielfältig sie in Aussehen und Charakter sind, habe ich doch jeden einzelnen Typ in diesem Buch wiedergefunden. Sie gehören zweifelsohne einer ganz besonderen Hunderasse an, die an ihre Besitzer hohe Ansprüche stellt und dadurch bei vielen Menschen, die sich ohne großes Nachdenken auf das Abenteuer Border Collie eingelassen haben, Probleme oder Ratlosigkeit verursacht.

Babara Sykes vertritt nicht die Meinung, dass jeder Border Collie ein Hochleistungssportler sein muss oder nur glücklich ist, wenn er Schafe hüten kann. Nein, sie gibt zahlreiche praktische Ratschläge auch für den „ganz normalen Familienhund" und erklärt, wie man diese Hunde besser versteht, wie man mit ihren typischen Charaktereigenschaften umgeht und mit ihnen ein harmonisches Miteinander erreichen kann. Wichtigste Voraussetzung dafür ist es ein guter Rudelführer zu sein, die Körpersprache des Hundes richtig zu interpretieren und Einblick in die Psyche dieser wunderbaren Hunderasse zu erhalten.

Viele Border-Collie-Halter werden sich und ihren Hund bei dem einen oder anderen Beispiel sicherlich wiederfinden und vielleicht im ersten Moment manchen Ideen und Ratschläge der Autorin skeptisch gegenüber stehen. Aber probieren Sie es ruhig aus – ich habe es bei meinen Hunden auch getan und festgestellt, es funktioniert!

Einführung

Der Border Collie ist eine vielseitige und populäre Rasse und kann sich an die unterschiedlichsten Lebenssituationen anpassen. Diese Buch handelt weder von einer der vielen Einsatzmöglichkeiten der Hunde noch will es eine bestimmte Erziehungsmethode beschreiben – so wie verschiedene Hunde unterschiedlich behandelt werden müssen, so muss jeder Hundeführer seinen eigenen Stil entwickeln. Dieser individuelle Stil hängt vorwiegend von der betroffenen Person ab, muss aber auch die Möglichkeit einschließen, sich an die Anforderungen der Hunde anzupassen. Der Border Collie ist ein Hütehund – ein Schäferhund – und das muss bei seiner Erziehung immer berücksichtigt werden. Wenn der Hundeführer diese Triebe ignorieren oder unterdrücken will, beraubt er den Hund nicht nur seiner natürlichen Instinkte, sondern unterdrückt ihn auch, wodurch er nur unterwürfig, aber nicht wirklich führig wird.

Dieses Buch gibt Einblick darin, wie ein Border Collie denkt und fühlt; der Rudeltrieb wird genau erklärt, einige Sachverhalte wurden für ein besseres Verständnis vereinfacht. Die Ausbildung ist nicht schwer und sie macht Spaß, wenn man *mit* dem Hund zusammenarbeitet *anstatt gegen* ihn. Ob man einen Welpen oder einen älteren Hund erzieht, die in diesem Buch beschriebenen Trainingsmethoden mit „gesundem Menschenverstand" sind für beide Fälle anwendbar – sie bieten die Grundlage für weiterführende Ausbildungen und ermöglichen dem Leser den Schritt in eine der vielen Disziplinen mit einem vernünftigen, gut erzogenen Hund.

Ob Sie wettkampfbegeistert sind oder lieber lange Wanderungen unternehmen, ob Sie Schafe hüten oder zum ersten Mal einen Hund besitzen, ob Sie einen Arbeitshund oder nur einen treuen Begleiter brauchen – was immer Ihre Absicht ist, wenn Sie diese Rasse lieben und dieses Buch gelesen haben, werden Sie nicht nur davon fasziniert sein, mehr über diese Hunde erfahren zu haben, sondern sie auch besser verstehen.

Kapitel 1
Was ist ein Border Collie?

Auch wenn sich Border Collies von den meisten anderen Hunderassen unterscheiden, sind sie noch ursprünglich Rudeltiere. Es mag einige vom Menschen durch gezielte Kreuzungen geschaffene Rassen geben, aber die echten urtümlichen Rassen besitzen alle einen ähnlichen Ursprung. Bei allen Rassen sollten die Erziehungsmethoden daran angepasst sein, was der Hund versteht, und nicht, was er nach unserer Meinung verstehen sollte! Der Border Collie stammt vom Wolf ab und besitzt einen ausgeprägten Rudelinstinkt. Unsere Vorfahren haben bei der Zucht der Collies sorgfältig darauf geachtet, diesen Instinkt zu bewahren, um einen perfekt arbeitenden Hütehund zu erhalten.

Aufgrund dieser Instinkte übernehmen wir eine doppelte Verantwortung: einerseits den Menschen gegenüber, die diese schönen, intelligenten und starken Arbeitshunde züchten, indem wir sie rassegemäß halten; und andererseits den Hunden selbst gegenüber, indem wir sie verstehen und ihnen helfen uns zu verstehen!

Verschiedene Lebensweisen des Border Collies

Wir müssen nur die vielen verschiedenen Lebensweisen der heutigen Border Collies betrachten, um zu erkennen, wie vielseitig diese Rasse ist. Welpen aus demselben Wurf können ein völlig unterschiedliches Leben führen. Das reicht von den Extremen des hart arbeitenden Hütehundes bis zum reinen Familienhund. Betrachten wir einmal einige dieser Lebensweisen und die Art, wie ein Tag für einen Border Collie beginnen kann.

Wenn in der Dämmerung die Frühnebel über die Hügel ziehen, verlässt der Schäfer mit seinen zwei Collies die heimelige Wärme seines Hauses, um sich um seine Herde zu kümmern. Die Hunde springen voller Energie um die Beine des Schäfers. Nach der harten Hütearbeit am frühen Morgen stellen die Hunde am Nachmittag vielleicht noch ihre Fähigkeiten bei einem Hütewettbewerb unter Beweis.

Viele Kilometer entfernt auf dem flachen Land verwendet ein Cousin dieser Hunde seine Energie für eine ganz andere Art von Hütearbeit. Seine Aufgabe ist es, eine Rinderherde auf den Hof zu treiben. Später wird er **9**

Ein Border Collie benutzt die „Macht des Auges" bei der Hütearbeit. Die Vorderpfote ist leicht erhoben, als würde er vorwärts kriechen.

seinen Besitzer im Wagen zum Viehmarkt begleiten. Während diese Hunde ihre natürlichen Instinkte im täglichen Leben gebrauchen, führen viele ihrer Vettern ein völlig anderes Leben. Einige sind schon auf und voller Erwartung, weil ihr Besitzer das Auto mit allem Nötigen für einen Wettkampf packt. Sie werden ihre enorme Vielseitigkeit im Agility, Obedience oder einer der anderen beliebten Hundesportarten unter Beweis stellen. Während diese Hunde für ihren Sport trainiert werden, werden wieder andere für einige der vielen Dienstleistungen ausgebildet, bei denen ihre Fähigkeiten erforderlich sind. Während ihre Intelligenz und Anpassungsfähigkeit bei der Rettungsarbeit und bei Spürhunden als Helfer des Menschen gefragt sind, bringen sie aufgrund ihrer Freundlichkeit und Sensibilität Freude in Krankenhäuser oder Altenheime, wo sie als Therapiehunde eingesetzt werden: Streicheln als Therapie tut sowohl den Patienten als auch den Hunden gut. Viel mehr Border Collies – alles entfernte Verwandte unserer „Arbeiter auf dem Hügel" – schlafen aber noch. Sie müssen nicht früh aufstehen, um eine bestimmte Arbeit zu verrichten. Als Familienhunde verbringen sie einen sorglosen Tag in Haus und Garten und gehen mit ihren Menschen spazieren.

Wir alle haben schon Mitglieder der Collie-Familie gesehen, die mindestens eine der oben erwähnten Aufgaben erfüllen. Einige Leser mögen einen Pokal vorweisen, einige sitzen vielleicht auf einem angenagten Sessel und einige werden sich fragen, ob ein Border Collie die Rasse ist, für die sie sich nach all diesem entscheiden sollen.

Intelligenz, Loyalität, Freundlichkeit und Ausdauer verleihen dem Border Collie seine natürliche Schönheit.

Der heutige Border Collie besitzt noch viele Eigenschaften seiner Vorfahren und kann sich über einen langen Zeitraum konzentrieren.

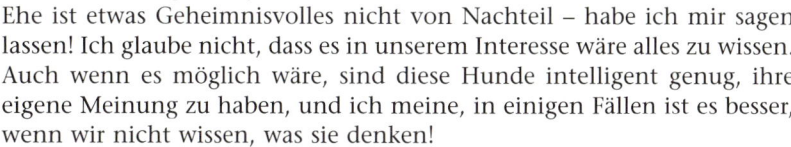

Der Border Collie ist eine extrem vielseitige Rasse. Er ist treu genug, um ein loyaler Freund zu sein, ehrlich genug, um hart zu arbeiten, und intelligent genug, um als Rettungshund oder bei anderen Dienstleistungen zu den Besten zu gehören. Er ist auch lustig und vorwitzig und garantiert, dass es Ihnen nie langweilig wird!

Ist es wirklich möglich Border Collies zu verstehen? Ich glaube ja, aber wie in einer Ehe ist etwas Geheimnisvolles nicht von Nachteil – habe ich mir sagen lassen! Ich glaube nicht, dass es in unserem Interesse wäre alles zu wissen. Auch wenn es möglich wäre, sind diese Hunde intelligent genug, ihre eigene Meinung zu haben, und ich meine, in einigen Fällen ist es besser, wenn wir nicht wissen, was sie denken!

Was wir wissen müssen, ist, wie und warum sie Dinge erarbeiten. Z. B. ist es nicht wichtig, *was* sie über die Wahl Ihrer Freunde oder Ihrer Nachbarn denken, aber *warum* sie diese Einstellung haben und wie man damit umgehen sollte.

11

Informationen über die Rasse Border Collie kann man vielen verschiedenen Quellen entnehmen, aber man muss immer berücksichtigen, dass es sich um Hütehunde handelt und welche Instinkte sie besitzen, die wir verstehen müssen. Wenn diese Instinkte von dem Menschen nicht richtig „übersetzt" werden, kann es zu einem falschen Umgang führen. Erfolgt diese Übersetzung aber richtig, kann der Mensch den Hund auf eine Weise kontrollieren, die er auch versteht. Hierfür müssen wir zu den Vorfahren unserer Collies zurückgehen und die Zeit sowie die Erfahrung der Vergangenheit nutzen, um die heutigen Border Collies verstehen zu können. Aber zunächst, wie viel wissen wir über die Hunde selber?

Wissen ist ein Teil des Verstehens. Wenn wir den Hintergrund dieser Rasse gar nicht oder zu wenig berücksichtigen, steht uns nur die Gegenwart als Information zur Verfügung. Und können wir uns wirklich auf Tatsachen verlassen, die auf menschliche Annahmen basieren, anstatt auf die aktuelle Geschichte der Rasse? Wenn wir uns die Zeit nehmen etwas über die Instinkte der Hunde herauszufinden, wie sie miteinander kommunizieren und warum sie auf bestimmte Situationen und Kommandos reagieren, sind die ersten Schritte zu einer Partnerschaft gemacht. Es gibt so viele Fragen und auf jede gibt es eine Vielzahl von Antworten, aber wenn wir genug über sie wissen, ist es nicht allzu schwer die richtige Antwort zu erkennen.

Wir wissen, dass der Border Collie eine intelligente Hunderasse mit einem enormen Arbeitseifer ist. Er lernt sehr schnell – häufig zu schnell, so dass seinem ahnungslosen Besitzer der Kopf schwirrt! Mit diesem Wissen ist man darauf vorbereitet, dass der Hund auch schlechte Angewohnheiten schnell lernt und wahrscheinlich, ohne dass es sein Besitzer merkt – bis es zu spät ist.

Die Rasse ist berühmt für die Macht ihres „Auges", das an einer späteren Stelle noch näher erklärt wird. Aber die Kenntnis darüber sollte uns lehren, dieses „Auge" zu respektieren, statt es zu einer Auseinandersetzung kommen zu lassen. Das Hüten ist ein natürlicher Instinkt. Daher nimmt die Natur ihren Lauf, wenn ein junger Hund ohne entsprechendes Training dorthin mitgenommen wird, wo Schafe, Enten oder anderes Vieh herumziehen. Es ist auch eine Rasse mit enormem Durchhaltevermögen und großer Belastbarkeit, daher ist es ratsam nicht so töricht zu sein, jeden Tag kilometerweite Märsche zu unternehmen, da man ansonsten einen athletischen Hund erhält, der kaum bei einem zu halten ist. Die meisten Rasseinformationen lassen den zukünftigen Border Collie-Besitzer glauben, dass sein Hund jeden Tag kilometerweit laufen muss, aber obwohl ein Border Collie natürlich Bewegung braucht, muss dieses nicht ausarten – die geistige Beanspruchung ist ebenso wichtig. Die Rasse ist aus Rudeltieren hervorgegangen und ein Rudel Hunde unternimmt nicht jeden Tag energieverzehrende lange Wanderungen. Sie ziehen umher, grasen (ja, grasen!) und ruhen. Ein Rudeltier weiß, wie viel Nahrung es benötigt, und domestizierte Border Collies werden häufig viel zu energiereich ernährt, was zu einem hyperaktiven Hund und einem entnervten Besitzer führt.

Ein Hund kann zwei Positionen in einem Rudel einnehmen: die des Rudelführers oder die eines Rudelmitglieds. Und wir sollten uns immer bewusst sein, dass wir der Rudelführer sein müssen und der Führer von jeder Gruppe immer an der Spitze ist. Jetzt verstehen wir, dass wir unseren Hund hinter uns halten müssen, um unsere Position zu behaupten.

Sehen Sie, wie viele Fragen wir schon beantwortet haben, und dabei haben wir gerade angefangen! Einige dieser Antworten werden Sie wahrscheinlich überrascht haben. Und einige der typischen Border-Collie-Probleme werden wir in diesem Buch auf eine andere als die vielleicht sonst übliche Art behandeln.

Warum man einen Border Collie möchte, kann viele und sehr unterschiedliche Gründe haben. Die Hunde sind intelligent, hübsch und treu, aber es ist wichtig zu wissen, mit welcher Art von Intelligenz man es zu tun hat und wie ein Border Collies denkt.

Hierfür müssen wir für einen Moment die Themen wie Registrierungspolitik, Zuchtbücher oder die Kontroverse Arbeits- gegen Familienhunde außer Acht lassen und nur den Hund an sich betrachten, seine Instinkte und wie stark diese sein Verhalten beeinflussen.

Die geistigen Fähigkeiten und die Wendigkeit des Körpers gekoppelt mit Loyalität, Freundlichkeit und Ausdauer wurden zu den Auswahlkriterien für den Border Collie.

Als ehemaliges Rudeltier sind die natürlichen Instinkte des Border Collies ähnlich denen des Wolfes, einem Beutegreifer. Das Anschleichen und Hüten würde mit dem Töten der Beute enden, um den Hunger zu stillen. Über die Jahre hat der Mensch diese Instinkte so kanalisiert, dass er einen zuverlässigen, Schafe hütenden Helfer erhalten hat. Mit diesen Informationen lässt sich ein Bild der Rasse während ihrer Entstehungsgeschichte zeichnen. Ohne auf die technische Seite der Zucht einzugehen, ganz einfach erklärt: Unsere Vorfahren brauchten Unterstützung beim Hüten ihrer Herden und ein Hund ohne Hüteinstinkt war ebenso nutzlos wie einer, der tötet. Schafe brauchten damals wie heute entschlossene, vorsichtige Behandlung auf kurze Distanz und schnelle, ausdauernde Hunde auf Entfernung. Und vor allem brauchten die Schäfer einen Hund mit Köpfchen. Da sie selber nicht in der Lage waren einen Hügel hinaufzurennen und die Schafe selber zusammenzutreiben, brauchten unsere Vorfahren also einen Hund, der die Ausdauer besitzt einen Berg hinaufzurennen, die Schnelligkeit ausgebrochene Schafe einzuholen und den Mut, widerspenstige Mutterschafe zurückzutreiben. Außerdem sollte er so loyal sein, um Seite an Seite mit dem Menschen zu arbeiten – auch stundenlang unter widrigen Wetterverhältnissen –, und die Intelligenz besitzen eine Situation einzuschätzen und entsprechend zu handeln, **13**

Obwohl ein Border Collie bei der Hütearbeit stark und kraftvoll ist, bleibt er in seinen Bewegungen elegant und anmutig.

Eine Rasse mit Tempo und Ausdauer. Dieser Hund konzentriert sich auf seine Arbeit, während die Hinterbeine für den Antrieb sorgen.

auch wenn er alleine mit den Schafen meilenweit von zu Hause entfernt ist. Es spielte keine Rolle, wie diese Hunde aussahen – Farbe, Größe (obwohl zu große Hunde nicht erwünscht waren), Ohren, Haarlänge und -struktur, all dies war unwichtig. Die geistigen Fähigkeiten und die Wendigkeit des Körpers gekoppelt mit Loyalität, Freundlichkeit und Ausdauer wurden zu den Auswahlkriterien. Daraus entwickelte sich der arbeitende Hütehund, heute bekannt als Border Collie.

Nachdem wir erfahren haben, warum und wie er entstanden ist, wollen wir das Leben des Border Collies in den vergangenen Jahrhunderten betrachten, um ein etwas klareres Bild von ihm zu erhalten. Hierfür müssen wir in die Zeit zurückgehen, bevor es Autos, Viehtransporter und andere Hilfsmittel gab, die dem modernen Schäfer zur Verfügung stehen. Unser urtümlicher Schäfer mit seinen Hunden war ausgerüstet mit einem guten Paar Schuhe und einem Hirtenstab. Sein Tag begann im Morgengrauen und endete bei Einbruch der Dunkelheit. Sowohl Mensch als auch

Zäh, stolz, arbeitsfreudig und loyal. Dank sorgfältiger Zucht haben sich diese Attribute über Generationen vererbt.

Hunde waren die meiste Zeit während ihrer Hütetätigkeit auf den Beinen, wanderten um die Herden, hielten die Tiere zusammen und überwachten das Lammen. Während der Arbeit waren sie ein Team und wurden so unzertrennlich. Manche Tage waren leichter als andere, aber häufig waren die Belastungen bei schlechtem Wetter am härtesten und größten.

Das Bild, das man sich hier vorstellen muss, ist weder das von dem gemütlichen Feuer in der Hütte und dem dampfenden Kakao, wobei der „alte Schäferhund" zu Füßen des Hirten schläft, noch von dem anderen Extrem des kalten, nassen Collies, der am Zwinger angekettet ist. Wir müssen das Leben der Border Collies im Allgemeinen betrachten, denn es sind die sorgfältigen, gewissenhaften Schäfer und Züchter von Gestern, denen wir den Border Collie von Heute zu verdanken haben. Diese Menschen verehrten ihre vierbeinigen Arbeiter und zollten ihnen den Respekt, den sie mit Recht verdienten.

Am Ende jedes Arbeitstages zogen sich die Hunde in ihr eigenes Reich zurück. Das konnte ein gemütlicher, trockener Zwinger, ein mollig warmer Stall oder eine Ecke in der Küche oder in einem Nebengebäude sein, wo sie sich dem Fressen, Schlafen und Säubern widmen konnten. Sie wurden nicht gestört und wussten ebenso, dass derjenige, der sie während ihrer Ruhezeit fütterte und versorgte, nicht gestört werden wollte. So konnten sie aber auch sicher sein, dass die Menschen sie während der Ruhezeit nicht in ihrem Frieden und beim Nachdenken stören würden. Ihre Lager waren einfach. In der Tat zogen die Hunde es oft vor, entsprechend ihrer alten Instinkte, sich selber ihre Lager zu graben und auszuhöhlen (heute überraschen Border Collies häufig ihre Besitzer, indem sie verschiedene Unterlagen zum Schlafen an die unmöglichsten Stellen **15**

Eine Rasse mit einer langen Geschichte. Diese Border Collie wartet geduldig darauf seine Arbeit fortzusetzen.

räumen, obwohl ihnen ein nach menschlichem Ermessen gemütliches Bett angeboten wurde!). Ihre Ernährung war einfach – Haferschleim, Mais und Fleisch, je nach Verfügbarkeit. Viele Schäfer stellten ihre eigene „Mischung" her in Abhängigkeit von Kondition und Arbeit. Solche Hunde, die eher dürftig ernährt wurden, suchten sich ihr eigenes Zusatzfutter, indem sie Mineralstoffe und Vitamine mit den Pflanzen aus der Umgebung aufnahmen, so wie es ihre Vorfahren getan haben.

Glücklicherweise hat sich die Ernährung über die Jahre verbessert und das Angebot ist vielfältig und abwechslungsreich, womit aber Probleme mit den nicht arbeitenden Border Collies einhergehen (dazu später mehr). Dabei sollte man nicht vergessen, dass, obwohl die Ernährung sehr einfach war, die Hunde nicht nur gut gediehen, sondern auch die für ihre Arbeit erforderliche Ausdauer besaßen. Ein wichtiger Faktor ist, dass viele dieser Hunde die Freiheit hatten ihre eigenen Nachtquartiere selber auszuwählen und nach Futter zu suchen. Diese Hunde waren dazu erzogen, nicht das Vieh, das sie hüteten, zu töten, aber der starke Überlebens- und Rudelinstinkt lehrte sie, das Futter zu finden, das ihnen vielleicht fehlte. Ein Tier, das eins ist mit der Natur, weiß instinktiv, wie und wo es Vitamine und Mineralstoffe finden kann. Wichtig ist, dass sich die frühere Lebensweise der Border Collies und ihre Lebensbedingungen von den heutigen unterscheiden, aber dass der Grad von Intelligenz, Ausdauer und Härte nicht weniger geworden ist.

Wir können uns jetzt ein Bild von dem Border Collie um 1900 machen. Farbe, Fell und allgemeines Erscheinungsbild variierten, aber er war ein rauer Kerl, zuverlässig, hart arbeitend und loyal. Der urtümliche Border Collie repräsentierte den genügsamen Helfer mit großer Ausdauer und intelligent genug, um selbstständig zu arbeiten. Ein Bild des heutigen Border Collies – abgesehen von der Qualität der Fotografien – unterscheidet sich nur wenig von dem ursprünglichen Typ. Durch sorgfältige, durchdachte Zucht wurde die Rasse verbessert. Das Ergebnis war ein vielseitigerer Border Collie mit besserem Sehvermögen, der seine Fähigkeiten in allen Arbeitsbereichen unter Beweis stellen kann, statt sich auf nur eine Tätigkeit zu spezialisieren.

Wir haben den Border Collie in seinem natürlichen Umfeld betrachtet, vom Rudeltier zum arbeitenden Schäferhund. Hat sich dieselbe Rasse bereitwillig an ein Leben als Haustier angepasst? Kann man das von ihr verlangen? Können wir diesen starken Hüteinstinkt unterdrücken oder sollen wir versuchen ihn um des Hundes willen zu eliminieren?

Die Antwort ist nicht einfach, da die Border Collies in Temperament und Charakter erhebliche Unterschiede aufweisen. Die Frage, ob diese Hunde ein anderes Leben als als Arbeitshunde führen sollen, ist unerheblich – Tatsache ist, dass sie es tun und in der Lage sind, sich an die meisten Situationen anzupassen. Mit der Anerkennung dieser Rasse waren viele Veränderungen verbunden.

Nur ein Narr gibt einer Hunderasse die Schuld, wenn sie nicht den Erwartungen entspricht.

Der Border Collie ist heute so beliebt, dass er in vielen verschiedenen Lebensbereichen anzutreffen ist. Das wird sich nicht ändern, also müssen wir alle zusammen zum Wohle der Rasse und seiner Intelligenz handeln.

Es sind die Klugheit, die Fröhlichkeit und die Vielseitigkeit des ursprünglichen Border Collies, die Hundehalter ohne Schafe erkannt und in ihr Leben integriert haben. Wir dürfen nicht die Hunde aus Arbeitslinien degradieren, die als „nicht gut genug für die Arbeit" beurteilt wurden. Dies bedeutet nur, dass sie für eine bestimmte Arbeit nicht in Frage kamen (z. B. arbeiten nicht alle Hunde mit Rindern, sind aber exzellent an Schafen), nicht richtig trainiert oder falsch aufgezogen wurden. Wir verstehen jetzt, dass es Jahre sorgfältiger Zucht gebraucht hat, um diese wunderbare Rasse hervorzubringen, aber es kann durch leichtsinnige Fehler oder mangelndes Wissen über die genetischen Veranlagungen der Vorfahren zu Verschlechterungen kommen.

Wir Menschen sind dafür verantwortlich unsere „Hausaufgaben" zu machen und sicher zu stellen, dass wir eine Rasse züchten, die ihrer Vorfahren würdig ist. Wenn die Zutaten eines Originalrezeptes verändert werden, ist das Endprodukt niemals von derselben Qualität. Verändern wir das Genmaterial zu stark, erhalten wir ebenso eine Rasse, die ihre ursprünglichen Qualitäten verloren hat. Wir haben jetzt die Antwort auf die Frage: Sollen wir die Instinkte des Border Collies als Haushund eliminieren? Wenn wir Anstalten machen, die Hunde für eine einfachere **17**

Haltung zu verändern, verändern wir die Rasse, eine mit einer langen Geschichte – es ist daher besser sie entweder zu verstehen oder lieber nur von der Ferne zu betrachten.

So wie uns sorgfältige Zucht den heutigen Border Collie beschert hat, so müssen wir dafür sorgen, dass dieser Arbeitshund sicher in die meisten Umgebungen integriert wird, ohne dass er seine ursprünglichen Qualitäten verliert! Obwohl dieser Anspruch zum größten Teil auf den Züchtern lastet, müssen auch die zukünftigen Besitzer dafür verantwortlich zeichnen. Zu viele Border Collies, die als Welpen gekauft wurden, ohne dass man sich um Zucht, Ernährung, Pflege und Führung gekümmert hat, werden zu Problemhunden. Ein Teil dieser Probleme mag genetisch bedingt sein, aber ein großer Teil ist falsche Behandlung oder die Unfähigkeit die Bedürfnisse des Hundes zu verstehen. Die Betonung liegt darauf, was der Hund tatsächlich benötigt, und nicht, was er nach Meinung des Menschen vielleicht braucht.

Mit diesem Bild eines besonderen Hundes – des Border Collies – können nur Sie selber entscheiden, ob Sie bereit sind Ihr Leben mit solch einem Hund zu teilen. Der Preis, außer dem finanziellen, ist ein Lebewesen, auf das Rücksicht genommen und das versorgt sowie richtig erzogen werden muss. Hat man alles richtig gemacht, ist der Lohn ein loyales, intelligentes und fröhliches Familienmitglied.

Nachdem man nun verstanden hat, was ein Border Collie ist, bedeutet der nächste Schritt den richtigen Hund zu finden.

Der Border Collie als Rasse

Border Collies sind intelligente Individuen mit einem starken Willen. Sie wurden für die Arbeit gezüchtet. Mit Hilfe der natürlichen Instinkte hat man einen Hütehund hervorgebracht, der aber auch so vielseitig ist, dass er sich an andere Lebensbedingungen anpassen kann. Es ist wichtig die starken natürlichen Instinkte zu erhalten, damit der Border Collie in seiner Ursprünglichkeit erhalten bleibt. Diese starken Triebe, wenn sie verstanden und richtig eingesetzt werden, sind dieselben Instinkte, die dem Border Collie seine Fröhlichkeit, seine Vielseitigkeit und seine Loyalität verleihen, für die er so geschätzt wird.

Kapitel 2
Finden Sie Ihren Border Collie

Einen Border Collie zu finden, muss nicht schwierig sein, aber bevor Sie losgehen und den erstbesten süßen Welpen kaufen, den Sie sehen, halten Sie ein und überlegen Sie sich ganz genau, was sie wirklich wollen. Denn Sie suchen nicht einfach einen Hund, sondern Sie suchen den Hund, der für lange Zeit ein Bestandteil Ihres Lebens sein wird. Daher seien Sie sich darüber im Klaren, was sie suchen.

Sie suchen zwar nach einer bestimmten Rasse, aber es handelt sich um sehr individuelle Hunde, daher sollten Sie sicher sein, dass Ihre Wahl zu Ihrem Lebensstil passt und Ihren Anforderungen entspricht. Wie sind also Ihre Ansprüche?

Was erwarten Sie von Ihrem Hund?

Zunächst beantworten Sie folgende Fragen: Warum wollen Sie einen Border Collie? Wollen Sie einen Familienhund, einen Wachhund oder einen Arbeitshund? Wie viel Zeit können Sie ihm täglich widmen? Sind alle Familienmitglieder mit der zusätzlichen Verantwortung einverstanden? Wird der Hund mit Kindern zusammenleben? Falls Sie alleinstehend sind, wird der Hunde regelmäßig längerer Zeit allein sein? Möchten Sie an irgendwelchen Wettbewerben teilnehmen und wenn ja, an welchen? Möchten Sie einen Welpen oder einen erwachsenen Hund?

Wenn Sie einen reinen Wachhund suchen, wird ein Border Collie nicht nur jegliche Art von Einschränkungen übel nehmen, sondern er wird auch darunter leiden, wenn ihm der Kontakt zu seinem menschlichen Partner verwehrt wird. Ein Border Collie wird von Natur aus sein Eigentum beschützen, wenn er sich mit einem Rudel identifiziert – z.B. wird ein Familienhund auch beschützen, wenn es die Situation erfordert. Suchen Sie nach einem Arbeitshund, sollten Sie sichergehen, dass die Zuchtlinie für diese Art von Arbeit geeignet ist. Beispielsweise wäre es unsinnig, wenn ein Viehzüchter einen Hund für seine Rinder sucht und ein Tier von Eltern kauft, die keine guten Treibhunde waren.

Wenn Sie mir Ihrem Hund Wettkämpfe bestreiten wollen, sollten Sie die Anforderungen der einzelnen Sportarten kennen. Ein ruhiger Hund von scheuen Eltern hat beim Agility oder Obedience nicht die besten

Ein prächtiger Vertreter der seltenen „blauen" Border Collies.

Chancen, so wie nicht alle Hunde gerne Aufmerksamkeit erregen oder große Menschenmengen mögen.

Aber zunächst, was wünschen Sie von Herzen, einen Welpen oder einen erwachsenen Hund? Wenn Sie meinen, Sie möchten einen Welpen, sollten Sie so viel wie möglich über Erziehung wissen, bevor Sie den Welpen nach Hause holen, und Sie müssen außerdem sicher sein, dass Sie genügend Zeit haben, um einen Welpen aufzuziehen. Wenn Sie arbeiten und das Haus lange Zeit des Tages leer ist, wäre es unfair von einem Welpen zu verlangen sich daran anzupassen, wenn Sie nicht selber in der Lage sind sich anzupassen. Falls Sie kleine Kinder oder ein Baby haben, haben Sie dann genügend Zeit für diese zusätzliche Belastung? Denken Sie daran, dass die Person, die sich auf die Erziehung des Hundes vorbereitet hat, nicht immer dieselbe Person ist, die sich den ganzen Tag um den Hund kümmert. Alle Familienmitglieder müssen vorbereitet und in der Lage sein, den Welpen zu versorgen und zu erziehen und für ihn die Verantwortung zu übernehmen. Falls Sie Katzen, Kaninchen oder andere Kleintiere besitzen, die ein Welpe vielleicht jagen würde, können Sie ihnen ein sicheres Heim garantieren? Wie dem auch sei, wenn Sie einen Welpen wählen, haben Sie die Möglichkeit ihn so zu erziehen, wie Sie es wollen, und Sie werden nicht nur eine Menge Freude haben und viel lachen, sondern auch einige liebevolle Erinnerungen bewahren.

Wenn Sie meinen, ein älterer Hund wäre besser für Sie, wären Sie bereit einem Tierheimhund ein sicheres Heim zu bieten oder haben Sie das ohnehin vor? Wenn Sie einen Tierheimhund wählen, seien Sie auf einige

Die Rasse hat sich im Aussehen ihre Vielfältigkeit bewahrt. Hier ein dreifarbiger Border Collie.

traumatische Momente gefasst, so wie es Zeiten geben wird, in denen Sie fast verzweifeln. Aber die Umwandlung eines Tierheimhundes zu einem sicheren, vertrauensvollen Begleiter ist ein ganz besonderer Lohn!

Der Tierheim- oder ältere Hund

Bei der Erziehung eines älteren oder eines Problemhundes muss man ganz von vorne anfangen. Hierzu gehört das Training wie beim Welpen, viel Geduld und eine ganze Menge gesunder Menschenverstand.

Es ist gewöhnlich nicht schwer einen älteren Hund zu finden, der ein neues Zuhause sucht. Es gibt verschiedene Tierschutzorganisationen, wobei manche sich nur mit bestimmten Rassen, also auch Border Collies, befassen. Wenn Sie einen Hund aus dem Tierheim nehmen, werden Sie vermutlich um einen gewissen Spendenbetrag gebeten und werden hoffentlich auch später noch betreut. Klären Sie das zunächst ab. Nicht alle Organisationen werden behördlich unterstützt und manche helfen Ihnen vielleicht nicht mehr, nachdem Sie den Hund mit nach Hause genommen haben.

Die meisten Hilfsorganisationen können Ihnen bei der Wahl des Hundes und seiner Eingewöhnung helfen, aber scheuen Sie sich nicht Fragen zu stellen und finden Sie so viel wie möglich über die Vorgeschichte des Hundes heraus. Nicht alle Hunde in Tierheimen sind herrenlos – gelegentlich werden Tiere dort aufgenommen, weil ihre Besitzer sie nicht **21** länger versorgen können. Das einzige Problem, dem Sie dann wahrscheinlich begegnen, ist das mangelnde Vertrauen des Hundes, was sich aber bald durch zärtliche und liebevolle Fürsorge bessert. Seriöse Hilfsorganisationen verrichten großartige Arbeit und sind häufig auf öffentliche Gelder und Spenden angewiesen. Viele freuen sich darüber, wenn Sie mit einigen der Tierheimhunde Zeit verbringen, mit ihnen spazieren gehen und sie kennen lernen. Die Spaziergänge lohnen sich und können bei der Entscheidung helfen, welcher Hund für Sie geeignet ist. Manchmal findet man auch Angebote für ältere Hunde in der Tageszeitung oder im Zoogeschäft, aber seien Sie vorsichtig. Finden Sie heraus, warum der Hund ein neues Zuhause sucht.

Einen älteren oder Tierheimhund ins Haus zu holen bedeutet nicht unweigerlich ein Problem, aber Sie nehmen ein älteres Lebewesen auf, das an einen anderen Tagesablauf und vermutlich auch an eine andere Lebensweise als die Ihre gewöhnt ist. Wenn Sie dies vergleichen mit dem Unterschied, ob Sie ein kleines Baby aufziehen oder ein älteres Kind adoptieren, wissen Sie sogleich, dass für das ältere Kind eine gewisse Eingewöhnungszeit erforderlich ist. Man muss die Zeit haben sich gegenseitig kennen zu lernen, einen neuen Lebensrhythmus anzunehmen und vor allem die gegenseitigen Bedürfnisse zu erkennen. Ein Hund, der misshandelt wurde, wird automatisch eine Menge Zärtlichkeit und Liebe von seinem neuen Besitzer erhalten, aber der Hund, der aus einem liebevollen Zuhause stammt, benötigt ebenso viel Zuwendung. Welche Gründe auch immer den Vorbesitzer dazu bewogen haben sich von seinem Hund zu trennen, wird es für den Hund immer unverständlich bleiben und er wird, falls er Sie nicht schon kennt, durcheinander und verwirrt sein.

Unternehmen Sie alles, damit sich der Hund wie zu Hause fühlt.

Ehemaliger und neuer Besitzer haben den Wechsel vielleicht schon länger geplant, aber es wird für den Hund ungewohnt sein, wenn sein alter Rudelführer plötzlich aus seinem Leben tritt! Die meisten Hunde haben einen sechsten Sinn, der ihnen sagt, dass irgendetwas passiert, was nicht zum normalen Leben gehört. Egal, wie sehr die Menschen versuchen diskret und ruhig zu sein, senden sie doch gewisse Signale aus, von denen sie wahrscheinlich nichts merken, die aber der Hund sofort spürt. Auch wenn der Hund aus einem guten Zuhause stammt und erzogen worden ist, so heißt das nicht, dass sich der neue Besitzer nicht besonders viel Mühe geben muss. Denn auch wenn Sie dieselben Worte benutzen, die Stimme ist anders! Unternehmen Sie alles, damit sich der Hund wie zu Hause fühlt. Beispielsweise legen Sie sein Körbchen oder seine Decke nicht dort hin, wo Sie wollen, sondern achten Sie darauf, wo sich der Hund wohl fühlt. Wenn Sie dafür keine Hinweise finden, überlegen Sie, wo sein Platz im alten Heim war und bieten Sie ihm einen ähnlichen an. Vielleicht hat er unter der Treppe oder in der Küche ge-

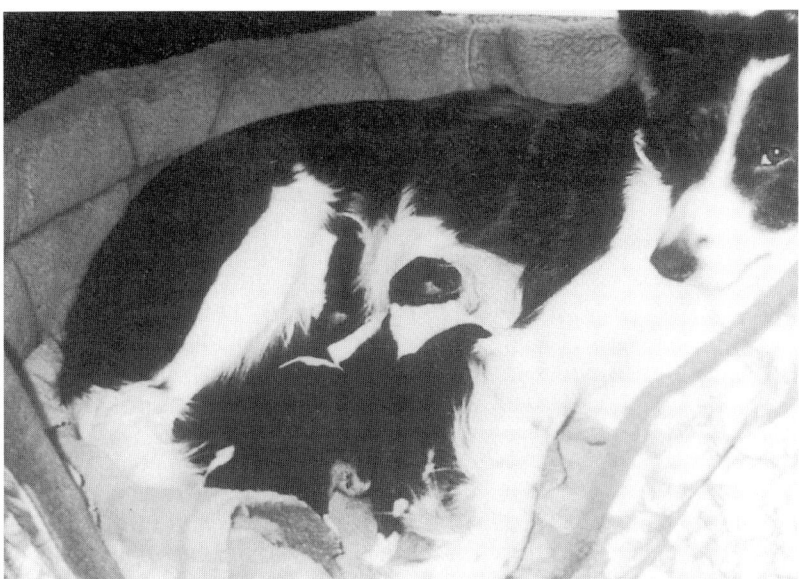

Die „Milchbar" ist ein sicherer Ort, wobei Mama alles zufrieden überwacht. Megan hatte ein warmes Lager für ihre Welpen, aber sie war nicht zufrieden mit dem Platz, bis das „Bett" in eine Ecke geschoben wurde.

schlafen. Und wenn er plötzlich in den Wintergarten oder sogar den Gartenschuppen rennt, machen Sie sich keine Sorgen, vielleicht war das sein Lieblingsplatz im alten Zuhause! Wenn sich der Hund eingewöhnt, ist er vielleicht glücklich über Ihre Vorstellung von einer sicheren Zufluchtsstätte, aber rechnen Sie in den ersten Wochen damit, dass er eine etwas andere Vorstellung von einem gemütlichen Platz hat. Sie sollten nur auf Ihren Willen bestehen, wenn der Hund etwas tut, was in Ihrem Haus inakzeptabel ist.

Ein Wort zur Vorsicht – wenn Sie noch nie zuvor einen Hund erzogen haben, nehmen Sie keinen Hund auf, der aggressiv geworden ist. Ein Hund ist sehr selten von Natur aus aggressiv und eine Besserung ist häufig möglich, aber es erfordert spezielle Kenntnisse und besonderes Training. Wenn Sie nach einem Hund aus einem Privathaushalt suchen und Zweifel über sein Temperament bestehen, überlegen Sie sorgfältig, bevor Sie eine Entscheidung fällen.

Die Suche nach einem Welpen

Wo fängt man da an? Zuerst in der Tageszeitung unter der Rubrik „Tiere", beim Tierarzt, im Telefonbuch, bei Hundeklubs und -verbänden, in Hundezeitschriften oder im Tierheim. Sie haben die Qual der Wahl und es ist so leicht, sich in einen Welpen zu verlieben, so dass man, wenn man aus einem ganzen Wurf wählen kann, vor einer schwierigen Entscheidung steht. Der Welpe, der Ihnen am besten gefällt, ist nicht unbedingt die beste Wahl für Sie. Der Züchter wird mehr darüber wissen, wie sich die Charaktere der einzelnen Welpen entwickeln werden, daher zögern Sie nicht Fragen zu stellen.

Wenn Sie einen Welpen aus dem Tierheim holen, gibt es wahrscheinlich nur wenig, wenn überhaupt, Informationen über die Eltern. Die Angestellten können vielleicht etwas über die Hintergründe erzählen, warum der Welpe im Tierheim ist, ob er dort geboren wurde, ob jemand vom Personal die Eltern kennt. Wenn Sie Ihren Welpen beim Züchter kaufen, sollten Sie wesentlich mehr Informationen erhalten. Aber häufig sorgen die Informationen, die eigentlich helfen sollen, für Verwirrung!

Zunächst sollten Sie ganz sicher sein, was Sie wollen – einen Border-Collie-Welpen, was sonst? Sie haben vielleicht sogar ein Bild vor dem geistigen Auge von dem Hund, den Sie möchten, und dieses Bild haben Sie im Kopf, wenn Sie Ihren Welpen auswählen, aber es gibt keine Garantie dafür, dass das kleine Wollknäuel sich zu dem entwickelt, was Sie sich vorstellen. Sie haben vielleicht auch Visionen von Ballspielen, Ausstellungsbesuchen, Schwimmen und eine Reihe anderer Aktivitäten, von denen Sie hoffen, dass Ihr Hund daran Interesse hat. Vielleicht hat er aber später ganz andere Ideen!

Wenn Sie schließlich die Wahl treffen und meinen zu wissen, welchen Welpen Sie wollen, sind Sie vielleicht nicht gefasst auf die Fragen, die Ihnen der Züchter stellt: Wollen Sie Ihren Welpen mit Papieren? Es kann ein ISDS- oder ein VDH-Hund sein. Er kann aus einer Arbeits- oder einer Schönheitslinie stammen. Er sollte auf CEA (Collie Eye Anomalie) untersucht werden und es sollte keine HD in der Familie sein! Entweder Sie wissen, was das alles bedeutet, oder Sie kommen jetzt gehörig ins Schleudern!

Sie müssen wissen, was Sie wollen und wo Sie es finden. Wenn Sie sich zum ersten Mal nach einem Wurf erkundigen und Sie sich an einen Züchter wenden, gehen Sie nicht davon aus, dass dieser zwangsläufig ein Züchter mit umfangreichem Wissen ist. *Ein* Züchter ist eine Person, die Hunde züchtet; *der* Züchter ist die Person, die den Wurf liegen hat, nach dem Sie gesucht haben. Vergewissern Sie sich durch weitere Erkundigungen, dass dieser Züchter nur speziell Border Collies züchtet und nicht eine ganze Reihe von Rassen und zufällig einen Wurf Border Collies gerade hat.

24 „Anerkannter Züchter" klingt gut, aber erkundigen Sie sich genau, was

Gesunde Welpen beim Spielen (oben) und Fressen (unten). Keiner wird zurückgedrängt und es gibt keinen Streit.

Es ist der natürliche Instinkt einer Hündin ihre Jungen zu beschützen und ihre Wünsche sollten berücksichtigt werden. Dieser Wurf mit zwei weißen Welpen hat einen dreifarbigen Vater und eine schwarz-weiße Mutter.

das bedeutet. Er kann einfach in seinem Bezirk als Züchter angemeldet sein oder er ist VDH-Züchter, Mitglied im Club für Britische Hütehunde oder der „International Sheep Dog Society" (ISDS). Welche Registrierung er auch besitzt, es bedeutet nicht automatisch, dass Sie von ihm alle Hintergrundinformationen bekommen, die Ihnen ein gewissenhafter Züchter geben sollte – das ist etwas, was Sie selber herausfinden müssen.

Fragen Sie, ob Sie den Züchter besuchen dürfen und notieren Sie die spontane Antwort. Wenn die Welpen noch recht klein sind, sollte der Züchter vorsichtig sein, da das Risiko einer Erkrankung immer größer wird, je mehr Menschen die Welpen besuchen. Seien Sie nicht verärgert, wenn Sie ein paar Wochen warten müssen, oder beleidigt, wenn Sie gebeten werden, Ihre Schuhe beim Besuch zu desinfizieren oder auszuziehen. Rechnen Sie damit sehr junge Welpen nicht anfassen zu dürfen. Es ist besser sicherzugehen und in ein paar Wochen können Sie wiederkommen, um die Welpen zu knuddeln. Einige Züchter erlauben den zukünftigen Besitzern, die jungen Welpen anzuschauen, insbesondere, wenn Sie mehr Interessenten als Welpen haben. Wenn jemand z. B. unbedingt einen Hund mit einem weißen Kragen möchte und kein entsprechender Welpe dabei ist, möchte der Züchter wissen, ob man die Person von der Interessentenliste streichen kann. Sobald die Welpen größer sind, werden Sie noch einmal eingeladen, um Ihre Wahl zu treffen. Hierbei gibt es keine bestimmte Vorgehensweise, sie kann von Züchter zu Züchter variieren. Sie werden die für sie geeignete Methode anwenden und Sie sollten sich jetzt nur darum kümmern, welcher Welpe aus dem Wurf der richtige für Sie ist.

Achten Sie bei einem Besuch auf das Umfeld. Es muss nicht mustergültig und mit allem möglichen Komfort ausgestattet sein, aber es sollte sauber und ordentlich ohne Gefahrenzonen (Nägel, Holzstücke, tiefes Wasser usw.) sein. Die Welpen sollten einen fröhlichen und entspannten Eindruck machen und voller Vertrauen zu ihrem Züchter rennen. Das Fell sollte in gutem Zustand sein und wenn auch glückliche Welpen nicht immer saubere Welpen sind, so sollten kein alter oder eingetrockneter Schmutz, keine verfilzten Haare oder kahle Stellen vorhanden sein. Es ist unvermeidbar, dass Welpen beim Herumlaufen im Garten und auf ihren Spielplätzen kleine Plagegeister aufnehmen, aber andauerndes Kratzen deutet auf ein Parasitenproblem hin. Wenn Sie Welpen mit hübschen, glänzenden Augen, rundlichen, aber nicht aufgedunsenen Bäuchlein und verschmitzten Gesichtern sehen, können Sie anfangen dem Züchter zu trauen.

Bitten Sie die Mutter sehen zu dürfen – bei jeder privaten Zuchtstätte sollte die Mutter verfügbar sein (außer sie ist tragischerweise gestorben und die Welpen werden von Hand aufgezogen). Und auch wenn sie gerade einen Wurf aufgezogen hat, sollte sie immer noch gut aussehen. Einige Hündinnen bleiben in guter Verfassung, wenn sie säugen, aber einige verbringen so viel Zeit damit sich um die Welpen zu kümmern, dass sie sich selbst vernachlässigen. Auch wenn ihre Verfassung nicht hundertprozentig ist und das Fell etwas gelitten hat, sollte sie dennoch gut genährt und gepflegt aussehen. Erkundigen Sie sich nach dem Deckrüden, dem Vater der Welpen. Vielleicht gehört er dem Züchter, dann können Sie beide Elterntile kennen lernen und etwas Zeit mit ihnen verbringen. Ist der Rüde nicht verfügbar, versuchen Sie so viel wie möglich über ihn herauszubekommen, z. B. spielen Farbe, Fellbeschaffenheit und Temperament eine große Rolle bei der genetischen Ausstattung der Welpen. Fragen Sie nach der Telefonnummer des Deckrüdenbesitzers – vielleicht wohnt er sogar in der

In einer guten Zuchtstätte sind Welpen und erwachsene Hunde gesund und vertrauensvoll.

Nähe, aber egal, ob Sie ihn aufsuchen wollen oder nicht, sollte der Züchter froh sein, Ihnen nähere Informationen geben zu können.

Hat der Züchter nur eine Hündin oder gibt es noch andere in der Zucht? Vielleicht gibt es ältere Hunde, die mit den Welpen verwandt sind und die man sehen kann, oder Fotografien von Welpen aus früheren **27**

Würfen, die von dankbaren Besitzern zugeschickt wurden. Das alles hilft dabei sich ein Bild von den Welpen und ihren Eltern zu machen und von der Art, wie sie gehalten werden. Wenn Ihnen die Welpen gezeigt werden und der Züchter nur das Nötigste an Zeit mit Ihnen verbringt, werden Sie vermutlich keine weitere Hilfe bekommen, sobald Sie Ihren Kauf getätigt haben. Wenn Sie verwirrt und vielleicht etwas gelangweilt sind über all die Heldentaten, die der Züchter über seine Hunde erzählt, so wissen Sie zumindest, dass er oder sie stolz auf die Hunde ist!

Sie werden andere Informationen erhalten, wenn Sie nach Welpen aus einem „einmaligen" Wurf suchen. Dieser Typ Wurf kommt gewöhnlich aus einem von zwei Gründen auf die Welt – entweder aufgrund einer ungeplanten Paarung oder der Besitzer der Hündin möchte einen Welpen von ihr haben und aufziehen, wenn sie älter wird. Bei der zufälligen Verpaarung weiß der Besitzer vielleicht, wer der Vater ist, aber es ist eher wahrscheinlich, dass er von der Trächtigkeit nichts wusste, bis es zu spät war etwas dagegen zu unternehmen. Wenn jemand einen Wurf als „Ersatz" plant, wird er wahrscheinlich versuchen einen guten Wurf Welpen zu erhalten.

Es werden auch Welpen von Händlern oder durch Medien angeboten, was vor allem Kinder anlockt. Wenn aber jemand nach einem Welpen sucht, sollte es das Ergebnis sorgfältiger Überlegungen sein und nicht, weil die Kinder darum betteln. Wenn Sie einen Wurf in einem Medium angeboten sehen, bei dem Sie selber nichts zum Verkauf anbieten würden, lassen Sie lieber die Finger davon.

Sie haben jetzt eine Vorstellung davon, wo und wonach man suchen sollte und was von einem Züchter zu erwarten ist. Aber was ist mit dem Rest der verwirrenden Fachausdrücke?

Was ist eine Registrierung?

Wenn Sie Welpen aus dem Tierheim oder aus einer zufälligen Verpaarung suchen, können Sie nicht mit einer Registrierung rechnen, aber wenn Sie einen Welpen aus einem geplanten Wurf kaufen, sollten die Papiere dazu gehören.

Es gibt zwei Hauptorganisationen, bei denen Border Collies registriert werden können: die ISDS (International Sheep Dog Society) und der VDH (Verband für das Deutsche Hundewesen). Außerdem gibt es Direktimporte aus Großbritannien mit Papieren des englischen Kennel Clubs.

Ursprünglich erfolgten die Registrierungen ausschließlich über die ISDS, eine 1906 von einer Gruppe Schäfer zum Wohle und für die Zukunft der Hütehunde gegründete Organisation. Im Jahr 1955, nach sorgfältigen Nachforschungen der Stammbäume zurück bis zur Jahrhundertwende, wurde das erste Zuchtbuch eingerichtet, wonach weitere Nachforschun-

Bei der Auswahl eines Welpen ist es immer nett auch andere Nachkommen kennen zu lernen. Diese kleine Familie umfasst fünf Generationen.

gen, umfangreichere Informationen und mehr Zuchtbücher folgten. Diese Zuchtbücher sind aber heute noch wertvolle Referenzen für alle Züchter weltweit, die sich der Erhaltung der Hüteeigenschaften dieser Rasse verschrieben haben. 1976 wurde der Border Collie vom englischen Kennel Club im Einvernehmen mit der ISDS als Rasse für Ausstellungszwecke anerkannt. 1978 übernahm bei uns der Club für Britische Hütehunde, der wiederum dem VDH angeschlossen ist, die zuchtbuchmäßige Betreuung.

Jeder Hund, der von der ISDS registriert wird, erhält eine Zuchtbuchnummer und von jedem registrierten Hund kann anhand der Aufzeichnungen der Stammbaum zurückverfolgt werden, wodurch er seine Ahnentafel erhält. Mit diesen Ahnentafeln können die Züchter mit einem Blick die Vorfahren eines potenziellen Zuchthundes erkennen und wenn sie sich näher damit beschäftigen, erhalten sie Informationen über Temperament, Fähigkeiten und andere Eigenschaften, um den passenden Paarungspartner zu finden. Es sind diese letzten Nachforschungen, an denen heutzutage die Zucht häufig scheitert – Kenntnisse über die betreffenden Hunde in der Zucht sind wichtig und sie werden nicht nur durch die Auszeichnungen des Hundes, sondern auch durch mündliche Überlieferungen erlangt. Unabhängig davon, wie viele Preise ein Hund gewonnen hat oder wie gut er ist, wenn er schwierig auszubilden war, ein schlechtes Wesen hat oder blind ist, sollte er nicht für die Zucht verwendet werden. Viele Hunde tauchen auf den Ahnentafeln immer wieder auf. Sie sind **29**

Ein gesunder Wurf Welpen mit glänzendem Fell und leuchtenden Augen in Erwartung, dass es zum Spielen hinaus geht.

vielleicht nicht alle Champions geworden, sie haben aber vielleicht Champions hervorgebracht. Dies sind die Hunde, welche die Basis für den modernen Border Collie gebildet haben, mit starken Genen, die sie an ihre Töchter und Söhne weitergegeben haben. Somit sind vielleicht nur alle zehn oder fünfzehn Jahre weitere „Basis-Hunde" entstanden. Dadurch blieb die Qualität erhalten und die besten Züchtungen basieren alle auf demselben Basis-Bestand.

Die Rasse ist vom ISDS als „Working Sheep Dog (or Border Collie)" registriert worden. Die ISDS registriert nur Welpen von ISDS-Eltern unter dem Status „Working Sheep Dog or Border Collie". Andere Organisationen registrieren auch Border Collies anderer Herkunft, was bei den Hundefreunden, die sich für diese Rasse interessieren, häufig für Verwirrung sorgt. Beim englischen Kennel Club werden z. B. Hunde mit unbekannter Herkunft als „Working Sheepdog" (man achte auf die Schreibweise!) registriert. Der „Working Sheep Dog" ist die Beschreibung der ISDS für den Border Collie. Der Name Border Collie wird von beiden Organisationen anerkannt.

(Anmerkung der Redaktion: Es wird noch komplizierter, weil man in der Zucht außerdem die Schönheitslinien von den Arbeitslinien unterscheidet, wobei unterschiedliche Zuchtziele verfolgt werden. Wer sich für einen Hund dieser Rasse und seine Registrierung interessiert, sollte sich zuvor beim ISDS oder beim Club für Britische Hütehunde genau über die aktuellen Bestimmungen erkundigen.)

30

Welpen balgen für ihr Leben gern und lernen dabei schon richtiges Sozialverhalten.

Ist die Registrierung wichtig?

Unterschätzen Sie nicht die Wichtigkeit der Papiere, aber seien Sie sich über deren Bedeutung im Klaren und nutzen Sie die dadurch erlangten Kenntnisse auch aus. Denken Sie auch daran, dass eine Ahnentafel nicht unbedingt bedeutet, dass der Welpe gut gezüchtet wurde. Man meint leicht, dass ein Welpe aus einer registrierten Zucht mit Champions als Eltern auch ein guter Hund wird, aber leider ist das nicht immer der Fall. Registrierung bedeutet einfach, dass der Welpe bei einem oder mehreren der großen Verbände registriert wird oder werden darf. Bei einigen Wettbewerben werden diese Papiere verlangt. Wenn Sie also an Wettkämpfen teilnehmen oder später vielleicht züchten wollen, sollten Sie sich einen Hund mit Papieren anschaffen. Ist ein Welpe registriert, besitzt er einen zurückverfolgbaren Stammbaum. Die Ahnentafel gibt Aufschluss darüber, ob in der Zuchtlinie Inzucht stattgefunden hat. Auch wenn Sie die Ahnentafel nicht ganz verstehen, können Sie sehen, ob dieselben Namen zu häufig auftreten. Wenn die Eltern Papiere besitzen, können Sie aus diesen ersehen, ob deren Augen untersucht worden sind. Sorgfältige Zucht legt einen großen Wert auf die Kontrolle von PRA (Progressive Retina Atrophie) und CEA (Collie Eye Anomalie) und es liegt in der Verantwortung des Züchters sicherzustellen, dass er gesunde Tiere züchtet.

Wenn Sie eine Welpen aussuchen, versuchen Sie so wenig Fehler wie möglich zu machen. Man kann eine Menge lernen, wenn man auf den Rat anderer hört. Jeder hat seine eigene Meinung, daher werden Sie merken, dass einige der Ratschläge sich widersprechen und dass einige der verwirrendsten Informationen für den Anfänger diejenigen über die „Großen Drei" sind: PRA, CEA und HD. Die ersten beiden betreffen die Augen und Sie werden unterschiedliche Meinungen über die Schwere der Krankheiten bei dieser Rasse hören. Dank der Augenuntersuchungen, der sorgfältigen Zucht und der Kontrolle durch die Verbände besteht das Problem mit der Erblindung nicht mehr in der Form, wie es früher bei den Hütehunden existierte. Heute haben wir Hunde, die ein – zum Teil sehr – hohes Alter erreichen, bei denen sich die Sehkraft nicht mehr als im üblichen Rahmen verschlechtert. Welpen können schon frühzeitig auf CEA untersucht werden, aber PRA lässt sich erst in späteren Jahren feststellen. Daher ist es wichtig, dass bei allen Zuchttieren die Augen untersucht werden und es ist ermutigend zu wissen, dass zurzeit nur ein sehr geringer Prozentsatz der Hunde erkrankt. Eine Liste der betroffenen Hunde wird bei den Zuchtverbänden geführt, daher sollte es mit etwas Mühe und sorgfältiger Durchsicht der Ahnentafeln nicht schwer sein, diesen Anteil auch niedrig zu halten. Ich glaube, dass zu viele Züchter Zeit damit verbringen verschiedene Deckrüden zu su-

Sorgfältige Zucht legt einen großen Wert auf die Kontrolle von PRA und CEA.

chen, statt bei einem zu bleiben, der untersucht wurde und sich bewährt hat. Die Suche nach einem bestimmten Zuchttier kann der Untergang für den Wurf sein, wenn nicht sorgfältig recherchiert wurde.

Hüftgelenksdysplasie ist ein weiterer Punkt für widersprüchliche Ratschläge und man wird Ihnen erzählen, das HD beim Border Collie ein Problem ist. Ich werde an dieser Stelle nur kurz auf die HD eingehen, da ich in den Kapiteln über Ernährung und Bewegung genauer darüber berichte. HD kommt bei größeren Rassen häufiger vor und ich glaube nicht, dass es jemals ein Problem beim Border Collie war. Ich bestreite nicht, dass es in der Vergangenheit Lahmheit bei den Hunden gab und dass der Prozentsatz heute vermutlich noch höher ist. Ich bezweifle aber, dass diese Border Collies in der Vergangenheit alle geröntgt wurden, daher weiß man nicht, warum sie gelahmt haben. Wenn es aber einen Anstieg der Lahmheit gibt, so hängt das mit dem veränderten Lebensstil zusammen. Falsche Ernährung und Bewegung können die Gelenke belasten und bei jungen Hunden schädigen, wodurch Hüftschäden entstehen. Es scheint vernünftig Tiere von Eltern zu kaufen, die gute Werte besitzen, aber was ist mit den Großeltern und Urgroßeltern? Viele Hunde wurden aus der Zucht wegen angeblich schlechter Hüften genommen. Wenn diese Hunde aber aus einer gesunden Zuchtlinie stammen und deren Hüften durch Verletzungen geschädigt wurden, geht wertvolles Zuchtpotenzial verloren. Mit den Worten eines guten Freundes, der Tierarzt ist: „Wir haben die Aufgabe möglichst gute Hütehunde zu züchten und ein Teil der Aufgabe ist es, nicht mit Defekten weiterzuzüchten, die vermeidbar

sind. Wir müssen aber auch vorsichtig sein, nicht zu viel Zeit damit zu

Ein Border Collie mit mittellangem Fell, Kippohren und hübschen, hellbraunen Augen. Es besitzt nicht weniger Energie als ein stehohriger Hund, ist aber vielleicht etwas sanfter.

Ein stehohriger, dunkler Border Collie mit mittellangem Haar. Seine Gene und seine Erscheinung zeugen von einem Hund voller Energie.

verbringen den perfekten Körper zu züchten und dadurch die Qualität des Hütehundes zu verlieren." Ich kann dem nur zustimmen. Gesundheit von Augen, Gelenken und Körper sind wichtig und Sie sollten sich an zuverlässige Züchter wenden, aber lassen Sie sich nicht durch Vereinspolitik und verwirrende Ratschläge davon abhalten, einen guten Wurf als solchen zu erkennen.

Wenn Sie einen nicht registrierten Welpen kaufen, haben Sie – es sei denn, die Eltern besitzen Ahnentafeln – keine Hintergrundinformationen über Augenuntersuchungen, HD oder den Charakter der Vorfahren. Das bedeutet nicht, dass ein unregistrierter Welpe nicht gut ist, aber mit weniger Informationen ist das Risiko größer. Wenn Sie einen Welpen mit Papieren kaufen, können Sie Rückschlüsse über den Hintergrund, das Erbgut, körperliche Defekte und eventuelle Inzucht ziehen. Natürlich gibt es keine Garantie, dass ein registrierter Welpe besser ist als einer ohne Ahnentafel, aber die Chancen stehen besser.

33

Jeder Welpe, der registriert werden kann, sollte es auch werden. Zukünftige Besitzer werden manchmal gefragt, ob sie ihren Welpen mit Papieren wollen, und da ihre Antwort „Ja" sein sollte, wäre es besser, die Registrierung erfolgte immer automatisch. Die Papiere sind auch normalerweise im Kaufpreis enthalten. Der Züchter kümmert sich in der Regel um diese Formalitäten und schickt Ihnen als Welpenkäufer die Ahnentafel zu, sobald er sie vom zuständigen Verband erhalten hat. Sollten Sie noch keine Papiere bekommen haben, wenn der Welpe fünf Monate alt ist, versuchen Sie den Grund dafür herauszufinden. Sollte der Züchter selber für die Verzögerung verantwortlich sein, sind nämlich Säumniszuschläge fällig.

Wählen Sie Ihren Welpen

Bevor Sie einen Wurf Welpen anschauen, seien Sie sich darüber klar, was Sie wollen. Vielleicht haben Sie eine bestimmte Vorstellung von „Ihrem" Hund und wenn Sie ihn für einen bestimmten Zweck wollen, ist das Aussehen eher unwichtig. Wenn Sie mir Ihrem Hund gerne Ausstellungen besuchen möchten, sollten bestimmte Kriterien, die im Standard festgelegt sind, erfüllt sein. Wenn Sie mir Ihrem Hund regelmäßig in matschigem Gelände arbeiten wollen, bietet sich ein kurzhaariges Tier an. Soll Ihr Hund einfach Ihr Begleiter sein, ist das einzige Kriterium Ihr persönlicher Geschmack. Einige Punkte sollten jedoch vor einer Entscheidung abgewogen werden. Genetik ist kompliziert und kann verwirren, aber sie spielt eine große Rolle bei Charakter und Typ des aus-

Ein kurzhaariger, stehohriger Hund mit einem braunen Auge und einem „wall-eye": lebhaft, voller Energie und mit einem starken Willen.

gewählten Hundes. Z. B. besitzen kurzhaarige Hunde gewöhnlich mehr Energie als ihre langhaarigen Vettern; Hunde mit langen Hängeohren sind häufig recht passiv; Hunde mit Stehohren sind sehr eifrig und lernen schnell; und kurzhaarige, stehohrige Hunde brauchen einen eifrigen, aktiven Besitzer! Blue Merles (mit blau-grau geflecktem Fell) sind gewöhnlich sehr aktiv.

Dies sind nur Anhaltspunkte und es gibt immer die Ausnahme der Regel, aber wenn Sie nicht sicher sind, wie man einen Border Collie erzieht, ist es sinnvoller einen auszuwählen, der eher einfacher zu hand-

Hunde mit Hängeohren und einem sanften Blick gehören eher zu den ruhigeren Vertretern der Rasse.

haben ist. Noch einmal zur Genetik: Wenn der Welpe langes Fell besitzt, aber ein oder beide Elternteile kurzes Fell haben, kann der Welpe die Charaktereigenschaften eines kurzhaarigen Hundes haben.

Beim Anschauen eines Wurfes halten Sie sich im Hintergrund und beobachten Sie – die Welpen werden alle schauen, als ob sie zu Ihnen gehören wollen, aber *Sie* suchen nur nach *einem*! Der eine, der nach vorne rennt, sucht nicht Sie – er ist immer der Anführer und will Sie nur begutachten. Der eine ganz hinten muss nicht scheu sein, sondern respektiert vielleicht einfach den Anführer. Der Anführer hat einen eigenen Kopf und sieht sich als verantwortlich, wollen Sie so einen Hund haben? Ein ruhiger, scheuer Welpe kann ein kontaktfreudiger, glücklicher Hund werden und auch der starke kann die Regeln Ihres Rudels lernen, aber welcher ist der richtige für Sie?

Wenn Sie streng sind und eine laute Stimme haben, ist der scheue Welpe nicht die richtige Wahl, wenn Sie aber ruhig und nicht sehr selbstsicher sind, kann der starke Welpe Sie dominieren. Sie brauchen aber auch Selbstsicherheit, um mit dem scheuen Welpen umzugehen. Er ist vielleicht ein Denker und beobachtet Sie oder er hat wirklich Angst. Kein Welpe sollte Angst zeigen – sie kann erblich bedingt sein, wobei nicht alle Welpen dasselbe Temperament haben müssen, oder der Welpe hat ein Trauma erlebt. Sollte das der Fall sein, muss der Züchter Maßnahmen ergreifen, um dies zu korrigieren. Alle Welpen sollten dem Züchter Vertrauen entgegenbringen!

So unterschiedlich können Border Collies aussehen – und hinter jedem verbirgt sich ein eigener Charakter.

Kontrollieren Sie das Erscheinungsbild der Welpen. Achten Sie darauf, ob sie lahmen, und kontrollieren Sie ihre Mäulchen – ein Kiefer sollte nicht länger sein als der andere, da Welpen mit Vor- oder Rückbiss Schwierigkeiten beim Fressen haben können. Beim besten Züchter kann gelegentlich ein Welpe mit Fehlbiss fallen, ebenso wie ein weißer Welpe oder ein kurzhaariger. Dies ist nicht unbedingt ein schwerer Fehler, wenn er nur gelegentlich auftritt, weil das Erbgut vielleicht von einer früheren Generation durchschlägt. Ist es aber das Ergebnis von Inzucht, ist es vermutlich sehr ernst und der ganze Wurf sollte als Ergebnis einer qualitativ schlechten Zucht angesehen werden.

Welchen Welpen Sie auch immer aussuchen, von dem Moment an, von dem er Ihr Herz und Ihr Heim erobert, ist er Ihrer und der Rest des Wurfes und alle Vorstellungen, die Sie vorher gehabt haben, hören auf zu existieren. Ihre Vorstellung ist nun Realität geworden.

Wählen Sie Ihren Welpen mit Sorgfalt

Seien Sie zunächst sicher, dass Sie die Verantwortung für einen Border Collie übernehmen können. Rennen Sie nicht los und kaufen den ersten Welpen, den Sie sehen. Die Charaktere sind so verschieden. Machen Sie sich auch vorher genau klar, wie sich Ihr Lebensstil durch den Hund verändern wird und welche Art Lebensweise der Welpe, nach dem Sie suchen, benötigt. Die Bedürfnisse des Welpen müssen berücksichtigt werden. Machen Sie sich die Mühe, um etwas über den Hintergrund sowohl des Züchters als auch der Vorfahren des Welpen zu erfahren. Scheut man diese Mühe, mag das Zeit sparen, aber es kann Sie auf lange Sicht weit mehr kosten!

Kapitel 3
Ihr Welpe kommt nach Hause

Sie haben eine lange Zeit darauf gewartet, Ihren Welpen abholen und nach Hause bringen zu können – nach Wochen oder Monaten sorgfältiger Planung und Vorüberlegungen, denn er ist schließlich ein Teil Ihres Lebens. Ein wuscheliges, kleines Bündel voller Freude, das unmöglich den Haushalt tyrannisieren kann – es ist doch so winzig und wie ein Engelchen! Aber was passiert, wenn der kleine Engel anfängt eigene Vorstellungen davon zu entwickeln, wer für ihn verantwortlich ist, wie er sich zu verhalten hat und wie man einen Teppich auffrisst? Es passiert nicht über Nacht, sondern es ist ein langsamer, schleichender Prozess, bis Sie plötzlich mit einem erwachsenen Vierbeiner konfrontiert werden, der glaubt, Menschen seien nur zu seinem Vergnügen da. Vorbeugen ist besser als Heilen!

Bevor Sie den Welpen nach Hause holen, entscheiden Sie, wo er wohnen soll. Er braucht einen eigenen Platz, wo er sich sicher fühlen kann und wo ihn Besucher nicht stören können. Vielleicht haben Sie eine Nische unter der Treppe oder eine große Küche oder einen großen Flur mit einer freien Ecke, aber was immer Sie für Ihren Welpen auswählen, es sollte ein „glücklicher" Platz sein.

Ein Welpe, der ins Haus kommt, bringt auch etwas Gepäck mit, fast wie ein Baby, das sowohl Ihre Zeit als auch Ihre Aufmerksamkeit voll in Anspruch nehmen wird. Wenn Ihr Welpe nach Hause kommt, hat er gerade seine eigene Familie (sein Rudel) und seine familiäre Routine verlassen und ist nun, statt einer aus dem Wurf, der Mittelpunkt. Das wühlt ihn ziemlich auf und es liegt an Ihnen, dem Welpen zu helfen sich schnell einzugewöhnen. Aber nach den ersten paar Tagen wird man unweigerlich wieder zu seinem normalen Alltag übergehen. Ihr Welpe steht nun vor einer weiteren Veränderung, da er nicht mehr ständig Ihre Aufmerksamkeit hat, und er wird mehr Zeit dafür haben Unfug anzustellen.

Auswahl des Schlafplatzes

Es gibt viele verschiedene Ausführungen von „Hundebetten", aber ich empfehle dringend etwas zu kaufen oder zu bauen, an dem man den Welpen festmachen kann. Zusammenklappbare Käfige sind beliebt, da **37**

Ein Welpe wird lange Zeit von seiner Mutter gesäugt und hat dabei so viel Platz, wie sie ihm zur Verfügung stellt. Die Hündin sorgt für Sicherheit für ihren Nachwuchs.

Ein sicherer Platz ist für einen Welpen wichtig.

man sie auseinander nehmen kann, sie leicht sind und zusammengeklappt wenig Platz wegnehmen. Alternativ sind die Kunststoffboxen, die extra für den Transport von Kleintieren vorgesehen sind, leicht zu reinigen, sie besitzen eine Gittertür und die massiven Wände verleihen dem Hund seine eigene „Privatsphäre". Man kann auch preiswert selber eine Box aus Holz herstellen mit einer Tür und allem Komfort für den Hund, aber Holz ist nicht so gut zu säubern und manche finden, dass es ständig riecht. Denken Sie daran: Beim Kauf eines Hundekörbchens o. Ä. ist es wichtig, was der Hund braucht, und nicht was er Ihrer Meinung nach brauchen könnte.

Ihr Welpe hat gerade die Geborgenheit seiner Mutter und seines Baues verlassen, das kann im Haus, im Zwinger oder in einer Scheune gewesen sein, aber das war alles, was er kannte, und er fühlte sich dort sicher. Er hat seine Ruhezeit angekuschelt an seine Mutter verbracht mit so wenig Platz, wie sie zur Verfügung hatte. Er war dort sicher und immer, wenn er sich unsicher fühlte, waren es dieser Platz und seine Mutter, wo er hingehen konnte. Wenn Sie diese Sicherheit gegen eine offene Schlafstelle ersetzen, ist der Welpen verletzbar, da er keine schützenden Wände um sich hat, und er wird sich, sobald er an Größe und Selbstvertrauen gewinnt, an einen Ort seiner Wahl zurückziehen. Wenn Sie Ihrem Welpen (oder älteren Hund) einen eigenen Platz zuweisen, beginnen Sie Ihre „Hausregeln" sofort und auf eine Weise klarzumachen, die der Hund versteht.

Wenn Sie den Schlafplatz gefunden haben, achten Sie auf eine gute Unterlage. Das können alte Decken, Federbetten oder spezielle Hundedecken sein, wobei letztere einfach zu waschen und zu trocknen sind. Es gibt hervorragende Plüschunterlagen, die in eine Box oder ein Körbchen passen oder allein verwendet werden können. Am wichtigsten ist es, dass Sie am Tag, an dem Sie Ihren Welpen abholen, etwas Warmes und Gemütliches haben, in das er sich hineinkuscheln kann. Geradewegs von der Mutter weg, verstört und unsicher, will er sich sicher fühlen, ob in einer Box oder auf dem Schoß, und sich bald in der warmen Decke verstecken. Er sieht viel-

leicht mehrere verschiedene Menschen und erhält viel Liebe und Zuwendung, aber wenn er immer dieses bisschen Komfort hat, dem er sich verbunden fühlt und mit dem er sich identifiziert, fühlt er sich außerdem sicher.

Der Neuling in Ihrem Leben mag am Anfang nervös und scheu sein oder er möchte alles erforschen, aber bald wird er erschöpft sein und einschlafen. Wo immer er einschläft, legen Sie ihn vorsichtig in seine Box auf eine weiche Unterlage und schließen Sie die Tür.

Sie können jetzt anfangen einige Grenzen auf eine Weise aufzuzeigen, die Ihrem Welpen nicht nur Sicherheit bieten, sondern die ihm auch noch Spaß machen. Das Schöne an einem „mobilen" Hundeheim ist, dass Sie es überall hin mitnehmen können und es seinem Insassen immer Sicherheit bietet, aber es muss ein

Sie stellen die Hausregeln auf und entscheiden, ob Ihr Hund auf dem Sofa sitzen darf.

„glückliches" Heim sein und darf nicht als Bestrafung benutzt werden. Verbringen Sie den ersten Tag zu Hause, um Ihren Welpen kennen zu lernen, und stellen Sie sicher, dass die Box greifbar ist. Geht der Welpe nicht freiwillig zum Schlafen hinein, heben Sie ihn jedes Mal, wenn er eingeschlafen ist, hinein und schließen Sie die Tür. Seien Sie da, wenn er aufwacht, um ihn zu begrüßen, und laden Sie ihn dann wieder in seine **39**

Box ein. In kurzer Zeit haben Sie einen Welpen, der automatisch seinen Schlafplatz aufsucht, wenn er müde ist.

Stellen Sie immer sicher, dass Ihr Welpe etwas zur Unterhaltung in seinem Schlafplatz hat. Das kann etwas zu kauen oder ein Spielzeug sein. Und wenn Sie eine handelsübliche Transportbox gekauft haben, ist dort auch eine kleine Wasserschüssel angebracht, so dass er niemals durstig sein muss. Ermutigen Sie den Welpen dazu, Zeit in seinem eigenen, kleinen Reich zu verbringen, und gewöhnen Sie ihn daran, dass er dort kurze Zeiträume mit verschlossener Tür verbringt. Es ist nichts frustrierender, als einen Welpen für kurze Zeit allein im Haus zu lassen und bei der Rückkehr Unordnung und Zerstörung vorzufinden! Der Besitzer ist unglücklich, der Welpe ist aufgeregt und langes Ausgehen ist kein Vergnügen mehr. Ist der Welpe sicher in seiner Box, gibt es keine Zerstörung am „Zwinger" seines Besitzers und beide freuen sich auf das Wiedersehen. Jedoch denken Sie daran, dass kein Welpe lange für sich weder in einer Box noch im Haus allein gelassen werden darf. Wenn Sie das Haus länger als für die normale Schlafenszeit des Welpen verlassen müssen, sorgen Sie für jemanden, der sich um ihn kümmert, oder nehmen Sie ihn in seiner Box mit.

> *Ermutigen Sie den Welpen dazu, Zeit in seinem eigenen, kleinen Reich zu verbringen, damit er sich dort sicher fühlt.*

Das ist die Basis für die Grunderziehung, so wie jede Art von Erziehung ein starkes Fundament benötigt. Stellen Sie sich vor, Sie bauen ein Haus mit schwachen Fundamenten, dann sind Sie bei der Größe eingeschränkt und alle Beschädigungen könnten zur völligen Zerstörung führen; Sie müssen vielleicht das Haus wieder ganz neu bauen! Wenn Sie mit einem soliden Fundament starten, können alle Probleme, die vielleicht auftauchen, behoben werden und Sie sind nicht eingeschränkt, was die Vergrößerung des Gebäudes angeht. Es ist wichtig einen Plan zu entwerfen, der es Ihnen ermöglicht die Zeit zu haben, die eine gute Basis für die Erziehung Ihres Welpen erfordert. Zeit, die heute investiert wird, kann helfen viele Probleme zu vermeiden, wenn Ihr Welpe heranwächst.

Hausregeln

Es spielt überhaupt keine Rolle, welche Regeln irgendjemand anderes für seinen Hund aufstellt – dies ist Ihr Hund und Sie sollten sich nicht darum kümmern, ob einige Ihrer Regeln von anderen gebilligt werden. Denn Sie wollen sich an Ihrem Hund erfreuen und zwar auf Ihre Art, aber Sie müssen Regeln aufstellen und sichergehen, dass Ihr Hund versteht, wer der Boss ist. Sie müssen konsequent sein. Sie kaufen sich z. B. neue

40 Möbel und Ihr Hund soll nicht darauf liegen, dann wäre es unfair ihm zu erlauben auf dem alten Sofa zu liegen. Ein neuer Sessel auf demselben Platz wie der alte stellt für den Hund dasselbe „Bett" dar, auf dem er immer schlafen durfte.

Nur sehr wenige Welpen sind von Natur aus schmutzig – es ist nicht im Interesse einer Hündin Ihren Welpen zu erlauben, das Lager zu beschmutzen, in dem sie schlafen soll! Sie lehrt ihren Nachwuchs den eigenen persönlichen Bereich sauber zu halten. Auf einem Bauernhof ist es einfach für sie, sich einen eigenen „Toilettenbereich" einzurichten. Leben sie aber im Haus, müssen sie an die häuslichen Gegebenheiten gewöhnt werden. Papier, Sand und Sägespäne sind einige Methoden, um die Welpen an einen bestimmten Löseplatz zu gewöhnen, Sie sollten aber sorgfältig nachdenken, bevor Sie entscheiden, wie die Welpen davon abgehalten werden Ihren besten Teppich zu verschmutzen! Auch mit dem besten Willen und den gelehrigsten Welpen wird es immer noch zu „Unfällen" kommen, da Welpen viel trinken und eine kleine Blase besitzen. Daher erfordert es eine sanfte, konsequente Erziehung und eine narrensichere (bzw. geruchssichere) Notfallzone.

Wenn Sie Ihrem Welpen beibringen wollen, sein Geschäft draußen zu verrichten, sollten Sie ihm auch zeigen, welchen Bereich er dafür nutzen darf. Winzige Welpen produzieren auch winzige Hinterlassenschaften. Wenn sie aber meinen, überall

Die Regeln ohne ersichtlichen Grund zu ändern führt dazu, dass Ihr Hund Ihre Zuverlässigkeit als Rudelführer in Frage stellt.

draußen ihr Geschäft verrichten zu dürfen, kann dies recht unangenehm werden, wenn sie groß geworden sind.

Wenn Sie einen Garten mit Blumenbeeten besitzen, die Ihnen am Herzen liegen, sichern Sie sie, solange Junior lernt, wo seine Grenzen sind. Stellen Sie ihm falls möglich einen Bereich zum Buddeln und Spielen zur Verfügung und, wenn Kinder da sind, eine kinderfreie Zone. Idealerweise sollten sowohl Kinder als auch Hunde ein „Rückzugsgebiet" haben, einen Bereich, in den sie sich zurückziehen können in der Gewissheit, dass sie von niemandem gestört werden. Ist der Platz begrenzt, würde ich vorschlagen, zumindest dem Hund solch eine Zone zuzugestehen. Ist dies eine Art Laufstall oder Zimmerkennel kann sich der Welpe und auch der erwachsene Hund dorthin zurückziehen, ohne belästigt zu werden. Denken Sie daran, dass – auch wenn es Ihre eigenen Kinder wissen – fremde Kinder vielleicht nicht die „Hunderegeln" einhalten. Dann kann sich Ihr Hund in seine „Sicherheitszone" zurückziehen.

Es gibt bestimmte Gegenstände, die Sie kaufen müssen, bevor der Welpe einzieht. Sie müssen aber nicht teuer sein und in einigen Fällen kann man auch etwas selber bauen. Wenn Ihr Hund Sie regelmäßig im Auto begleiten soll, ist es sinnvoll, eine Transportbox zu kaufen, die ein ausgezeichnetes transportables Heim für den Hund darstellt. Spielzeuge sind nicht unbedingt notwendig und häufig bereiten sie den Menschen mehr **41**

Spaß als den Hunden. Auch hier können Sie improvisieren, aber machen Sie dabei keinen Fehler. Geben Sie dem Hund keine alten Schuhe, Socken, Handtücher, Staublappen oder Ähnliches, was der Welpe auch woanders finden kann – Sie können ihm kaum die Schuld dafür geben, dass er Ihre besten Schuhe zerkaut, wenn er mit den alten spielen darf.

In den ersten Tagen müssen Sie sich keine Sorgen darum machen Ihren Welpen genügend zu beschäftigen. Und nach den ersten Wochen wissen Sie, welches Spielzeug und welche Spiele er bevorzugt. Ihr kleiner Vierbeiner soll sich hauptsächlich auf Sie konzentrieren und nicht auf eine Unmenge an Spielzeug und Leckerbissen.

Sie legen nun den Grundstein für eine Partnerschaft und wenn Sie darauf sorgfältig aufbauen, erschaffen Sie eine ganz besondere Beziehung zu Ihrem Border Collie.

Die Basis für die Erziehung

Ein guter Schlafplatz in Form eines Zimmerkennels oder einer Box ist wichtig für die Früherziehung, aber nicht eine Unmenge an Spielzeugen, da sie nicht benötigt werden. Sie sollten einige Grundregeln festlegen, die schon in den ersten Tagen durchgesetzt werden. Denken Sie sorgfältig darüber nach, wie Sie Ihren Welpen zur Stubenreinheit erziehen. Hunde verstehen nicht die menschliche Sprache, sie verstehen aber Körpersprache und können Geräusche mit Aktionen assoziieren. Wenn Sie sich die Zeit nehmen Ihrem Welpen zu erklären, was er zu tun hat, anstatt zu erwarten, dass er Ihre Gedanken liest, wird gutes Benehmen zu seiner zweiten Natur. Denken Sie daran: In den ersten paar Tagen werden die Grundsteine für die Erziehung gelegt!

Früherziehung und gute Manieren

Ich werde häufig gefragt: „In welchem Alter sollte ein Border Collie erzogen werden?" Meine Antwort ist immer dieselbe: „In welchem Alter beginnen Sie Ihren Kindern gute Manieren beizubringen?" Ich glaube, dass häufig eine falsche Vorstellung von der Erziehung eines Border Collies besteht, da viele Besitzer mit Problemen zu mir gekommen sind, die der Meinung waren, ein Hund bräuchte nicht erzogen werden, bevor er sechs Monate alt ist. Weitere Nachfragen ergaben dann, dass diese Informationen von Schäfern oder Bauern stammten, die mit der Ausbildung ihrer Hunde nicht beginnen, bevor sie zwischen sechs und zwölf Monate alt sind. Denselben Hunden wurden aber von Anfang an richtiges Verhalten und gute Manieren beigebracht. Gute Manieren sollte eines Ihrer ersten Ziele sein, da mit ihnen der Respekt kommt und Respekt zu wohlerzogenem Verhalten führt!

Wenn Sie Ihrem Welpen etwas zu spielen geben und er es zerbeißen darf, dürfen Sie ihn nicht dafür bestrafen, wenn er sich auch an anderen Sachen vergreift.

Früherziehung gelingt nur mit Respekt und beginnt am ersten Tag. Man sollte niemals da sitzen und denken: Morgen muss ich anfangen meinen Hund zu erziehen. Wenn Sie den Hund nicht für eine bestimmte Aufgabe wie z. B. für Wettbewerbe trainieren wollen, sollte die Grunderziehung ein fortlaufender Prozess sein. Wenn wir an die menschlichen Verhältnisse denken, so gehen Kinder in die Schule, um etwas zu lernen, und wenn sie heranwachsen, machen sie eine weiterführende Ausbildung gemäß ihrer Veranlagungen und Interessen. Bevor sie aber das erste Mal zur Schule gehen, haben sie schon gute Manieren gelernt und kennen ihre physischen und geistigen Grenzen.

Die mentalen und körperlichern Grenzen für einen Hund sind ebenso wichtig wie für ein Kind und müssen recht früh festgelegt werden oder – im Falle eines älteren Hundes – so früh wie möglich. Es ist ein Fehler zu denken, dass ein Welpe noch keine vernünftigen Richtlinien braucht, weil er angeblich noch zu jung zum Verstehen ist, denn bevor der Welpe entwöhnt wurde, hat er von seiner Mutter einige harte Lektionen in Sachen Verhalten gelernt und darauf reagiert. Ein Irrtum der Menschen ist es, die Bedürfnisse eines Hundes nach ihren Ansichten zu interpretieren und nicht auf eine Art, die der Hund leichter versteht. Die Struktur eines Rudels erfordert von den Menschen, dass sie wie Hunde denken.

Wir haben nun schon den Weg für eine solide Basis bereitet – jetzt müssen wir sie auf eine Art vermitteln, die der Hund versteht.

Mit den Augen eines Welpen

Hier ist es nun, dieses kleine Bündel voller Freude, dass Ihr Leben auf den Kopf stellt und Ihnen eine Seite Ihres Sinns für Humor zeigt, von der Sie noch nicht einmal wussten, dass sie existiert! Eines kann ich Ihnen versprechen, Ihr neuer Welpe wird bald herausgefunden haben, wie er Sie kontrollieren kann, wenn Sie nicht mit aller Kraft versuchen ihm immer einen Schritt voraus zu sein. Wenn Sie noch überlegen, ob Früherziehung wirklich so wichtig ist, hat ihr Welpe vielleicht schon einige ausgewählte Kommandos gegeben, denen Sie als freundlicher Mensch wahrscheinlich gleich nachgekommen sind! Ein Border-Collie-Welpe kommt mit seinen gesamten Instinkten auf die Welt und schon seine Mutter hat begonnen ihn die Rudelgesetze zu lehren. Daher hat Ihr Welpe Ihnen schon einiges voraus, wenn es darum geht, wie sich ein Rudelmitglied zu verhalten hat. Es liegt an Ihnen Ihre eigenen Regeln aufzustellen, aber wenn Sie nicht Ihre Forderungen auf eine Art vermitteln, die Ihr Welpe versteht, können Sie keine Harmonie im Rudel erwarten.

Ein kleines Bündel, das nur Unfug im Sinn hat, immer neugierig auf das, was hinter dem Zaun ist. Zu ihrer eigenen Sicherheit sollten Welpen ihre Grenzen kennen.

Erziehung zur Stubenreinheit

Um zu verstehen, wie man sich als Führer etabliert, so dass es der Welpe akzeptiert, betrachten wir zunächst die ersten sehr wichtigen Stunden, wenn er von Ihnen ins Herz geschlossen wird und nach Hause kommt. Alles ist neu und fremd: die erste Autofahrt, fremde Menschen, ungewohnte Umgebung und keine Geschwister oder Mutter, zu denen man hinrennen kann. Aber ob neugierig oder nervös, es dauert nur kurze Zeit, bis der Welpe seine winzige Blase entleeren muss. Schon in diesem frühen Stadium müssen Sie die Anzeichen erkennen. Er wird am Boden herumschnüffeln und nach etwas Geeignetem suchen; Sie müssen sehr aufmerksam sein, da dies alles in einem kurzen Augenblick geschieht. Ob Sie die Anzeichen rechtzeitig erkennen, ist aber nicht so wichtig als wie die Art, wie Sie mit

Ein Welpe braucht sein eigenes Heim. Darin fühlt er sich nicht nur sicherer, sondern er respektiert dann auch mehr Ihr Haus.

der Situation umgehen, und die Methode, die Sie ausgewählt haben. Es ist falsch, die ersten Pfützchen zu ignorieren, und ein noch größerer Fehler wäre es, den Welpen hochzunehmen bei dem Versuch das Unvermeidlich abzuwehren – Ersteres führt dazu, dass er meint, dies wird geduldet, und das Zweite wird ihn sowohl durcheinander bringen als auch verängstigen.

Sie müssen eine Methode wählen, die für Sie akzeptabel und für den Welpen verständlich ist, daher ist es vielleicht hilfreich sich über mögliche Methoden und die Art, wie der Welpe sie empfindet, Gedanken zu machen. Zunächst – wo wurde der Welpe geboren? Stammt er von einem Bauernhof, ist er vermutlich an Heu, Stroh, Gras und Erde gewöhnt, wogegen ein im Haus geborener Welpe an Papier oder alte Handtücher gewöhnt ist. Ein Züchter verwendet vielleicht Zeitungspapier, Sägemehl, geschreddertes Papier oder gekaufte Einstreu. Der Welpe vom Bauernhof bekommt vielleicht einen „Kulturschock", wenn er ins Haus kommt und weder Heu noch Stroh findet. Ein Welpe, der an Papier oder Stoff gewöhnt ist, macht sich nicht gerade in den ersten Stunden im neuen Heim beliebt, wenn er Zeitungen oder Handtücher beschmutzt, daher ist es am besten, wenn Sie Ihrem Welpen selber geschreddertes Papier zur Verfügung stellen!

Ihre Reaktion auf mögliche „Unglücke" sollte aus der Sicht des Welpen nachvollziehbar sein. Er hat seine eigenen Vorstellungen von Sauberkeit, die ihm seine Mutter beigebracht hat, und Sie können sicher sein, dass **45** seine Mutter ihn niemals hochgenommen und mit der Nase in seine Hinterlassenschaft gedrückt hat! Stellen Sie sich einfach vor, was ein Welpe denkt, wenn er nach einem geeigneten Örtchen sucht, stolz seine Pfütze macht und plötzlich hochgehoben wird und mit dem Näschen in seine Pfütze gesteckt wird. Menschen, die so reagieren, werden vermutlich das restliche Hundeleben lang damit verbringen, ihren Hund davon abzuhalten andere Pfützen zu beschnüffeln! Wenn ich mich in die Lage des Welpen versetze, kann ich keinen Sinn in dieser Aktion sehen.

Der neue Welpe ist Veränderungen unterzogen, daher sollten die Regeln sofort festgelegt werden, um die Gewohnheiten des Welpen nicht schon wieder nach Wochen oder Monaten ändern zu müssen. Sie haben kein Heu, Stroh, Papierschnipsel oder Sägemehl auf dem Boden und wenn Sie Papier auslegen, wie reagieren Sie, wenn Ihr Welpe auf das Sofa springt und die Sonntagszeitung nass macht, weil er glaubt, Ihnen damit eine Freude zu machen? Obwohl man dem Welpen so viel Vertrautes wie möglich bieten sollte, damit er sich in seinem neuen Heim sicher und geborgen fühlt, ist es nicht ratsam etwas zu fördern, das später zu Hause nicht akzeptiert werden kann. Ein Welpe lernt schnell, wenn man es ihn einfach lehrt, und eine der besten Methoden ist die Bereitstellung einer Toilettenschale. Wenn Sie sich auf Papier verlassen, bleibt der Geruch immer

Wenn Sie konsequent sind und Ihrem Welpen richtig klar machen, was Sie von ihm erwarten, bedarf es jeweils nur weniger kurzer Übungen.

auf dem Boden haften und wenn der Welpe alt genug ist und keine „Innentoilette" mehr braucht, bleibt dieser Bereich eine Schwachstelle. Er wird nicht verstehen, warum das Entfernen des Papiers bedeutet, dass der Boden dort nun tabu ist!

In einer Schale können Sie Material verwenden, das normalerweise nicht im Haus vorhanden ist – z. B. Erde, Torf oder Katzenstreu. Sie können die Schale verschieben und es bleibt kein Geruch zurück. Der Welpe gewöhnt sich daran, jedes Mal nach der Schale zu suchen, da er seine eigenen Markierungen sucht, und wenn Sie sie dann in Türnähe stellen, ist es nicht schwierig dem Welpen beizubringen nach draußen zu gehen. Wenn Sie ein Substrat wie Erde oder Torf gewählt haben, sucht der Welpe draußen automatisch eine entsprechende Stelle und findet so sein privates Plätzchen.

Nun ist es Zeit mit der ersten Lektion „Wortassoziation" zu beginnen. In diesem frühen Alter muss sich der Welpe in regelmäßigen Abständen lösen, daher sollten Sie diese Intervalle versuchen abzumessen und ihn mit Worten und durch Zeigen des vorgesehenen Platzes (ob drinnen oder draußen) dazu zu bringen sein Geschäft zu verrichten. Die meisten Welpen müssen sich nach dem Fressen lösen, daher können Sie ihn sogleich mit der vorgesehenen Aufforderung vertraut machen. Wenn Sie kon-

46 sequent sind und Ihrem Welpen richtig klar machen, was Sie von ihm erwarten, bedarf es nur weniger kurzer Übungen für ihn, nicht nur um stubenrein zu werden, sondern auch draußen seinen eigenen Platz zu kennen. Wenn das Versäubern gleichzeitig mit einem bestimmten Kommando assoziiert wird, wird der Welpe auch nicht die Angst haben Sie zu verärgern, wenn er nicht in seiner gewohnten Umgebung ist.

Natürliche Instinkte im Haus

Am ersten Tag haben Sie also vorsichtig begonnen Ihrem Welpen zu zeigen, was von ihm bezüglich Sauberkeit verlangt wird, was ist aber mit seiner Unterkunft? Vielleicht meinen Sie, Ihr Welpe braucht keine Box, wenn er im Haus lebt. Ihr Kleiner sieht das aber ganz anders. Er braucht eine Höhle, einen Bau oder einen Zimmerkennel – wie immer wir es auch nennen, er braucht es und wenn Sie ihm nicht erklären, was und wo sein Platz ist, wird er annehmen, dass Sie Ihren Platz mit ihm teilen. So, Sie sind also nicht davon überzeugt, denn er ist ja ein Familienhund und soll das ganze Haus zur Verfügung haben? Aber wie denkt der Hund darüber?

In der freien Natur würde der Hund in einer kleinen, beengten Höhle schlafen, groß genug, um bequem zu sein, und klein genug, um warm und geschützt zu sein. Ihm würde dieser Bau gehören, alle seine Besitztümer (sein Nachwuchs) wären darin und er wäre ständig auf der Hut vor Feinden. Außerhalb der Höhle gäbe es einen Bereich, der auch anderen Rudelmitgliedern gehört, ein Bereich, der beschützt werden muss, aber für den nicht ein einzelnes Individuum verantwortlich ist. Wenn irgendwann die Höhle eines einzelnen oder der Rudelbereich bedroht wird, kämpfen die Hunde (falls sie dazu gezwungen werden) oder – falls die Sicherheit nicht länger garantiert ist – sie ziehen um.

Kim und Cap beobachten amüsiert die Eskapaden der Menschen. Sie wissen, niemand wird sie in ihrem privaten Bereich stören, daher sitzen sie zufrieden da und beobachten.

Dies ist das Leben eines Rudeltieres und der moderne Hundehalter merkt nicht unbedingt, dass es auch für seinen Hund zutrifft. Aber alte Traditionen sterben nicht aus! Wenn wir uns selbst, die menschliche Rasse, in den verschiedenen Altersstufen betrachten, folgen wir auch bestimmten Instinkten. Wir wachsen heran und treten in die Fußstapfen der Älteren, lernen von ihnen die Grundlagen des täglichen Lebens. Wir spielen, lernen zu arbeiten (jagen) und schließlich heiraten wir, gründen eine Familie und werden **47**

Die „Einladungs-Regel" – der Welpe Twix muss noch einen Moment warten, bis er in das Haus seiner Besitzerin „eingeladen" wird.

Mitglied einer lokalen Gemeinschaft und leben nach deren Regeln. Rebellen werden nach den Gesetzen der Gesellschaft behandelt. Wir wissen, dass Rebellen einem das Leben in einer Gemeinschaft schwer machen können, und wir haben das Bedürfnis, unsere Familie und uns selbst zu beschützen, aber wir wissen auch, dass wir die endgültige Bestrafung unseren Anführern überlassen müssen. Unsere ureigensten Instinkte und die unserer Hunde sind sehr ähnlich, aber unglücklicherweise dürfen die Hunde nicht immer ihren Instinkten folgen, was sie verwirrt.

Wenn wir genau betrachten, was wir jetzt über die Instinkte des Hundes wissen, erkennen wir, dass der Hund seine eigene Höhle, die er zusätzlich zu dem Rudelbereich bewacht, braucht, um sich sicher zu fühlen. Er wird sich auch mit Rebellen auseinander setzen und sie bestrafen, wenn er ein Anführer ist. Ein Mensch muss dem Hund eine „Höhle" zur Verfügung stellen, damit er sich geborgen und sicher fühlt, und muss klarstellen, welcher Bereich dem Hund und welcher seinem Rudelführer (dem Menschen) gehört. Er muss für den Hund der Rudelführer sein, damit der Umgang mit Rebellen ihm allein überlassen bleibt.

Es gibt viele verschiedene Meinungen und Theorien über die „Rudelgesetze" und ich kenne Trainer, die glauben, dem Hund sollte nichts gehören, noch nicht einmal sein eigener Schlafplatz, und sie weisen die Hundebesitzer an, sich jeden Tag für kurze Zeit in das Bett des Hundes zu stellen. Der Gedanke dahinter ist der, dass der Hund dann niemals ein Kind daran hindern wird, Zugang zu seinem Schlafplatz zu erlangen. Wenn jedoch das Rudelgesetz richtig befolgt wird und der Mensch der

48 Rudelführer ist, den Respekt des Hundes verdient und ihm Sicherheit

Mensch und Hund verbringen einige Momente „sinnvolle Zeit" miteinander. Die ersten Sekunden außerhalb des Käfigs sind die wichtigsten. Der Welpe sollte sich auf seinen Menschen konzentrieren und nicht sofort auf die Freiheit. Eine Minute ist nicht sehr lang, aber kann die Hauserziehung erheblich erleichtern.

garantiert (was ein guter Rudelführer sollte), sollte diese Situation, in der ein Kind in das Territorium des Hundes eindringt, normalerweise nicht eintreten. Sollte diese Sicherheit einmal nicht gegeben sein, wird der Hund die Rangordnung dennoch respektieren und darauf warten, dass der Rudelführer das Problem löst.

Wenn sich dies kompliziert oder schwierig anhört, drehen Sie die Situation um – nur wenige Menschen werden ihrem Hund erlauben in die Privatsphäre ihres Kindes einzudringen oder in das Kinderbett zu klettern. Es ist erstaunlich, wie einige Hunde für ihre Besitzer ein Problem darstellen, indem sie den Garten umgraben, Kinderspielzeug zerbeißen und sich allgemein ungezogen benehmen, aber gerade diese Hunde sich gewisser Tabuzonen wie Bett, Schlafzimmer oder andere bestimmte Räume vollkommen bewusst sind. Die Besitzer setzen weiterhin gewisse Regeln durch, während sie anderes Fehlverhalten dulden, oder sie können sich nicht klar genug verständlich machen!

Der Zimmerkennel oder die Box ist die einfachste Art eine sichere „Höhle" für den Welpen bereitzustellen und hilft dem Welpen auch zu lernen, was wem gehört. Ihnen gehört das Haus, dem Hund gehört sein Lager, und ja, ich meine, dem Hund sollte sein eigenes Lager gehören – denn andererseits, kann er sich in etwas wohl fühlen, das ihm nicht gehört? Wenn Sie dem Hund den Besitz an seinem eigenen Lager verweh- **49** ren, wird er Besitz über etwas anderes erlangen wollen; die Küche, der Flur, der Garten oder das Auto – dies alles kann von ihm in Besitz genommen werden, wenn Sie nicht gleich klare Regeln aufstellen. Wenn es ihnen gelingt Ihrem Hund alles zu nehmen, so dass ihm nichts übrig bleibt, werden Sie mit den Folgen eines Hundes ohne Stolz konfrontiert. Solch ein Hund kann nervös, aggressiv, unsicher oder einfach unglücklich sein.

Wenn Sie Ihren Welpen vorsichtig zum Schlafen auf sein Lager legen, geben Sie ihm einen sicheren Bereich, seine eigene Höhle. Wenn Sie es richtig angefangen haben, wird er müde sein, vielleicht sogar schon schlafen, wenn Sie ihn ins „Bett bringen" und er wird nicht protestieren. Wenn er aufwacht, müssen Sie nichts anderes tun, als die Regel des Zutritts befolgen – öffnen Sie die Tür, legen Sie Ihre Hand vorsichtig auf den Welpen, damit er nicht herausstürmt, sagen Sie ihm, dass er warten soll, zählen Sie bis Fünf und laden Sie dann den Welpen in „Ihr Haus" ein. Regel Nummer Eins der Hundeerziehung – was so einfach klingt, ist wahrscheinlich nur gesunder Menschenverstand!

Die „Bitte-warte-bis-du-mein-Haus betrittst-Regel" sollte immer befolgt werden.

Sie sind jetzt auf dem besten Weg Ihrem Welpen zu erklären, was wem gehört. Achten Sie darauf, die „Bitte-warte-bis-du-mein-Haus-betrittst-Regel" jedes Mal zu befolgen. Und dann bereiten Sie sich darauf vor, Ihrem Kleinen alles über Kauen, Spielzeug, Heranrufen, Spazierengehen und wie man ein liebenswertes, gut erzogenes Familien(Rudel-)mitglied wird, beizubringen.

Bieten Sie Ihrem Welpen eine „sichere Höhle"

Erwarten Sie nicht von Ihrem Welpen, dass er versucht ein Mensch zu werden – er versteht nur seine eigenen Instinkte. Damit Sie richtig kommunizieren können, müssen Sie versuchen zu verstehen, wie er die Welt sieht und welches Verhalten er von seinem Rudelführer erwartet. Bieten Sie ihm eine „sichere Höhle" und machen Sie ihm klar, dass sie ihm gehört und Ihr Haus Ihnen gehört. Wenn Sie dem Welpen das Recht nehmen sein eigenes Lager zu besitzen, nehmen Sie ihm alle seine Rechte weg. Ein Border Collie ist ein stolzer Hund und sollte nie seiner Ehre beraubt werden!

Kapitel 4
Hundeerziehung nach dem gesunden Menschenverstand

Die Grundlagen für gute Manieren sind nun bei dem jungen Hund gelegt, aber was ist mit dem Verhalten außerhalb seines Lagers? Hat der ahnungslose Besitzer alles Mögliche getan, damit der Welpe auch wirklich unterhalten wird; sind viele Spielzeuge und Gegenstände zum Kauen und Zerren vorhanden? Wenn es so ist, spielt der Besitzer wahrscheinlich dem Welpen direkt in die Pfoten! Die meisten Hunde sind klug und Border Collies sind nicht nur klug, sondern sie manipulieren auch. Wenn Ihre Regeln klar sind, werden sie befolgt; wenn Sie der Rudelführer sind, werden Sie respektiert. Wenn Sie versäumen Zeichen zu setzen, glauben Sie mir, der Hund wird keine Zeit verlieren, Ihr Leben für Sie zu organisieren!

Lassen Sie sich nicht täuschen von dem Angebot an Spielzeugen und anderen Utensilien für Hunde und Welpen, die im Fachhandel angeboten werden – denken Sie sorgfältig nach, bevor Sie etwas kaufen.

Wie ein Hund denken

Das Letzte, was jemand möchte, ist ein Welpe, der Schuhe zerkaut, also warum eine Nachahmung zum Kauen kaufen? Alles, das an etwas erinnert, was im Haus zu finden ist, ist nicht empfehlenswert, es sei denn, Sie können Ihrem Welpen den Unterschied klar machen. Aus demselben Grund geben Sie Ihrem Welpen keine alten Socken, Turnschuhe, Bürsten oder irgendetwas, was Sie ärgern könnte, wenn er lieber eine neuere Version davon auswählt! Es macht keinen Sinn, das Zerkauen von Küchenutensilien oder dem dreiteiligen Anzug zu ignorieren, nur weil Sie es ersetzen wollen, wenn der Welpe herangewachsen ist. Was er als Welpe tut, kann er auch als Erwachsener tun! Nur weil er die Lust am Kauen verloren hat, bedeutet das nicht, dass er auch gute Manieren entwickelt hat oder dass er nun Ihre Möbel respektiert; es bedeutet nur, dass sie sich nicht mehr wie etwas Essbares anfühlen!

Einem Welpen ist es nicht erlaubt, das Lager seiner Mutter oder des Rudels zu ruinieren, daher gibt es auch keinen Grund dafür Ihr Haus zu demolieren, aber Sie müssen ihm klarmachen, warum dieses Verhalten inakzeptabel ist. Vorbeugung ist besser als Heilen und das Lager des Wel-

Poppy sieht seinen Käfig als sein privates Reich an und verbringt dort die Zeit zum Nachdenken, weil er weiß, dass er nicht gestört wird. Wenn ein Welpe heranwächst, wird das Verschließen der Käfigtür überflüssig.

pen ist der Schlüssel dafür, dass Ihr Haus unversehrt bleibt. Sie haben schon klargestellt, dass die Box (Höhle) dem Welpen und das Haus den Menschen gehört. Und wenn Sie dies einfach mit der „Einladung-in-mein-Haus-Methode" erklärt haben, wird der Welpe schon Respekt vor Ihrer „Höhle" haben.

Am Anfang müssen Sie entscheiden, was Ihr Welpe zerkauen darf; er ist nun mal ein Hund und gute Zähne gehören zum Überleben. Wie immer Sie entscheiden, es sollte praktisch sein und etwas, womit der Hund keine Probleme hat – ein (Kau)Knochen wäre die natürliche Wahl und kann nicht mit Haushaltsgegenständen verwechselt werden. Bestehen Sie darauf, dass nur in seiner „Höhle" gekaut wird. Zu diesem frühen Zeitpunkt sollte nicht akzeptiert werden, dass in „Ihrem" Haus gekaut wird. Versetzen Sie sich in die Lage des Hundes – wenn Sie nicht gleich klarstellen, was gekaut werden darf, und Sie sich nicht beschweren, wenn er *sein* Spielzeug zerkaut, hat es wenig Zweck ihn zu schelten, wenn er *Ihr* Spielzeug zerkaut! Wie wollen Sie Ihrem Hund erklären, dass alle Spielzeuge auf dem Boden, die Sie im Fachhandel gekauft haben, zum Kauen sind, aber die anderen Spielzeuge wie Schuhe, Socken, Taschen, Bücher unten im Regal usw. nicht zerkaut werden dürfen? Sehr verwirrend für einen Hund!

Nach den ersten Tagen der Eingewöhnung in die neue Umgebung wird das Leben für einen Welpen sehr aufregend. Wenn Sie ihn dann nicht anleiten, wird er bald selber entscheiden, wie er sich zu verhalten hat und was zum Kauen ist. Sie können sich nicht hinsetzen und mit ihm diskutieren und er kann nicht lesen, also wäre ein Buch mit Regeln auch nutzlos; Sie müssen einen anderen Weg der Kommunikation finden. Bei der Erziehung von Border Collies war ich bei bestimmten Punkten immer flexibel. Sie haben einen gehörigen Sinn für Humor, daher macht das Leben mit ihnen Spaß, aber wenn es um essenzielle Regeln und wichtige Verhaltensweisen geht, verhandle ich nicht. Ich will nicht, dass mein Welpe mein Haus oder dessen Inventar zerbeißt, also erlaube ich kein Kauen in meinem Haus.

Wählen Sie einfache Lernmethoden – wenn Ihr Welpe irgendetwas anderes kaut als den dafür vorgesehenen Gegenstand, sagen Sie streng „Nein", tauschen den Gegenstand gegen das Kauspielzeug aus und setzen es zusammen mit dem Welpen zurück in seine „Höhle". Ihre Botschaft ist kurz und auf dem Punkt: Du kaust nur dies und nur hier drin! Kommt der Welpe aus seiner Box ohne das Kauspielzeug, machen Sie sich keine Sorgen; versucht er wieder etwas anderes zu zerbeißen, wiederholen Sie die Prozedur. Bringt er das Kauspielzeug mit nach draußen, legen Sie es zusammen mit dem Welpen wieder in die Box. Seien Sie immer freundlich,

In unserer Welt macht es keinen Sinn einen Instinkt zu wecken, der nicht benötigt wird.

bestimmt und sprechen Sie mit dem Welpen, so dass er die Worte zu verstehen lernt. Stellen Sie sich vor, Sie gehen kurz weg und kehren zurück zu einem verschmutzten Boden, zerkauten Möbeln und all Ihre Bücher und Papiere sind auf dem Boden verstreut. Sie werden nicht sehr erfreut über ihren kleinen Racker sein und er – Ihren Unmut spürend – wird auch unglücklich sein! Aber mit dieser ruhigen, kontrollierten Art der Verständigung werden Sie saubere Böden, nichts Zerkautes und alles an seinem Platz vorfinden. Sie können dann Ihren Welpen in Ihr Haus einladen und er wird überglücklich sein Sie zu sehen. Es braucht nur wenige Tage, bis einige Grundregeln etabliert sind, und Ihr Welpe wird von allein auf sein Lager gehen, ohne dass die Tür geschlossen werden muss.

Spielzeug

Menschen haben Spielzeuge, verstehen sie und wissen, was damit zu tun ist. Spielzeuge sind zum Spielen, sie erfreuen uns und können auch lehrreich sein; in der Tat erfüllen Kinderspielzeuge meistens zwei Aufgaben, spielerische und erzieherische. Was wollen wir also unserem Welpen mit seinem Spielzeug beibringen? Was fördert z. B. ein Zerrgegenstand beim Welpen? Die richtige Art, solch ein Zerrspielzeug zu verwenden, ist, dass der Mensch das Spiel beginnt und beendet. Aber warum **53**

Beim Spiel jagen sich Hunde und streiten um Gegenstände, mit denen der Sieger von dannen zieht. Dies gehört zur natürlichen Entwicklung, weckt aber Instinkte, die nicht unbedingt ins Haus gebracht werden sollten.

benutzt man dann überhaupt so etwas? In der Natur spielen Hunde Zerrspiele mit ihren Eltern als Bestandteil des Überlebenstrainings und als Übung, wie man Beute fängt.

Ein Border Collie auf einem Bauernhof wird nie dazu ermuntert, seine Zähne außer zum Fressen oder zum Zernagen von Knochen einzusetzen, und die Hysterie, die häufig durch Zerrspiele entsteht, ist weder natürlich noch notwendig. Wenn Sie einen Wurf Welpen beim Spielen beobachten, nimmt einer oft ein Stück Stoff oder Holz ins Maul, rennt damit herum und fordert seine Geschwister auf es ihm abzujagen. Wilde Zerrspiele und häufig sogar ein Kampf beginnen, wobei der Sieger mit der Beute abmarschiert.

Die heutigen Hunde stammen vom Wolf ab und der Border Collie hat sich viele Eigenschaften dieses Beutegreifers bewahrt, die der Mensch genutzt hat, um den Inbegriff eines Arbeitshundes zu erschaffen, der als Helfer des Schäfers jagt, hütet und sich anpirscht, wobei er sanft und weichmäulig bleibt. Diese Welpen nehmen an natürlichen Erziehungsspielen teil, wobei sie lernen zu jagen, Beute zu machen und Aggressionen zu zeigen. Das Letzte jedoch können wir weder beim Arbeits- noch beim Familienhund gebrauchen. Wenn dieses Spiel aus irgendeinem Grund gespielt werden soll, sei es zur Vorbereitung für den Schutzdienst oder zur Förderung der Disziplin, weiß der Trainer, wie und in welchem Alter es eingesetzt wird. Ich sehe keinen Grund dafür, mit einem Familienhund etwas zu spielen, was ihm nicht gut tut und nicht erforderlich ist. Wenn einem Welpen das Kauen und Zerren erlaubt wird und er später ein Kind mit einem ähnlichen Spielzeug sieht, was ihn an sein eigenes Spiel erinnert, wird er vielleicht versuchen dieses Spielzeug zu bekommen und es auch nicht als böse empfinden, dabei mit Gewalt vorzugehen. Ein Kind reagiert nicht wie ein Erwachsener und so kann dies zu einem unschönen Ende führen.

Border Collies haben empfindliche Ohren und ein Quietschspielzeug regt sie häufig sehr auf. Wenn das Geräusch andererseits Ihren Hund nicht kümmert, wird er wahrscheinlich stundenlang Spaß damit haben und *Sie* aufregen. Solch ein Spielzeug kann Nachteile mit sich bringen, da das Geräusch durch Beißen und Knabbern am Spielzeug hervorgerufen wird und das ständige Quietschen bei einem Welpen oder Junghund eine Hysterie auslösen kann, die zum Zerbeißen führt. Um diese Hysterie zu vermeiden, kann das Spielzeug dazu benutzt werden, dem Hund beizubringen sanft und ruhig zu sein und auf Kommando zu quietschen, alles Elemente der Erziehung!

Ein Ball mit einem Glöckchen im Innern erfüllt einen doppelten Zweck und der Hund muss nicht darauf beißen, um den Ton zu erzeugen. In der Tat entwickeln einige Hunde clevere Methoden, um das Glöckchen ertönen zu lassen, indem sie den Ball die Treppe runterwerfen oder ihn springen und rollen lassen; dies alles sind Hinweise dafür, dass der Hund denkt, anstatt nur impulsiv zu reagieren. Was immer Sie auswählen, achten Sie darauf, dass der Hund zum Denken angeregt wird. Er muss sein Gehirn benutzen, daher stellen Sie sicher, dass es der Erziehung dient, anstatt dass er Wege herausfindet, um Punkte gegen Sie zu sammeln!

Ein Welpe oder ein erwachsener Hund, dessen Körper und Geist richtig gefördert werden, ist zufrieden und ruht sich aus, wenn Sie anderweitig beschäftigt sind.

Wann immer Sie also Zeit mit Ihrem Hund verbringen, sorgen Sie dafür, dass sie sinnvoll genutzt wird. Richten Sie die Aufmerksamkeit des Welpen auf sich anstatt auf Spielzeuge und lassen Sie sich nicht dazu hinreißen, Spielzeuge als Ersatz für Ihre Aufmerksamkeit zu benutzen.

Kommunikation

In diesem Stadium sollten Sie eine gute, solide Basis für Ihr Training erreicht haben. Ob Sie einen Welpen oder älteren Hund haben, *Sie* müssen die Regeln am Anfang festlegen und brauchen etwas Solides, um darauf aufzubauen. Welpen haben kein Wörterbuch, sie verstehen nicht die menschliche Sprache und können nicht unsere Gedanken lesen, aber sie können mit Körpersprache kommunizieren und sie lernen schnell! Wir sind klug genug, um verschiedene Sprachen zu lernen, wenn es notwendig ist. Häufig versagen wir aber, wenn es darum geht, unseren Hund

*Oben: Hunde kommunizieren mit Körpersprache. Gemmas hat etwas Interessantes ge-
funden und Hope ist neugierig. Seine Rutenhaltung und sein Körper drücken neugierige
Spannung aus.*

*Unten: Hopes Körper hat sich versteift und seine Rutenhaltung verändert. Er möchte
gerne mitmachen, aber Gemma bewacht ihren Fund und ihre Körpersprache drückt
drohende Verteidigung aus.*

zu verstehen! Ein Hund ist nicht außergewöhnlich klug, wenn er weiß,
was es bedeutet, wenn Sie Ihre Wanderschuhe anziehen, die Leine oder
den Autoschlüssel einstecken oder ihren Gute-Nacht-Trunk herrichten,
aber er ist schlau genug, Ihre Körpersprache zu studieren und zu verstehen. Wie viel Zeit nehmen *wir* uns, die Sprache unseres Hundes zu lernen?

Körpersprache

Es ist nicht schwierig die Grundlagen der Hundesprache zu verstehen.
56 Wir lernen bald, wann der Welpe müde, hungrig oder durstig ist oder

hinaus muss. Diese Dinge sind einfach zu verstehen und wir müssen sie kennen, aber in Wirklichkeit hört der Hund nie auf mit uns zu „sprechen" und wir hören ziemlich oft gar nicht genau zu, was er uns zu sagen hat!

Eine Partnerschaft zu einem Hund aufzubauen erfordert ein Verstehen und eine Bindung ähnlich, wie sie zwischen Eltern und Kind besteht. Mit dem gegenseitigen Verstehen geht automatisch das Wissen einher, wie sich der andere fühlt und wie er auf bestimmte Situationen reagiert. Viele Hundebesitzer, die ihre „Hundeprobleme" mit mir diskutiert haben, verbringen mehr Zeit mit ihren Hunden als ich es mit meinen kann, jedoch habe ich ein besseres Verhältnis zu meinen Hunden als sie. Wie viel Zeit ich auch habe, ich sorge immer dafür, dass sie sinnvoll mit meinen Hunden genutzt wird, wogegen die Besitzer, welche die meiste Zeit des Tages mit ihren Hunden verbringen, wahrscheinlich nicht viel Zeit mit ihnen tatsächlich *zusammen* verbringen. Beispielsweise ist ein zweistündiger Spaziergang, bei dem der Hund machen kann was er will, Kaninchen jagt, wie ein kopfloses Huhn herumrennt und alle Düfte der Umgebung kon-

Sinnvoll miteinander verbrachte Zeit ist wichtig für jede Partnerschaft. Es ist die Zeit des Lernens und der Kommunikation.

Die Körperhaltung des Hundes besagt ganz klar, dass – auch wenn er nicht alles versteht – er sich sehr bemüht, die Sprache seines Menschen zu verstehen.

trolliert, nicht so schön und konstruktiv wie ein nur halbstündiger Spaziergang, bei dem man aber mit dem Hund spricht und ihm zuhört und dabei lernt ihn zu verstehen. Alte Hunde können uns auf einem Spaziergang noch etwas beibringen, wenn wir uns nur die Mühe machen uns mit ihnen zu „unterhalten".

57

Eine freundliche Rute bewegt sich sanft hin und her. Die Körpersprache drückt Neugier und Freundschaft aus.

Sinnvoll genutzte Zeit ermöglicht dem Besitzer, die Sprache des eigenen Hundes zu erlernen. Die mit einem neuen Welpen verbrachte Zeit ist unersetzlich, aber wenn der Welpe heranwächst, wird diese Zeit häufig weniger, obwohl das Vokabular des Hundes zunimmt. Wenn Sie Ihrem Hund zuhören, erzählt er Ihnen durch häufigen Gebrauch, welches Spielzeug er am liebsten mag, aber er schaut auch auf dieses Spielzeug, bevor er es auswählt. Wenn Sie Ihren Hund bitten auf sein Lager zu gehen, erkennen Sie an seinem Gesichtsausdruck, ob er sich direkt dort hin begibt oder ob er Ihre Geduld strapazieren möchte. Wenn Sie mit dem Hund spielen, wird er Ihnen sagen, wann das Spiel zu weit geht. Hören Sie zu?

Stellen Sie sich spielende Kinder im Garten vor und wie häufig eine verständnisvolle Mutter sagt: „Sie werden müde. Wenn ich jetzt nicht das Spiel beende, endet es mit Tränen." Hunde, insbesondere Welpen, können genauso wie Kinder reagieren – alles scheint gut, aber die Rute bewegt sich zu viel, sie kläffen vielleicht, die Augen schauen groß und aufgeregt und sie hecheln übermäßig. Am Ende des Spiels ist der Hund erschöpft und er hat vielleicht sogar angefangen zu zwicken. Dies ist keine angenehme oder vernünftige Müdigkeit und kann sogar zur Schädigung von Gelenken und Sehnen führen. Kein junger Hund sollte unnötig zum Springen oder Verdrehen seines Körpers animiert oder bis zur Erschöpfung gefordert werden.

Eine „tote" oder denkende Rute zeigt an, dass der Hund geistig arbeitet, auch wenn sein Körper still steht.

Was ist mit der Rute?

Die Rute ist ein wichtiges Ausdrucksmittel für einen Hund, aber man muss seinen Hund kennen, um auch die Zeichen richtig zu deuten. Schwanzwedeln bedeutet offensichtliche Freude, aber nicht jedes Schwanzwedeln ist gleich. Ein Hund, der einen freundlichen Menschen begrüßt, zeigt ein völlig anderes Schwanzwedeln, als wenn er einen freundlichen Hund begrüßt. Und das Wedeln mit steifer Rute und hoch erhobenem Kopf, wenn er einen fremden Hund trifft, ist wiederum völlig anders. Hunde bellen, wenn es an der Tür klopft, und wedeln dabei sogar mit dem Schwanz, es ist aber ein anderes Wedeln mit einer anderen Bedeutung. Die missverstandenen Botschaften sind meistens die, bei denen der Hund seine Rute unten hält! Viele Menschen sind bekümmert, wenn sie einen Border Collie mit herabhängender Rute sehen, weil sie lieber den hoch erhobenen Schwanz wollen, der im Allgemeinen als Zeichen für Fröhlichkeit angesehen wird.

Früher und auch heute noch ist in Schäferkreisen ein Hund mit einem „toten" Schwanz (der gerade nach unten hängt) mehr wert als einer mit einer „fröhlichen" Rute, von dem die meisten Schäfer die Finger lassen. Die nach unten getragene Rute ist die „Denkposition". Beobachten Sie Ihren Hund, wenn Sie mit ihm spielen und plötzlich das Spiel unterbrechen, sich nicht bewegen und nichts sagen. Die Rute des Hundes wird sich absenken, während er versucht herauszubekommen, was Sie als Nächstes vorhaben. Ein Hund, der ständig mit der Rute wedelt, verbringt **59** wenig Zeit damit seinen Verstand zu gebrauchen, wogegen ein Hund, der seine Rute absenkt und Probleme zu lösen versucht, zum Denken erzogen wurde. Wird die Rute eingeklemmt und nimmt der Körper eine unterwürfige oder kauernde Position ein, ist der Hund unglücklich, hängt die Rute aber einfach nach unten bedeutet dies wahrscheinlich: „Nun lass mich das mal rausfinden!" Der Schwanz wird auch für das Gleichgewicht benötigt, daher benutzt ein rennender oder springender Hund seine Rute für einen völlig anderen Zweck. Ist die Rute zu hoch angesetzt (ein angeborener Fehler) kann ein Hund nicht so gut schnell rennen und Haken schlagen wie ein Hund mit einer tiefer angesetzten Rute, ein wichtiger Gesichtspunkt bei den Schäferhunden.

Studieren Sie die Körpersprache Ihres Welpen und versuchen Sie seine nächste Bewegung oder Absicht vorherzusagen, denn Vorbeugen ist besser als Heilen. Will er die Regeln brechen, versuchen Sie diesem vorzubeugen! Ein Welpe, der z. B. warten soll, bevor er sein Futter bekommt, teilt Ihnen mit, wenn er Anstalten macht Sie zu ignorieren. Es kann nur einen

Eine zwischen die Beine geklemmte Rute ist nicht immer ein Zeichen für Angst. Es kann auch Nervosität, Missverständnis oder Besorgnis ausdrücken.

Bruchteil einer Sekunde dauern, aber es ist da – ein kurzer Blick auf das Futter, ein Räkeln des Rückens oder ein trotziges Vorwärtsdrücken des Körpers. So einfach und schnell die Kommunikation ablaufen kann, so spart eine Reaktion von Ihnen, die den Welpen daran erinnert, dass er einen Befehl bekommen hat und die Regeln einhalten muss, später viel Verwirrung und Tadel.

Oben: Dieser Hund sieht sich einer Herausforderung gegenüber. Sein Körper ist aufrecht, seine Rute hoch erhoben und starr und die Rückenhaare sind leicht aufgestellt.

Unten: Jetzt ist klar, was den Hund herausgefordert hat. Auch wenn seine Rute noch aufrecht ist, drückt der Körper weniger Feindseligkeit aus, weil sich der andere Hund abgewandt hat und die Herausforderung nicht annimmt. Wäre nicht der Zaun dazwischen, müsste der zweite Hund weggehen oder die Herausforderung annehmen.

Welpen-Lektionen

Was immer Sie mit Ihrem Hund geplant haben, ob Sie hoffen, dass er ein Champion wird oder einfach der beste Kumpel, den Sie je hatten, es gelingt nicht, wenn Sie nicht eine gewisse Kontrolle haben. Alle Hunde sollten gut erzogen sein und gute Manieren sind die Grundlage – Herankommen nach dem ersten Rufen, auf Kommando bleiben und gute Leinenführigkeit. Diese drei Grundlektionen sind das Fundament für alle anderen Ausbildungen oder Kommandos, die Sie Ihrem Hund beibringen möchten. Lassen Sie sich von niemandem einreden, Sie hätten sich an **61** gewisse Regeln zu halten – Sie legen fest, was Ihr Hund beherrschen und lernen muss.

Nicht alle Border Collies setzen sich gerne hin, viele bevorzugen das Hinlegen und andere bleiben eher stehen, wogegen einige sich bereitwillig hinsetzen. Am Anfang ist man damit beschäftigt seinen Welpen zum Gehorsam zu erziehen und das kann Spaß machen, wenn man es mit dem gegenseitigen Kennenlernen verbindet.

Warten Sie nicht, bis Ihr Welpe sechs Monate alt und eigenwillig geworden ist, bevor Sie das Heranrufen üben. Dieses Kommando ist einfach zu trainieren und macht Spaß, aber es ist sehr wichtig, dass der Hund gehorcht. Ein erwachsener Hund, der auf Kommando nicht kommt, ist eine Plage. Er belästigt andere Hunde und Menschen, jagt Kaninchen und läuft Gefahr überfahren zu werden oder einen Unfall zu verursachen. Das Kommen auf Befehl ist nicht ein Kann, sondern ein Muss!

Immer wenn Ihr Welpe zu Ihnen gerannt kommt, rufen Sie ihn. Das Kommando muss nicht ein bestimmtes Wort sein, aber etwas, das Ihnen angenehm ist. Ich versuche Wörter zu vermeiden, die mit anderen Kommandos verwechselt werden können oder sich ähnlich anhören.

Das Kommen auf Befehl ist nicht ein Kann, sondern ein Muss!

Die meisten beim Training verwendeten Kommandos sind „Hier" oder „Komm", wobei der Name des Hundes vorangesetzt wird, wobei ich mich frage, was ist das Heranrufen – der Name oder das Kommando? Die meisten Hunde wissen, wenn man zu ihnen spricht, daher müssen Sie nur den Namen verwenden, wenn Sie wirklich mehrere Hunde dabei haben. Als meine Kinder klein waren, musste ich nicht ihren Namen am Anfang eines jeden Satzes sagen und ich glaube, dass, wenn ein Hund ständig hört „Fido, komm", sein Name zu einem Befehl wird und aufhört ein Name zu sein. Wenn der Befehl aus zwei Silben oder Wörtern besteht wie „Komm her" oder „Zu mir" ist die Versuchung geringer, ihn in einem anderen Zusammenhang zu benutzen, wobei der Name nur gebraucht wird, um die Aufmerksamkeit des Hundes zu erregen.

Ein Hund, der seine Aufmerksamkeit auf Sie richtet, braucht nur mit dem Kommando gerufen zu werden, aber ein junger Hund, der abgelenkt ist, wird erst bei seinem Namen gerufen, damit er aufmerksam wird, und dann mit dem Kommando herangerufen. Es ist eine einfache Methode, aber sie zieht die Aufmerksamkeit des jungen Hundes auf sich und fördert, dass er auf das folgende Kommando hört und vermeidet Ungehorsam (ist die Erziehung abgeschlossen, sollte der Hund immer auf seinen Führer „eingestimmt" sein). Hier möchte ich nochmals darauf hinweisen, dass Hunde ein sehr feines Gehör haben und dass auch, wenn zehn Leute ihre Hunde mit demselben Kommando rufen, wobei nur 20 Sekunden Abstand zwischen den einzelnen Rufen ist, alle Hunde das für sie bestimmte Kommando heraushören. Sie werden alle gehorsam folgen.

Versuchen Sie Ihrem Welpen immer zu erzählen, was er zu tun hat. Wenn er z. B. zu Ihnen gerannt kommt, geben Sie das Komm-Kommando, wenn er sich hinsetzt, geben Sie das Sitz-Kommando. Wortassoziationen sind ein wichtiger Teil der Erziehung. Hunde verstehen nicht eine Sprache, wie wir es tun. Hierzu ein Beispiel: Ich brachte einem meiner schnellsten Hunde, Megan, bei, auf das Wort „langsam" etwas langsamer zu gehen. Immer wenn Megan in Höchstgeschwindigkeit galoppierte, benutzte ich eine Pfeife, und wenn sie langsamer galoppierte, rief ich „langsam". Dies funktionierte gut, bis ich aufhörte, wie ein Hund zu denken und wieder menschlich wurde – wenn sie zu schnell im Schritt ging, sagte ich ihr, sie solle langsamer gehen, und sofort begann sie langsam zu galoppieren. Ich stellte mir vor, dass sie dabei auch ein Grinsen im Gesicht hatte! Das sagt alles aus, was man über Wortassoziation wissen muss.

Der Hund assoziiert den Ton, den Sie erzeugen, mit einer bestimmten Handlung und umgekehrt. Sie können diese Methode benutzen, um ihm die grundlegenden Kommandos als Bestandteil des täglichen Lebens beizubringen. Wenn Sie Ihren Welpen füttern, bringen Sie ihn in die Sitzposition und sagen Sie „Sitz", stellen Sie den Napf auf den Boden und lassen Sie den Welpen mit dem Kommando „Warte" noch etwas still sitzen. Wählen Sie ein bestimmtes Auflöskommando und geben Sie damit Ihrem Welpen die Erlaubnis zum Fressen. Das Auflöskommando ist wichtig, da der Welpe dann weiß, dass Sie ihm die Erlaubnis zum Bewegen, Spielen oder Voranlaufen geben oder dass das Training beendet ist. Wenn Sie etwas mehr Erfahrung gesammelt haben, beginnen Sie Ihren eigenen Stil der Kommunikation zu entwickeln, sowohl für Sie als auch für Ihren Hund. Wenn Sie sich entspannen und wie ein Hund denken, wird Ihr Instinkt die Kommunikation leiten.

Gewöhnen Sie Ihren Welpen so früh wie möglich an Wortassoziationen. Ein Welpe wird das Wort „Platz" bald mit dem Hinlegen verbinden.

So bald wie möglich sollte Ihr Welpe an ein leichtes Halsband und eine Leine gewöhnt werden. Lassen Sie ihn sich am Anfang einfach an das Gefühl des Halsbandes gewöhnen. Wenn Sie die Leine anbringen, achten Sie darauf, dass Sie daraus kein Tauziehen veranstalten, denn alles, was Sie dadurch erreichen, ist ein ängstlicher Welpe. Lassen Sie den Welpen nicht an der Leine kauen – eines der ersten Worte, die er lernen muss, ist „Nein" **63**

Das Hüten der Enten gehört bei diesem Border Collie auch zu seinen Aufgaben.

und das ist eine gute Gelegenheit zum Üben. Am Anfang wird Ihr Welpe Ihnen überall im Haus hin folgen. Dies können Sie nutzen, um ihn zeitweise an einer lockeren Leine zu führen, dabei nur sanften Druck ausüben und ihn immer mit der Stimme beruhigen. Machen Sie jedoch nicht den Fehler in der Babysprache mit ihm zu reden; das beruhigt ihn nämlich keineswegs, sondern sowohl der dominante als auch der nervöse Welpe werden es aus verschiedenen Gründen als Schwäche deuten. Ihr Welpe muss eine feste, aber sanfte Stimme hören, eine, die ihn fühlen lässt, dass er sich auf Sie verlassen und er Ihnen trauen kann.

Die große weite Welt

Alle Hunde brauchen einen Bereich, in dem sie sich frei bewegen können, irgendetwas, wo sie Dampf ablassen und so ausgelassen spielen können, wie es im Haus nicht möglich ist. Wenn Sie Ihrem Welpen erlauben durch den Garten zu toben, könnte das später Probleme mit sich bringen. Ein Hund, der den Garten als Auslauf hat, glaubt bald, dass ihm der Garten gehört und mit diesem Besitzanspruch geht das Recht einher Löcher zu buddeln, Eindringlinge anzubellen oder sogar alle, die am Zaun vorbeilaufen, zu verbellen. Wenn Sie eine bestimmte Auslauf- oder Spielzone für Ihren Welpen zur Verfügung stellen und dieselbe „Einladungsmethode" wie bei seiner Box anwenden, besteht nicht das Risiko, dass er diese Zone als seinen Besitz ansieht. Es ist wieder ganz einfach – Sie neh-

In einem weiten Bogen umläuft der Hund die Enten, um sie in die gewünschte Richtung zu treiben.

men den Welpen mit in den Auslauf, lassen ihn kurz spielen und laden ihn dann in Ihren Garten ein.

Wenn Sie Freunde einladen, ein Grillfest geben oder Kinder in Ihrem Garten spielen, bleibt der Hund in seinem Bereich und wird nicht bellen oder erwarten, dass er in Ihrem Revier geduldet wird. Und ebenso hat er eine sichere Zone für sich, sollte dies erforderlich sein. Diese Methode hält den Hund nicht vom Bellen oder Melden eines Eindringlings ab, sie verhindert aber, dass er fordert oder schlechte Manieren zeigt.

Sie können und wollen Ihren Hund nicht von der Außenwelt abschirmen. Sie müssen dennoch vorsichtig sein, bis Ihr Welpe alle notwendigen Impfungen bekommen hat, aber wenn Sie übervorsichtig sind, erhalten Sie einen nervösen Hund. Die ersten drei Lebensmonate hinterlassen bei einem Hund einen Eindruck, der ein Leben lang vorhält. Jeder Welpe, der in dieser Prägephase darin bestärkt wird, scheu zu sein oder kein Vertrauen zu haben, wird so bleiben. Im Rudel erlaubt die Mutter nur für kurze Zeit, dass sich ihre Welpen an sie festklammern. Wenn sie fühlt, dass es Zeit für sie ist auf den eigenen vier Füßen zu stehen, bereitet sie sie darauf vor. Es wird Zeiten geben, in denen sich ihre Welpen fürchten und sie den Nachwuchs tröstet, aber es wird andere Zeiten geben, in denen die Welpen vor einer Situation flüchten, mit der sie nicht zurechtkommen, und sie sie aber wegjagt.

Wir müssen unsere Welpen nicht wegjagen, sondern ihnen nur das Vertrauen geben, dass sie für ein Bestehen in dieser Welt brauchen. Wir wollen nicht, dass sie eigene Entscheidungen treffen oder Kämpfe aus-

Border Collies sind intelligent und ihr Arbeitsinstinkt sollte **für** *Sie und nicht* **gegen** *Sie eingesetzt werden. Dieser Border Collie ist ein echter Hütehund und hört nie auf zu arbeiten, aber er weiß, dass er die Hühner in Ruhe lassen muss.*

fechten noch andere Menschen oder Tiere belästigen, wir wollen aber auch nicht, dass sie davor Angst haben. Ein Welpe muss wissen, dass es nichts gibt, vor dem er sich fürchten muss, da Sie im Rudel mit jeder bedrohlichen Situation, die auftreten kann, fertig werden. Mit anderen Worten: Er hat Vertrauen zu seinem Rudelführer. Wenn Sie mit Ihrem Welpen weggehen, müssen Sie ihn nicht jedem in die Hand drücken, damit er gut sozialisiert wird. Es muss jedoch an alltägliche Situationen und Geräusche gewöhnt werden wie Waschmaschinen, Staubsauger, Autos und andere mögliche „Monster", die ihm zu Hause oder in der Nähe seines Heims begegnen.

Unterschätzen Sie nicht die Macht der Stimme. So wie Hunde mit Hilfe der Körpersprache miteinander kommunizieren, so winselt und wimmert die Hündin zu ihren Welpen. Ihr Welpe muss das Wort „Nein" verstehen, aber er muss auch wissen, was „guter Hund" bedeutet. Wenn Sie Ihren Welpen wissen lassen, wann er die Regeln verletzt, müssen Sie ihm auch vermitteln, wenn er sich richtig verhält. Wenn Sie einen Wurf Welpen beim Spielen beobachten, werden Sie bemerken, dass ein Blick von der Mutter das Spiel zum Stoppen bringen und ein lobendes Schnüffeln heftiges Schwanzwedeln und Freude auslösen kann. Was die Mutter nicht tut, ist, die Welpen jedes Mal zu füttern, wenn sie brav sind! Ich bin gegen das Training mit Leckerchen sowohl beim Welpen als auch beim älteren Hund. Ihr Welpe sollte Ihnen gefallen wollen, und zwar aus Respekt und

Gemma nimmt an Obedience- und Hütewettbewerben teil, aber weiß, dass sie diese kleinen Schützlinge nicht hüten darf.

Loyalität und nicht, weil er ein Leckerchen erwartet. Ich bin nicht gegen Leckerchen als solche, aber gegen Erziehung mit Leckerchen und das ist ein großer Unterschied.

Vergleichen wir es wieder mit Kindern. Die Eltern sollten nicht die Kinder für jede Aufgabe mit Schokolade bestechen, damit sie den Tisch abräumen, abwaschen, ihr Zimmer aufräumen oder früh zu Bett gehen. Es sollte auch keine Belohnung geben, wenn alles erledigt ist, da das Kind dazu erzogen werden sollte, Verantwortung zu tragen und notwendige Dinge nach der ersten Aufforderung zu erledigen (wie die Grunderziehung beim Hund). Später, wenn das Kind zur Schule geht, bekommt es eine Liste mit zu erledigenden Aufgaben (fortgeschrittene Erziehung) und eine Belohnung ist nicht immer möglich. Wenn das Kind herangewachsen ist und zur Arbeit geht, bekommt es ein Gehalt, aber keine Leckerchen. Das kleine Kind bekommt jedoch eine Überraschung, wenn es sie am wenigsten erwartet. In der Schule kann ein gutes Zeugnis oder eine gute Note belohnt werden. Im Beruf erhält ein Mitarbeiter für besonders gute Leistungen einen Bonus. Alle Zuwendungen sind es wert dafür zu arbeiten. Der Welpe sollte glücklich sein Dinge zu tun, um seinem Rudelführer zu gefallen, und freut sich besonders, wenn dieser ihm eine Belohnung gibt – eine unerwartete Überraschung ist ein Bonus, sollte aber keine Bestechung sein!

Ein Border Collie ist schlau und lernt schnell. Bemerkt er eine Schwäche bei seinem Führer, nutzt er sie zu seinem eigenen Vorteil, und Bestechung ist eine Schwäche. Warum sonst sollte ein Rudelführer zu solchen Methoden greifen, außer wenn er fühlt, dass er den Respekt des Rudels auf eine andere Weise nicht erhalten kann? Was gibt es Besseres für einen cleveren kleinen Border Collie, als seinen wenig entschlussfreudigen Rudelführer auf Trab zu halten, indem er sich widersetzt irgendetwas ohne eine Futterbelohnung zu tun. Ich meine auch, dass Bestechung eine ungeeignete Methode für den Unterricht ist. Wenn ein Welpe sich für ein

Leckerchen hinsetzen soll, aber es nicht zur Zufriedenheit seines Menschen durchführt, bekommt er nicht die Belohnung, sondern erst, wenn er es noch einmal oder sogar ein drittes Mal macht. Wie weiß der Welpe aber, dass es beim ersten Mal falsch war und wie kann er jemanden respektieren, der etwas verspricht und es dann nicht hält?

Es ist wichtig, wie ein Hund zu denken, und jetzt sollten Sie beginnen, ein enges Verhältnis zu Ihrem Welpen aufzubauen und Ihr natürlicher Instinkt sollte Ihnen dabei helfen. Wenn Sie jeden Stein des Fundaments an die richtige Stelle gesetzt haben, sollten Sie jetzt in der Lage sein, nach oben aufzubauen, aber es gibt eins, das Ihre Erziehungserfolge zusammenbrechen lassen kann. Futter!

Ein guter Freund von mir beschrieb einmal meine Hunde als „alberne" Border Collies und ich denke, dies ist eine liebevolle Beschreibung von spitzbübischen Hunden. Ja, einige Border Collies können sehr albern sein, andere aber schreien und kläffen unabhängig davon, wie viel Erziehung sie auch erhalten haben. Die Mehrheit der „lauten Brigade" wird so ernährt, dass sie sich „high" fühlt und es ein Wunder ist, dass sie nicht abhebt! Daher ist es an der Zeit, im nächsten Kapitel die Fütterung näher unter die Lupe zu nehmen.

Erziehung Ihres Welpen

Spielen Sie keine Spiele, die Instinkte fördern können, die Sie nicht wollen. Ihr Welpe braucht keine Unmenge an Spielzeug, er benötigt intensive Beschäftigung mit Ihnen. Bewegung ist notwendig, aber zusätzlich sollte auch der Geist trainiert werden. Lernen Sie die Körpersprache Ihres Welpen zu verstehen und legen Sie das Fundament für die Grunderziehung.

Ihr Welpe kann mit Ihnen hinausgehen. Mit einem gewissen Grad an gesundem Menschenverstand wird er verträglich und sozialisiert werden, aber nur, wenn Sie genügend Zeit intensiv mit ihm verbringen, damit er weiß, wer sein Rudelführer ist und wo seine Grenzen sind. Je mehr Zeit Sie damit verbringen Ihren Welpen zu verstehen, umso eher ist er ausgeglichen und vertrauensvoll genug für die Welt.

Kapitel 5
Futter – Nahrung für den Geist

Füttern ist wie Erziehung eine Sache des gesunden Menschenverstandes. Es gab Zeiten, da war das Füttern unkompliziert und einfach; in der modernen Hundewelt scheint es jedoch den Trend zu geben alles komplizierter, schwer verständlich und so teuer wie möglich zu machen. Daher lassen Sie uns einen Blick auf die Möglichkeiten werfen und wir werden das richtige Futter für einen aktiven Border Collie finden.

Wir müssen erneut in der Zeit etwas zurückgehen, um einen Blick auf die ursprünglichen Collies, die Rudeltiere, zu werfen. Beutegreifer sind Jäger und die Natur sorgt für sich selbst, indem Tiere mit dem Instinkt ausgestattet werden zu wissen, welche Art von Nahrung sie brauchen, wo sie zu finden ist und wann sie fressen sollen. Wenn wir ein wildes Tier domestizieren, nehmen wir ihm die Möglichkeit für sich selbst zu sorgen. Somit wird jedes Tier, das wir in unser Leben oder unsere Häuser aufnehmen, von uns abhängig, wenn es um sein Wohlergehen einschließlich Lebensraum, Sauberkeit und Nahrung geht. Wenn wir die richtige Nahrung für einen Hund bereitzustellen haben, müssen wir uns nach seinen Bedürfnissen erkundigen. Ansonsten herrscht die Vorstellung des Menschen vor und das Futter wird nach Aussehen und Beschreibung des Anbieters statt nach dem Wohlbefinden des Hundes ausgesucht.

Wie ein Löwenrudel wird ein Hunderudel seine Beute jagen, töten und verschlingen. Eine Ruhephase folgt, in der körperliche Ertüchtigung und tägliche Routine warten müssen, und da die Tiere beim Fressen weniger wachsam sein können, bestimmt die Umgebung einen Teil der Abläufe. Erfolgt das Töten an einer exponierten Stelle und ist die Beute zu groß zum Wegtransportieren, ist ein Wachposten erforderlich. Wird die Beute aber in ein sicheres „Zuhause" geschafft, ist die Bewachung minimal. War das Mahl sehr reichlich, ist der folgende Tag ein Ruhetag auch für den Verdauungstrakt. Danach werden die normalen Aktivitäten wieder aufgenommen. Ist Fleisch reichlich vorhanden, ist das Rudel mit Energie versorgt und die für die nächste Jagd erforderliche Anstrengung ist kein Problem. Ist Fleisch aber nicht genügend vorhanden, gibt es trotzdem keinen Engpass auf dem Speiseplan. Hunde können sich gut vegetarisch ernähren und suchen dabei nach natürlichen Vitaminen und Mineralstoffen. Sie haben ihr „Salatbüfett", knabbern zwischendurch Mäuse,

Ausdauer und Zähigkeit gekoppelt mit Beweglichkeit und der Fähigkeit Dinge zu erarbeiten sind Teil des Hütehund-Erbes. Eine zu niedrige oder zu hohe Nährstoffmenge verhindert eine optimale Leistung.

Eine natürliche Entwicklung ist wichtig für einen jungen Border Collie, da Gelenke und Muskeln unter einer falschen Ernährung leiden. Eine Überentwicklung führt zu eingeschränkter Beweglichkeit, eine Unterentwicklung zu starker Belastung.

„Krabbeltiere" und andere winzige, leckere Brocken. Ein Mangel an Fleisch bedeutet aber für das Rudel, nach einem besseren Revier suchen zu müssen, bevor die Energie zum Jagen nachlässt. Wenn sie gänzlich von kleinen Bissen leben, ist es schwierig, die kurzzeitig benötigte, große Energiemenge aufzubringen, die sie zum Überlisten und Einholen der Beute benötigen. Hunde fressen, um ihren Energiebedarf zu decken!

Man sollte einmal betrachten, wie ein Rudel zu seiner Mahlzeit kommt. Alle Teilnehmer der Jagd spielen eine bestimmte Rolle. Einige schleichen sich an, einige starren die Beute an, einige verfolgen, einige jagen und einige töten. Alle diese Instinkte stecken in jedem Mitglied, aber manche sind in bestimmten Bereichen geschickter als andere. Wenn wir das mit einem Indianerstamm vergleichen, spielt jeder von ihnen bei der Jagd eine bestimmte Rolle, und obwohl alle in verschiedenen Bereichen eingesetzt werden, sind sie noch in der Lage die verschiedenen Funktionen zu erfüllen. Alle Instinkte, die den Border Collie zu dem Hütehund von heute machen, stecken in jedem Hund und jeder übernimmt eine Arbeit, die er in der Wildnis übernehmen würde. Der vorherrschende Instinkt muss erkannt und der schwächere entdeckt werden, damit der Führer ihn nach Bedarf unterdrücken oder verstärken kann. Aber alle bekannten Eigenschaften stammen von dem Überlebensinstinkt im Rudel.

Die Nahrungsgewohnheiten und -bedürfnisse eines wild lebenden Hundes liefern Hinweise darüber, wie wir einen Haushund vernünftig ernähren können. Ein Hund muss nicht immer Fleisch fressen, er kann pflanzliche Nahrung aufnehmen und tut es auch. Er grast, ruht sein Verdauungssystem aus und weiß, wie und wo bestimmte Nährstoffe zu finden sind.

Border Collies besitzen noch starke Rudelinstinkte, aber die Suche nach Nahrung, das Jagen, Töten und Verschlingen von kleinen Tieren ist im menschlichen Rudel nicht akzeptabel. Daher müssen wir

Bei 80 Prozent der schwierigen Hunde hat sich das Problem durch falsche Fütterung verschlimmert.

die Verantwortung für die richtige Ernährung und die Versorgung mit Nährstoffen übernehmen. Füttern ist persönlich und individuell. Jeder Haushalt hat seine eigenen Gewohnheiten und nicht alle Hunde haben dieselben Bedürfnisse. Die Informationen zur Ernährung sind oft kompliziert und verwirrend, wodurch viele nach dem Durchlesen der Packungsaufschrift von Hundefutter nicht schlauer, sondern wahrscheinlich noch verunsicherter sind!

Füttern mit Verstand

Nach vielen Jahren Fütterung nach dem „Versuch-und-Irrtum-Prinzip", nach Tausenden von Fragen und stundenlangen Vorträgen von Ernährungswissenschaftlern habe ich eine ganz bestimmte Meinung bezüglich der Nahrungsbedürfnisse von Border Collies entwickelt. Ich kann ehrlich sagen, dass 80 Prozent der Problemfälle, mit denen ich bei Border Collies zu tun hatte, durch falsche Fütterung verschlimmert wurden. Das ist nicht immer ein Fehler der Besitzer, die das Beste für ihre Hunde wollten, sondern der verfügbaren Informationen – oder deren Fehlen – über die Bedeutung der richtigen Fütterung. Man muss lernen, die Packungsaufschriften richtig zu interpretieren. Eltern achten gewöhnlich sehr auf die Ernährung ihrer Kinder und erkundigen sich über Konser-

Eine Gruppe glücklicher Border Collies mit ihren Besitzern. Das Alter dieser Hunde reicht von zwei bis zwölf Jahren und vom Lehrling bis zum Rentner ist alles vertreten. Dank sorgfältiger Fütterung mit dem richtigen Nährstoffgehalt sehen sie alle nicht nur fit aus, sondern können auch das Leben voll genießen.

vierungsstoffe, Farbstoffe und andere Zusätze in der Nahrung, achten aber häufig nicht auf die richtige Zusammensetzung des Hundefutters.

Border Collies sind keine „neue Erfindung" – sie leben schon seit langem mit uns und haben gearbeitet, hart gearbeitet, mit dem Futter, das sie in der Vergangenheit erhalten haben. Ob die durchschnittliche Ernährung von früher oder von heute ausreichend ist, ist unerheblich, wichtig ist, woran sich diese Rasse angepasst hat. Wenn Sie eine Ahnentafel für Ihren Hund haben und auf die Vorfahren achten, werden Sie mit Freude vielleicht einige Champions in der Ahnenreihe entdecken. Aber Sie wären überrascht, wenn Sie herausfinden würden, dass diese Champions vermutlich mit Futter ernährt wurden, das weniger Energiegehalt besaß als das Futter, das Sie Ihrem Hund geben.

Ein Hund, der an der Schafherde arbeitet, muss manchmal stundenlang bei schlechtem Wetter und auf unwegsamem Gelände arbeiten. Wenn dieser Hund hinauseilt und all seine Energie gleich zu Anfang verbrennt, hat er nichts mehr zuzusetzen. Durchhaltevermögen und Ausdau-

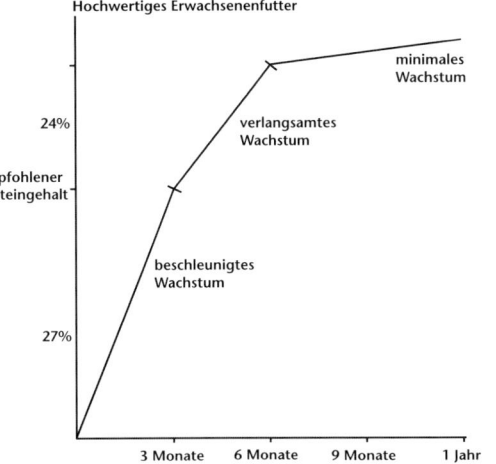

Hochwertiges Erwachsenenfutter

minimales Wachstum

verlangsamtes Wachstum

24%

Empfohlener Proteingehalt

beschleunigtes Wachstum

27%

3 Monate   6 Monate   9 Monate   1 Jahr

Diese Grafik zeigt den Zusammenhang zwischen dem Alter des Welpen und seinem Nährstoffbedarf. Achten Sie auf die Abnahme der Wachstumsrate vom 3. bis zum 6. und dann wieder vom 6. bis zum 12. Monat. Die angegebenen Proteingehalte sind Anhaltswerte, aber Alter und natürliches Wachstum bestimmten das Nahrungsbedürfnis. Wenn keine physischen und mentalen Probleme auftauchen, sollte man sich auf die natürliche Wachstumsrate einstellen.

er sind erforderlich; der Hund muss sein Tempo selbst bestimmen, er muss denken und Probleme lösen können (was nicht möglich ist, wenn er zu schnell arbeitet) und er muss in der Lage sein, am Ende des Tages genauso leistungsfähig wie am Anfang zu sein.

Der Border Collie als Begleithund muss nicht arbeiten. Er kann bei einem schnellen Sport eingesetzt werden und er kann langen und abwechslungsreichen Auslauf erhalten, aber er arbeitet nicht wirklich. Die physische Anstrengung im Alltag eines Hütehundes plus die geistige Arbeit können mit keiner anderen Form der Beschäftigung gleichgesetzt werden. Spürhunde, die beim Rettungsdienst eingesetzt werden, oder Hunde, die für irgendwelche anderen Dienstleistungen verwendet werden, arbeiten und verbrauchen Energie. Im Vergleich dazu verbraucht der Begleithund weit weniger Energie als jeder dieser Hunde und wird vermutlich seine geistigen Kapazitäten nicht voll ausnutzen. Daher übersteigt seine aufgenommene Energie in vielen Fällen bei weitem seine Bedürfnisse.

Wie wir schon den Informationen der Zuchtbücher und Archive entnehmen konnten, hat sich der Border Collie während des letzten Jahrhunderts nur wenig verändert, aber in der Ernährung besteht ein großer Unterschied zu damals. Es gab kein Welpen- und Juniorfutter oder Futter für Hochleistungs-, inaktive oder alte Hunde usw. Die meisten dieser Hunde ernährten sich von einer Hausmischung mit einer Nährstoffzusammensetzung, die auf das Individuum abgestimmt war. Obwohl die Vielfalt der angebotenen Hundefutter das Leben heute sehr vereinfachen, ist es nicht immer leicht, das passende Futter für ein bestimmtes Individuum oder sogar eine bestimmte Rasse zu finden. Ein Futter, das beispiels- **73** weise für den Arbeitshund entwickelt wurde, hört sich simpel an, aber für welchen Grad an Arbeit ist es ausgelegt? Ein Futter für den erwachsenen, nicht arbeitenden Hund ist für Hunde allgemein geeignet, aber die Ansprüche eines Border Collies unterscheiden sich von denen vieler anderer Rassen. Ihr Energieniveau ist von Natur aus hoch und was für viele Rassen ideal ist, kann für den verspielten Border Collie einen viel zu hohen Energiegehalt haben!

Woher wissen Sie also, was Sie Ihrem Hund füttern sollen, und wie kann die falsche Ernährung ihn beeinflussen? Zunächst müssen Sie die Aufschriften der Futterpackungen verstehen. Das bedeutet nicht, dass Sie die Komplexität von Nährstoffen, Vitaminen, Mineralien verstehen müssen und wie sie im Gleichgewicht stehen, was verdaulich und was nicht ist. Das Schöne an Fertigfutter ist, dass es die richtige Zusammensetzung hat, daher brauchen Sie nur den Energiegehalt zu wissen und was Ihr Hund benötigt. Wenn Sie einige Zeit damit verbringen, sich in den Regalen der Zoofachgeschäfte umzusehen, werden Sie bald lernen, die Packungsaufschriften richtig zu deuten. Ei-

Ein Border Collie kann durch zu energiereiches Futter „betrunken" werden!

weiß- und Fettgehalt sind für den Anfänger die einfachste Möglichkeit Aufschluss über den Energiegehalt zu bekommen. Viel Protein bedeutet viel Energie, wenig Protein entspricht einem geringeren Energiegehalt, und der Fettgehalt (wiederum Energie) nimmt entsprechend dem Proteingehalt ab. Es gibt viele andere Inhaltsstoffe und Faktoren, die von Bedeutung sind, aber sie stehen alle in einem bestimmten Verhältnis zueinander, so dass wir uns nur mit dem Notwendigsten beschäftigen müssen, um die Fütterung besser zu verstehen. Hier ein einfacher Vergleich: Der durchschnittliche hütende Border Collie kann abhängig von der Art der Arbeit und der physischen Belastung mit einem Futter, das zwischen 20 und 27 Prozent Eiweiß enthält, ernährt werden. Nur sehr wenige werden mit 27 Prozent Protein ernährt und um diese Menge zu rechtfertigen, muss es einen bestimmten Grund geben (wie Arbeitsbelastung, Temperament usw.). Die meisten Hütehunde werden mit einem Proteingehalt zwischen 20 und 24 Prozent ernährt, wogegen der normale Begleithund ebenso viel und manchmal sogar noch mehr erhält, wobei er aber keine Art von Arbeit zu verrichten hat!

Was bedeutet „hyper"?

Ein Border Collie, der energiereich gefüttert wird, aber diese Energie nicht verbraucht, zeigt alle Anzeichen einer Hyperaktivität. Ein hyperaktiver Hund ist ein Problemhund, weil, auch wenn er kontrollierbar bleibt, der Besitzer immer darauf achten muss, dass der Hund beschäftigt

Ein Border Collie ist athletisch gebaut, aber nur wenige erkennen die enorme Belastung schon bei ganz normalen Bewegungen. Dieser Hund rennt zu seinem Besitzer, wobei nicht nur sein Gewicht auf den Vorderbeinen lastet, sondern der Körper auch noch nach vorne und unten schiebt.

ist, und diese ständige Aufmerksamkeit, um den Hund von Unfug abzuhalten, bringt andere Probleme mit sich.

Wenn wir uns von der Hundesituation lösen, können wir bessere Vergleiche anstellen. Viele haben von der Wirkung gehört, die Hafer auf Pferde haben kann – ein Pferd mit Hafer zu füttern und nicht ausreichend zu bewegen, führt dazu, dass es schwieriger zu halten ist, nervös wird und ungewöhnliches Verhalten zeigt. Wenn ein erwachsener Mensch, der nicht an die Wirkung von Alkohol gewöhnt ist, eine große Menge davon zu sich nimmt, wird er betrunken. In diesem Zustand wird er sich untypisch benehmen und vielleicht sogar ein Verbrechen verüben, was unter normalen Umständen nicht geschehen würde. Ähnlich kann ein Border Collie durch energiereiches Futter „betrunken" werden! Das Ergebnis sind Verhaltensweisen, die nicht dem Charakter und Temperament des Hundes entsprechen. Er kann nervös oder aggressiv werden, überaktiv sein, sich schlecht benehmen, schwierig zu führen sein oder unruhig werden und sogar dazu neigen, etwas zu zerstören, seinen Schwanz zu jagen, Vögel zu jagen, zu jaulen und zu kläffen. All diese Probleme kommen, um es einfach zu erklären, daher, dass der Hund berauscht ist, weil die Besitzer unwissentlich ihrem Familienmitglied, das abstinent bleiben sollte, eine „Bar" eröffnet haben!

Es gibt aber auch Ausnahmen von der Regel und einige Hunde reagieren anders als andere. Kim, einer meiner Border Collies, war immer etwas faul, arbeitete zwar gut, aber nie mehr als erforderlich. Mehr als einmal verlangsamte Kim ihre Arbeit, damit ein anderer Hund einen größeren Anteil der Arbeit übernehmen konnte. Als sie aber mit Futter mit einem 24-prozentigen Proteingehalt ernährt wurde, war sie eher gewillt ihre **75**

Im Dunkeln ist die Beinarbeit zögerlich, der Schwanz deutet die geringere Geschwindigkeit an und die Beine arbeiten nicht diagonal. Der Hund macht sich mit staksigem Schritt „leicht".

Eine Bewegung in der Dunkelheit sorgt für Aufmerksamkeit und das ganze Körpergewicht wird nach vorne auf ein Bein verlagert.

Arbeit zu verrichten. Ihre Zwingergenossen waren jedoch bei einer Ernährung mit einem Proteingehalt von 24 Prozent schwierig zu kontrollieren und kaum zu stoppen!

Ein erwachsener Border Collie kann ein Erwachsenenfutter mit einem vernünftigen Energiegehalt bekommen, aber trotzdem alle Symptome eines hyperaktiven Hundes aufzeigen. In diesem Fall spielt die Ernährung im Jugendalter eine entscheidende Rolle für das Verhalten. Ein Welpe wird mit Welpenfutter ernährt und dann auf Juniorfutter umgestellt, aber vielen wird kein weniger gehaltvolles Futter gegeben, bevor sie nicht fast ein Jahr alt sind. Der durchschnittliche Border-Collie-Welpe verdreifacht seine Größe bis zum Alter von drei Monaten, aber wächst dann nur halb so viel bis zum Alter von sechs Monaten. Bis er ausgewachsen ist, legt er dann nur noch an Substanz und wenigen Zentimetern zu. Wenn Welpenfutter dafür vorgesehen ist, einen Welpen während seiner anfänglichen Wachstumsphase zu versorgen, sollte der Gehalt mit etwa drei Monaten reduziert werden. Ist Juniorfutter für die nächste Wachstumsphase gedacht, sollte es am Ende dieser Phase reduziert werden. Wachstumsfutter wurde entwickelt, damit sich die Jungen besser entwickeln, die Knochen stark und gesund werden und um Energie für einen Lebensabschnitt zu liefern, wenn der Körper für sich selbst arbeitet, nämlich wächst. Wird dieses Futter gegeben, wenn der Körper es nicht länger benötigt, findet durch die zusätzlichen Nährstoffe eine Überversorgung statt und wird häufig auf wenig konstruktive Weise genutzt – nämlich durch zu viel Aktivität! (Vgl. Grafik S. 73.)

Hundefutter wurde für Hunde im Allgemeinen hergestellt und es wäre für die Hersteller zu kostenaufwändig, für jede spezielle Rasse ein Futter zu entwickeln. Ich weiß z. B., dass ich aus gesundheitlichen Gründen nicht **76** zu viel Weizen essen darf, aber die meisten Lebensmittel enthalten Weizen. Gehe ich in ein Reformhaus und kaufe dort die für meinen Ernährungstyp geeigneten Lebensmittel, sind sie extrem teuer, aber ich kann normal essen und entsprechend meinen Bedürfnissen und meines derzeitigen Gesundheitszustandes etwas ergänzen oder weglassen. Um also den durchschnittlichen Border Collie mit einem vernünftigen Nährstoffgehalt zu ernähren, muss das Futter entsprechend den Bedürfnissen jedes einzelnen Hundes ausgewählt und gegeben werden. Die Hersteller schreiben alle notwendigen Einzelheiten auf die Packungen – der Hundebesitzer muss sie nur vor dem Kauf lesen.

Wenn neue Besitzer ihre Welpen abholen, werden sie auf das Welpenfutter hingewiesen, aber viele problematische erwachsene Border Collies wurden nach den Angaben des Züchters gefüttert, daher gilt es einige Faktoren zu beachten. Welpenfutter mit hohem Energiegehalt lässt die Welpen kräftig und gesund aussehen, alles ist mit ihnen in Ordnung. Aber wenn das Futter seinen Zweck erfüllt hat und die Welpen gut herangewachsen sind, ist es an der Zeit das Futter ein wenig zu reduzieren. Sie müssen nicht das Futter sofort wechseln, aber sie sollten sich dessen bewusst sein, dass der Nährstoffgehalt überwacht werden muss. Wenn ein Welpenfutter mit niedrigerem Nährstoffgehalt von Anfang an gegeben wurde, kann der Welpe ein wenig länger damit ernährt werden und es muss nicht gleich das Futter gewechselt werden. Ein junger Welpe sollte viermal am Tag gefüttert werden und der Nährstoffeintrag dieser Mahlzeiten muss berücksichtigt werden. Vier Mahlzeiten mit Getreideprodukten enthalten nicht genug Nährstoffe, aber vier Mahlzeiten mit viel oder reinem Protein können zu viel sein; Hunde fressen nicht Proteine in Prozent sondern Gramm pro Tag, daher sollte die tägliche Ration auf die Anzahl der Mahlzeiten aufgeteilt werden.

Jeder Mensch und jeder Hund hat unterschiedliche Lebensweisen und Bedürfnisse. Je höher der Protein- und Nährstoffgehalt des Futters ist, desto kürzer ist der Zeitraum, in dem Sie dieses Futter geben müssen. Meiner Meinung nach muss ein Border Collie nicht mit Juniorfutter ernährt werden, aber für jedes Individuum sollte eigens entschieden werden. Juniorfutter wird von vielen verschiedenen Firmen angeboten; wenn Sie ein vernünftiges Welpenfutter füttern, Ihr Welpe folgsam ist, Sie sowohl mit seinem Wachstum als auch seiner Aktivität zufrieden sind und Sie weiter Juniorfutter geben möchten, wählen Sie den richtigen Typ aus. Wenn der Proteingehalt des Welpenfutters 27 Prozent oder weniger beträgt, wird das Juniorfutter derselben Marke darauf abgestimmt sein. Nicht alle Hersteller produzieren aber Juniorfutter; wenn ich ein 27-Prozent-Welpenfutter gebe, reduziere ich dann einfach auf ein gutes Erwachsenenfutter mit einem etwas geringeren Proteingehalt (etwa 24 Prozent) entsprechend Kondition und Wachstum der Hunde. Das ist meine Richtlinie und ich kann sie entsprechend der körperlichen Fitness abwandeln. Ich wiege niemals meine Welpen – die beste Art Zustand und Wachstum der Welpen zu kontrollieren ist durch „Auge und Hand". Wenn Sie unerfahren sind oder das Gewicht lieber kontrollieren möchten, lassen Sie es aber nicht zu einer Manie werden.

Die Wahl einer Vollnahrung vereinfacht das Füttern und die Nährstoffzusammensetzung ist ausgewogen. Wenn Sie etwas anderes füttern wollen, vermeiden Sie Anfängerfehler. Dosenfleisch scheint einen niedrigen Proteingehalt zu besitzen, aber der Wassergehalt ist hoch, und wenn der Energiegehalt von Flocken und Fleisch zusammenkommt, kann es sein, dass Sie einen wesentliche höheren Proteingehalt füttern, als Sie glauben.

Es gibt viele neue „Ideen" bezüglich der Fütterung wie z. B. Rohkost, reine Fleischgerichte und Selbstgemixtes. Tatsächlich sind diese Konzepte nicht neu, sondern entsprechen der Ernährung in den vergangenen Jahrhunderten. Für diejenigen, die genau wissen, was sie tun (und nur sehr wenige Hundehalter sind Ernährungsspezialisten für Hunde), wie man ausgewogenes Futter herstellt und die richtigen Vitamine und Mineralien in der passenden Menge zusetzt, ist das Selbermixen in Ordnung. Hierfür muss aber der Besitzer die Ernährungsgewohnheiten des Rudeltieres verstehen und es auf den modernen Hund richtig übertragen. Das Füttern von Rohkost scheint der natürlichen Ernährung zu entsprechen, aber der Hund in der Wildnis frisst das Fleisch noch körperwarm (Frischfleisch) und nimmt alles zu sich, was eine ausgewogene Ernährung erfordert. Frisst

Wenn es nur den geringsten Zweifel über die richtige Zusammensetzung von Hausmischungen oder Rohkost gibt, würde ich zu einem guten Fertigfutter mit dem richtigen Energiegehalt für Ihren Hund raten.

der Hund kaltes oder altes Fleisch stehen ihm alle natürlichen Ressourcen zur Verfügung, um Verdauungsprobleme in Schach zu halten; der ursprüngliche Hund weiß, wie er die Natur zu seinem Freund macht.

Für Menschen ist es schwierig, wenn nicht sogar unmöglich, den Hund mit demselben natürlichen Futter, wie er es in der Natur findet, oder mit Futter ohne Zusätze zu ernähren. Es gibt nicht so etwas wie richtig frisches Fleisch für einen Haushund. Bevor das Fleisch zum Metzger kommt, ist es schon eine „alte Beute" aus der Sicht des Hundes und es ist auch Fleisch von einem Tier, das – was die Natürlichkeit angeht – nicht natürlich aufgezogen wurde.

Wilde Hunde töten um zu fressen und fressen um zu töten; der domestizierte Hund muss nicht töten um zu fressen, daher macht es keinen Sinn, ihn durch die Nahrung mit der zum Töten notwendigen Energie zu versorgen. Versuche in der Vergangenheit haben gezeigt, dass sich Hunde, die ein Jahr lang mit Hundekeksen plus rohem Fleisch ergänzt durch Mineralien und Vitamine ernährt wurden, in Bezug auf Gesundheit oder Aussehen nicht von anders ernährten Hunden unterschieden. Rohes Fleisch führt aber eher zu Verdauungsbeschwerden und birgt Risiken von Infektionen in sich, die der Hund nicht durch die sonst in der Natur

Hunde in ihrer natürlichen Umgebung brauchen Pflanzennahrung für ein gesundes Verdauungssystem. Durch die Domestikation ziehen sie nicht mehr grasend umher und der Zugang zur Natur wird ihnen verwehrt. Das heutige Futter ist nicht mehr natürlich für den Hund, daher müssen Anpassungen erfolgen.

gegebenen Möglichkeiten auskurieren kann. Durch die Domestikation hindern wir den Hund daran sich natürlich zu ernähren und Heilmittel für den Verdauungstrakt aufzunehmen, daher macht es wenig Sinn diese Ernährung anzustreben, wenn wir nicht garantieren können, dass sie natürlich und ausgewogen ist. Die Versorgung des Hundes mit den richtigen Nährstoffen ist für seine Gesundheit von größter Wichtigkeit.

Die beste Ernährung nützt nichts, wenn ein Endoparasiten-Problem besteht und vom Welpenalter an werden meine Hunde regelmäßig entwurmt, als Erwachsene viermal im Jahr, wiederum auch abhängig von Zustand und Gewohnheiten (viele Hunde haben nämlich widerwärtige Essensgewohnheiten!).

Natürliche Entwicklung

Ein Hund frisst, um seinen Energiebedarf zu decken, und nur wenige arbeitende Border Collies brauchen die Art von Energie, die in eiweißreichem Futter enthalten ist. Das Futter muss ausgewogen sein; z. B. sollten Kräcker, die zum Mischen mit Fleisch vorgesehen sind, nicht allein gefüttert werden, um den Proteingehalt zu senken, da die anderen Nährstoffe für Ergänzungsfutter und nicht für Vollnahrung bemessen sind. Wenn ein erwachsener Hund mit mehr Energie versorgt wird, als er be-

Hunde lieben Knochen und die richtige Art von Knochen ist wichtig für ihr Gedeihen. Wird ein Hund in Ruhe gelassen, kann er stundenlang an einem Knochen herumkauen, wobei er die wertvollen Nährstoffe herauszieht und die Zähne gesund erhält.

nötigt, kann er hyperaktiv werden und wenn ein Welpe mit mehr Energie versorgt wird, als er zum Wachsen braucht, kann er Wachstumsprobleme bekommen. Ein Welpe, der sich natürlich im Rudel entwickelt, frisst instinktiv entsprechend seiner natürlichen Wachstumsrate und wird später ausgewachsen sein als viele Haushunde und er wird sich auch den „freien Auslauf" gönnen. Da wird gerannt, gedreht und getobt, aber nicht mehr, als es für die Entwicklung eines Welpen normal ist. Später bringen die älteren Hunde den jungen bei, wie man „Fangen" spielt, tatsächlich trainieren sie aber deren Behändigkeit, die sie zum Fangen der Beute benötigen, wenn sie ausgewachsen sind. Zu keiner Zeit ist aber ein Welpe überfordert oder erschöpft.

Wenn ein Welpe zu lange Zeit sehr nährstoffreich ernährt wird, wird sein Körper überentwickelt; wenn er zu schnell wächst, können die Gelenke belastet werden und Schäden können auftreten. Nicht alle Fälle von HD sind erblich bedingt – einige entstehen durch Verletzungen der Hüfte. Ich habe mehrere Fälle von jungen Border Collies mit HD gesehen und ihre Geschichten waren jeweils ähnlich. Als Welpen wurden diese Hund mit hohem Proteingehalt ernährt und haben sich zu viel bewegt, wobei die Hüften zu sehr belastet wurden (durch Verdrehen und Springen), was zu schwachen und geschädigten Hüften führte.

Bei der Entwicklung eines Hundes gibt es keinen Wettlauf; er sollte „natürlich wachsen" können, vernünftig ernährt und nicht körperlich

Es ist normal für Hunde zu grasen. Sie sind dann weder krank noch haben sie Mangelerscheinungen. Sie folgen ihrem natürlichen Trieb, um ausgewählte Kräuter zu fressen, die sie verwerten können, und Gras zur Reinigung des Darms aufzunehmen.

überbelastet werden. Border Collies sind keine großen, schweren Hunde. Sie wurden gezüchtet, um flink zu sein. Es ist sehr wichtig, das Wachstum eines Welpen zu überwachen und ihn in der ersten Zeit entsprechend seinen Bedürfnissen zu ernähren. Wird die durch die Nährstoffe zugeführte „Wachstumsenergie" reduziert, wenn sich das Wachstum verlangsamt, und sieht man die körperliche Entwicklung als natürlichen Prozess an, erhält der Körper eines jungen Hundes die Chance, sich im für ihn richtigen Tempo zu entwickeln.

Hunden wird ihr Futter nicht langweilig, daher muss das Futter nicht gewechselt werden und farbiges Futter beeindruckt sie auch nicht. Konfrontiert mit einem immensen Angebot an Hundefutter, ist der Besitzer häufig versucht etwas auszuwählen, was ihm gefällt, statt was sein Hund wirklich benötigt. Gefärbtes Futter mag attraktiv aussehen, aber für den Hund ist es nur Nahrung, daher sollten die Inhaltsstoffe den Bedürfnissen Ihres Hundes entsprechen. Einfarbiges Futter mag fade und unattraktiv aussehen, aber wenn der Nährstoffgehalt dem Anspruch Ihres Hundes entspricht, ist es das richtige Futter für ihn. Bei jeder Futtermarke sind Fütterungshinweise angegeben, daher sollten Sie darauf achten, dass Sie den Hund seinem Gewicht entsprechend füttern; diese Werte sind nur Anhaltspunkte und Sie müssen sie an die jeweiligen Situationen anpassen.

Der gesunde, erwachsene Hund, der einmal täglich gefüttert wird, sollte sein Futter gerne annehmen und die Schüssel sauber auslecken. Wenn **81** er nicht alles auffrisst, bedeutet das nicht, dass er von seinem Futter gelangweilt ist; vielleicht muss er einfach seinem Verdauungssystem eine Ruhepause gönnen. Machen Sie nicht den Fehler, ihm dann etwas anderes vorzusetzen. Ein Hund findet schnell heraus, dass er sein Menü ändern kann, indem er sich einfach weigert das angebotene Futter zu fressen, und je mehr er diesen Trick einsetzt, umso schmackhafter muss das Futter werden. Wenn ein Hund hungrig ist, frisst er, das bedeutet aber nicht, dass Sie niemals das Futter wechseln dürfen. So wie Menschen gibt es auch einige Hunde, die bestimmte Futtersorten nicht vertragen. Wenn aber ein Futter verträglich und genießbar ist, wechseln Sie es nur für eine andere Nährstoffzusammensetzung z. B. für alte oder sehr aktive Hunde.

Wenn Sie eine Vollnahrung füttern, werden die Nährstoffbedürfnisse des Hundes gestillt, ohne dass er nach bestimmten Substanzen suchen muss. Hunde grasen und es gibt bestimmte Gräser, die sie besonders mögen, aber Grasen ist nicht unbedingt ein Anzeichen für Magenprobleme. Es ist ihre Art das Verdauungssystem zu reinigen. Jedoch nicht jedes Grasen endet mit einer „Reinigung" – ziemlich oft ist das Gras nur eine Futterergänzung.

Ein Hund in der freien Natur frisst Fleisch und Pflanzenkost, nicht wegen der Abwechslung, sondern um die notwendigen Nährstoffe aufzunehmen.

Bei der Auswahl der Futtermarke lassen Sie sich nicht verwirren. Die meisten wurden für bestimmte Zwecke entwickelt; pflanzliches Futter kann z. B. bei Allergien helfen und das Eiweiß ist nicht so energievoll wie bei Fleisch. Hühnchen und Reis sowie Lamm und Reis sind gut geeignet für Hunde mit Verdauungsproblemen und auch hier ist der Energiegehalt etwas geringer als bei rotem Fleisch. Ein Border Collie muss nicht übergewichtig sind, da es spezielle Diätfutter gibt, aber achten Sie immer darauf, dass Sie das Futter nach dem Idealgewicht und nicht dem Übergewicht dosieren. Glutenfreie Futter gibt es häufig bei den speziellen Diätsorten und sind gut bei Gelenkbeschwerden und Arthritis.

Futter spielt im Leben Ihres Hundes eine wichtige Rolle, aber es muss nicht zu einem Problem werden. Lernen Sie das Temperament und die natürliche Aktivität Ihres Hundes kennen und füttern Sie entsprechend. Wenn Sie merken, dass Sie das richtige Futter gefunden haben, wechseln Sie es nicht, es sei denn, es wäre zum Besten Ihres Hundes. Ich kenne zwei Hundebesitzer, die auf Anraten von „jemanden, der es wissen muss" das Futter ihrer Hunde wechselten, und innerhalb von zwei Monaten wurden aus den gut erzogenen und gehorsamen Border Collies bellende, zwickende Randalierer. Es dauerte doppelt so lange, sie wieder „auszunüchtern" und noch einmal so lange, bis sie wieder die alten waren!

Denken Sie daran: Wählen Sie das Futter mit Sorgfalt aus, damit Ihr Hund fit und gesund bleibt und natürlich aktiv ist und halten Sie ihn „nüchtern"!

Füttern Sie Ihren Border Collie richtig

Füttern Sie Ihren Hund entsprechend seines Wachstums und seiner Energieansprüche. Füttern Sie einen aktiven Border Collie nicht mit einem sehr energiereichen Futter; der durchschnittliche nicht arbeitende Border Collie wird häufig fälschlicherweise energiereicher gefüttert als ein Arbeitshund! Es ist nicht kompliziert, die Grundlagen der richtigen Fütterung zu lernen. Und die Gesundheit und das Verhalten Ihres Hundes ist ein wenig Mühe wert. Fühlen Sie sich nicht schuldig, weil Ihr Hund nicht so wie in der freien Natur fressen kann. Es ist unmöglich, einen Haushund so natürlich zu ernähren wie einen wild im Rudel lebenden Hund.

Gesunde, erwachsene Hunde müssen nur einmal täglich gefüttert werden. In der Wildnis töten sie, fressen so viel wie möglich und ruhen den Rest des Tages, wonach sie erneut töten oder grasen. Wir füttern den Haushund, aber lassen seinen Darm nicht einen Tag lang ruhen, also müssen wir ihm, wenn wir eine Mahlzeit am Tag füttern, eine umfangreiche Ruheperiode nach der Mahlzeit gönnen.

Kapitel 6
Aufbauen einer Partnerschaft

Wenn Sie einen Welpen oder ausgewachsenen Hund in Ihre Familie aufnehmen, vermischen Sie nicht nur zwei verschiedene Rudel, sondern auch zwei verschiedene Spezies! Sie müssen lernen den Hund zu integrieren, sich gegenseitig zu verstehen und *ein* Rudel zu werden und Sie müssen auch festlegen, wer der Rudelführer ist. Wenn ein Mensch sein Heimatland verlässt und sich in einem anderen Land ansiedelt, wird er sich bemühen so viel wie möglich über die andere Kultur und die Sprache kennen zu lernen, um sich leichter einfügen zu können. Hunde besetzen nicht ihr Heim und leben dort aus eigenem Antrieb; sie haben ihre eigene „Kultur", ihre Instinkte sind stark und sie besitzen ihre eigenen Regeln und ihren Moralkodex. Wir nehmen sie in unser Leben auf, weil *wir* wollen, dass sie da sind, daher müssen *wir* uns bemühen sie zu verstehen. Wenn wir die Aufgabe übernehmen etwas über ihre Instinkte, ihre Rudelgesetze und ihre Sprache zu lernen, sind

wir besser in der Lage ihnen über unsere Lebensweise und unsere Regeln etwas beizubringen und wir sollten auch mit ihnen wie ein Rudelführer und nicht wie ein Rudelmitglied kommunizieren.

Eine der magischen Qualitäten von Border Collies ist die Fähigkeit, sowohl *mit* Ihnen als auch *für* Sie zu arbeiten. Sie tun, was von ihnen verlangt wird, wenn sie für Sie arbeiten, aber sie arbeiten lieber aus reiner Loyalität und Respekt mit Ihnen und über das verlangte Maß hinaus. Worin liegt also der Unterschied? Ein Schäfer, der seinen Hund unter Kontrolle hat, gibt ihm Befehle, die er zu befolgen hat; er ist der verantwortliche Rudelführer. Aber für einen Schäfer, der eine Bindung zu seinem Hund aufgebaut hat, gibt der Hund alles in einer dunklen, kalten Nacht, ohne dass ein Wort gesprochen wird. Sie sind vielleicht kalt, nass und müde, aber Hund und Mensch arbeiten zusammen, bis die Aufgabe abgeschlossen ist. Und der Mensch ist immer noch der Rudelführer!

Die ersten Tage mit Ihrem Welpen sind die wichtigsten, denn in dieser Zeit werden Sie entweder zum Rudelführer oder Ihre Position bleibt fragwürdig. Wenn Sie einen älteren Hund in Ihr Haus aufnehmen, meinen Sie ja auch, dass diese Rangordnung von vornherein feststehen muss! Ein Welpe ist in einer neuen Umgebung und in den ersten Tagen bezüglich

seiner Sicherheit von Ihnen abhängig; wenn Sie ihm ein sicheres Heim

Besteht eine enge Bindung zwischen Hund und Mensch, wird der Hund immer freudig zurückkommen und alles für seinen Menschen geben.

bieten und die „Einladung-in-mein-Haus-Regel" beherzigen, haben Sie schon eine Rangordnung hergestellt. Es sollte niemals notwendig sein, Ihren Welpen wegen Verletzung der Rudelgesetze schelten zu müssen, weil er dann verängstigt wird – Sie müssen es ihm nur richtig erklären.

Es gibt einen Unterschied zwischen einem Welpen, der nicht gehorcht, und einem, der nur seinen Humor ausprobiert und neugierig versucht seine Grenzen abzustecken. Auf alle Fälle müssen Sie bei dem Umgang mit einem Border Collie Ihren Sinn für Humor bewahren und Verschmitztheit von Dreistigkeit unterscheiden können! Es braucht Zeit, um eine Bindung herzustellen, sie kommt mit dem Vertrauen und dem Respekt und das kann nur erreicht werden, wenn der Hund fühlt, dass er einen Führer hat, dem er vertrauen kann. Die Grundlage für diese Bindung entsteht in den ersten paar Wochen.

Es gibt ein Sprichwort, das besagt, die ersten sieben Jahre eines Menschen beeinflussen seine Zukunft. Die ersten Lebenswochen eines Welpen können seine Reaktionen auf viele alltägliche Dinge beeinflussen, die wir vielleicht noch nicht einmal registrieren, und wenn wir sie bemerken, reagieren wir vielleicht nicht richtig! Ich habe nicht mehr gezählt, wie oft ein besorgter Besitzer einen Problemhund zu mir gebracht hat wegen der Reaktionen seines Border Collies auf Motorräder oder Staubsauger, Waschmaschinen, Spraydosen usw. Es gibt gewöhnlich zwei Hauptgründe für das Verhalten des Hundes – einer wird aus der Angst geboren und der zweite ist, dass der Besitzer ungewollt diese Angst gefördert hat.

Geräuschempfindlichkeit

Ein Welpe, der in einem Haus geboren wird, ist vermutlich an Geräusche wie von Waschmaschinen und Staubsaugern gewöhnt und er hat von seiner Mutter die Sicherheit erhalten, aus der er Stärke und Selbstbewusstsein entwickelt, aber er ist vielleicht nicht an viele Geräusche von draußen gewöhnt.

Ein guter Rudelführer macht einen Hund nicht so abhängig, dass er nicht für sich selber denken kann.

Auf der anderen Seite wird ein Welpe, der draußen oder auf einem Bauernhof geboren wurde, an viele Außengeräusche gewöhnt sein, aber sich vielleicht total erschrecken, wenn er das erste Mal eine Waschmaschine hört. Die Formulierung „Sicherheit von der Mutter, aus der er Stärke entwickelt" bedeutet, dass der Welpe sich sicher fühlen muss und dass mit der Sicherheit das Vertrauen kommt. Wenn er in Ihr Haus kommt, hat er seine Sicherheit verloren. Sie bieten ihm ein sicheres Heim in Form seiner Box und nun müssen Sie der „Fels" sein, auf den er sich verlassen kann. Aber ein guter Rudelführer macht einen Hund nicht so abhängig, dass er nicht für sich selber denken kann; der Hund muss in der Rudelgemeinschaft leben und auch Dinge für sich selber herausfinden. Es ist ein schmaler Grat zwischen einem Führer mit einem vertrauensvollen Hund (Rudel) oder einem Hund, der völlig kontrolliert wird und nicht mehr Dinge für sich selber erarbeiten kann. Ein Border Collie ist intelligent und besitzt ein ausgezeichnetes Gedächtnis; dies sind Eigenschaften, die der Rudelführer bei der Erziehung zu seinem Vorteil nutzen kann, und der Hund wird diese Qualitäten einem Führer, den er respektiert, gerne offenbaren. Nur wenn Sie als Rudelführer versagen, wird sich die Fähigkeit des Hundes, Dinge selber herauszufinden, gegen Sie richten und Sie werden merken, dass er damit beschäftigt ist einen Rollentausch vorzunehmen!

Während der ersten Tage in seiner neuen Umgebung sollte der Welpe nicht dem Stress von neuen Geräuschen ausgesetzt werden, daher sollte dies so lange hinausgeschoben werden, bis sich der Welpe sicher fühlt.

86

Wenn z. B. sein Lager neben der Waschmaschine stehen würde, wäre es unfair die Maschine anzustellen, wenn er schläft und sich sicher fühlt. Er sollte mit diesen Dingen konfrontiert werden, wenn er selbstsicher ist und Sie alle seine Sorgen zerstreuen können. Die Art, wie Sie mit diesen Sorgen umgehen, kann den Rest des Welpenlebens beeinflussen.

Ein Hund, der Angst vor Motorrädern hatte und mir gebracht wurde, hatte nach Aussagen seines Besitzers niemals einen Grund sich davor zu fürchten, aber wie gut war das Gedächtnis des Besitzers? Wenn ein Motorrad vorbeibrauste, als der Welpe in seiner Prägephase war, hat es ihn vielleicht erschreckt und der Besitzer hat das Ausmaß der Angst gar nicht registriert. Der Welpe hätte festgehalten werden können, um ihm Zuneigung, Liebkosungen und Schutz zukommen zu lassen, er hätte sogar die Familie amüsieren können, als er zu ihr zurückgerannt kam. Aber wenn die Angst nicht bemerkt wird, zieht der Welpe seine eigenen Schlüsse über dieses Monster-Motorrad.

Wenn um den Welpen viel Aufhebens gemacht wird, hat der Besitzer ihn wahrscheinlich davon überzeugt, dass es sich wirklich um ein Monster handelt. Und wenn die Familie über seine Angst lacht (und das geschieht oft unbemerkt), fühlt sich der Welpe nicht sicher in seinem Rudel. Dieselben Reaktionen können bei fast jedem Krach erfolgen, von dem der Welpe überrascht wird, und können verantwortlich sein für Probleme, die der Hund als Erwachsener hat.

Ein Welpe ist von Natur aus neugierig und kann selten widerstehen Unfug anzustellen. Achten Sie darauf, dass er nicht unbeaufsichtigt bleibt, falls er in Schwierigkeiten gerät.

Vergleichen wir es wieder mit Kindern – wenn ein Kind Angst vor Donner hat und die Eltern versuchen ihm Sicherheit zu geben, indem sie sich mit ihm unter dem Tisch verstecken, fühlt das Kind sofort, dass Donner etwas ist, vor dem man sich verstecken muss. Wenn die Eltern nicht das Verstecken fördern, sondern das Kind umarmen und ihm erzählen, dass sie es vor dem Donner beschützen, glaubt das Kind immer noch, dass man vor Donner Angst haben muss. Wenn die Eltern das Kind umarmen, um es zu beruhigen, und sich dann normal verhalten und dabei einfach erklären, was Donner ist, wird sich das Kind sicher und beschützt von den Eltern fühlen, aber auch wissen, dass es nichts gibt, wovor es sich fürchten muss.

Dieselbe Methode bewährt sich auch für einen Welpen. Wenn er bei Angst auf sein Lager flüchtet, streicheln Sie ihn und wenn Sie merken, **87** dass er sich weigert sein Lager zu verlassen, um dem „Monster" entgegenzutreten, gehen Sie Ihrer gewohnten Tätigkeit nach, wobei Sie die ganze Zeit ruhig mit ihm reden. Ihre Körpersprache wird dem Welpen sagen, dass er sich vor nichts fürchten muss, da Sie kein bisschen besorgt sind und Ihre Stimme zwar sanft, aber bestimmt und beruhigend ist. Wenn Sie sich ähnlich wie beim Verstecken unter dem Tisch verhalten oder übervorsichtig sind, assoziiert der Welpe mit Ihnen keine Sicherheit – wie kann er auch, wenn Sie ebenso erschreckt wie er erscheinen? Aber wenn Sie dem Drang widerstehen den Welpen zu sehr zu umsorgen, wird er sich bald an Ihnen orientieren. Dies ist der Beginn einer vertrauensvollen Beziehung.

Border Collies haben ein empfindliches Gehör und Geräusche, die Menschen nicht erschrecken, können für sie dennoch belastend sein. Hochfrequente Töne und lautes Knallen sind die häufigsten „Problemgeräusche" und obwohl einige Hunde von Natur aus geräuschempfindlich sind, bleiben sie eher die Ausnahme. Die ersten vierzehn Lebenswochen eines Welpen sind die Prägephase für Gewöhnung und Sozialisierung, aber das Gehör ist in dieser frühen Phase noch nicht an die alltäglichen Geräusche, die für uns selbstverständlich sind, gewöhnt.

Ermutigen Sie Ihren Welpen ein Individuum zu sein, indem Sie ihm im sicheren Umfeld erlauben neugierig zu sein.

Wenn er etwas untersuchen möchte, das ihn vielleicht erschrecken könnte, versuchen Sie seine Aufmerksamkeit auf etwas anderes Vertrauensvolleres umzulenken. Ein Welpe, der sich z. B. einer Katze nähert, könnte durch den zu erwartenden Empfang erschreckt werden, aber ein Welpe, der ein harmloses Objekt untersucht, benutzt seine Neugier, um etwas über die Umwelt herauszufinden. Der Staubsauger ist kein Monster, wenn er still ist, und eine nähere Untersuchung könnte sogar vom Rudelführer gelobt und gefördert werden. Die Wunder dieser neuen Welt zusammen zu untersuchen, ist nicht nur der Anfang einer Partnerschaft, sondern es hilft auch dem Welpen sich in seiner neuen Umgebung einzugewöhnen. Es gibt nur zwei Arten von Positionen im Rudel: Führer und Mitglied. Und wenn Mensch und Hund eine Partnerschaft bilden und Ersterer der beschützende Partner ist, dann wird er stärker, dominanter und als Rudelführer anerkannt.

So wie die ersten Wochen wichtig für den Welpen sind, sich an sein neues Leben zu gewöhnen, ist es auch eine Zeit großer Sensibilität und wenn er in dieser Zeit auf eine Weise gescholten wird, die ihm Angst einjagt, wird er nervös und introvertiert. Denken Sie einen Moment zurück an die Erziehung zur Stubenreinheit und den Welpen, der nichts Falsches darin sieht, sein eigenes Örtchen zu wählen; es ist ein häufiger Fehler, sich plötzlich auf den Welpen zu stürzen und ihn vor die Tür zu setzen. Der arme Kleine hat keine Ahnung, was er falsch gemacht hat, aber wird sich in Zukunft vor diesem Menschen in Acht nehmen. In diesem sensiblen, verletzlichen Alter kann ein Welpe leicht für immer handscheu gemacht werden. Leider merkt der Besitzer häufig gar nicht, was geschehen ist, und wird wahrscheinlich denken, der Welpe ist einfach einer von diesen nervösen Typen!

Wortassoziationen

Wenn Sie Zeit mit Ihrem neuen Welpen verbringen, sollten Sie bemüht sein eine Beziehung aufzubauen und ihm gutes Benehmen beizubringen. Ihr Welpe versteht nicht Ihre Sprache, daher sollten Sie ihn mit Hilfe von Wortassoziationen erziehen. Geben Sie ihm z. B. jedes Mal, wenn er zu Ihnen gerannt kommt, das Kommando für Herankommen. Das muss kein besonderes Wort sein, aber es sollte Ihnen liegen und einen fröhlichen und einladenden Klang haben. Es muss weder ein schriller Ton noch laut sein. Ihr Welpe muss so erzogen werden, dass er auf Ihre Stimme achtet, daher versuchen Sie ihn ruhig zu erziehen und verwenden Sie Ihre normale Tonlage in einer leicht abgeänderten Höhe. Ihr Welpe kann sich nicht an Ihre „Wellenlänge" gewöhnen, wenn Sie ständig hochfrequente Töne

Wortassoziation ist eine der einfachsten Unterrichtsmethoden – erzählen Sie Ihrem Hund einfach, was er tut, und schon bald verbindet er Laut mit Aktion.

aussenden. Wenn Sie dieses Heranrufen jedes Mal verwenden, wenn Ihr Welpe kommt, wird er bald den Ton mit der Aktion verknüpfen. Viele machen den Fehler zu rufen, wenn der Welpe gerade abgelenkt ist, in der Hoffnung, dass er sich wieder ihnen zuwendet. Wenn Sie keine Reaktion erhalten, gehen Sie direkt zu dem kleinen Kerl, bringen Sie ihn an den Ausgangspunkt zurück, setzen Sie ihn dort hin, wo Sie ihn gerufen haben, und achten Sie darauf, dass Sie seine Aufmerksamkeit haben. Sagen Sie ihm, was für ein schlauer, kleiner Hund er ist und lassen Sie ihn weiter seiner Beschäftigung nachgehen. Es ist viel besser, ihm das nun zu erklären, solange Sie nur wenige Meter von ihm trennen, als zu warten, bis er etwas größer, etwas frecher und viel weiter weg ist!

Der Zusammenbruch beim Unterricht kommt durch die Übermittlung von falschen Lauten, die der Hund mit einer bestimmten Aktion verbinden soll. Sagen Sie Ihrem Hund z. B. zwei- oder dreimal, dass er sich setzen soll, bedeutet das für ihn, dreimal „Sitz" entspricht der Aktion. Aus der Sicht des Hundes ist das prima, es gewährt ihm mehr Freiheit. Rufen Sie Ihren Welpen, wenn er in die andere Richtung rennt und er dieses Kommando noch nicht gelernt hat, bedeutet für ihn das Heranrufen weiter zu rennen. Sagen Sie „Bleib", wenn der Hund irgendwo entlang schleicht, bedeutet für ihn „Bleib" gleich „Schleichen". Der gesunde Menschenverstand sagt uns, dass es falsch ist einen Hund für etwas zu bestrafen, das **89**

Die Autorin verbringt Zeit mit Pip, um ihn auf ihre „Wellenlänge" einzustellen und seine Aufmerksamkeit für die nächste Aufgabe zu wecken.

Pip ist nun auf das Vorhaben der Autorin konzentriert und hat sein rechtes Ohr nach hinten gestellt, um den nächsten Anweisungen zu lauschen.

mehrere Stunden zurückliegt. Er muss Stimme und Verhalten miteinander assoziieren, aber wir sind nicht konsequent genug, wenn es um gutes Benehmen und Grundlagenerziehung geht.

Das Beibringen guter Manieren sollte ein fortlaufender Prozess sein – Eltern fällen nicht eines Tages die Entscheidung, den Kindern am nächsten Tag beizubringen, wie sie sich in Gesellschaft zu verhalten haben, und am darauffolgenden Tag, wie sie Danke sagen sollen, sondern es ist ein kontinuierlicher Prozess. Wenn Sie warten, bis Ihr Welpe schon einige Wochen mit Ihnen gelebt hat, bevor Sie ihm gute Manieren beibringen, hat er schon seine eigenen Regeln aufgestellt. Und warum nicht, wenn in diesen ersten Wochen sein Verhalten, auch wenn es nicht gut war, toleriert wurde? Es ist nicht fair gegenüber dem Hund plötzlich anzufangen eingefahrene Routinen zu verändern, was eigentlich von Beginn an hätte erfolgen müssen!

Sozialisierung

Sozialisierung ist ein in Mode gekommenes Wort. Hunde sind schon weit länger Bestandteil unsere Lebens als viele der modernen Erziehungsmethoden und die Hunde waren nicht alle scheu, introvertiert und nervös noch mussten sie bestimmte Kurse zur Sozialisierung besuchen oder hatten ihren eigenen Psychologen! Es sind wir, die das Sozialisieren wollen. Es gibt heute weit mehr Möglichkeiten für Hundebesitzer als früher und viel mehr verschiedene Wettbewerbe. Es ist normal für Menschen ihre Hunde mit in die Öffentlichkeit zu nehmen, ohne Angst haben zu müssen aufzufallen oder die Kontrolle zu verlieren. Ein Welpe muss sozialisiert werden, das bedeutet aber nicht, dass er nervös wird, wenn er nicht ständig mitgenommen wird, um allem und jedem zu begegnen. Tatsächlich können einige Welpen auch unter zu viel Trubel leiden.

Erinnern Sie sich an die introvertierten und die extrovertierten Welpen? Ein scheuer Welpe, der mitgenommen wird und jeden beim Hundeverein, in der Familie und bei Freunden trifft, bevor er gelernt hat, wer der Rudelführer ist und wem er trauen kann, kann schnell ängstlich und nervös werden. Ebenso wird der scheue Welpe leiden, wenn er daheim bleibt, beschützt vor der Welt und jedem leisen Geräusch. Der extrovertierte Welpe, der mitgenommen wird, bevor er gute Manieren gelernt hat, kann aufsässig und überheblich werden, wird er aber daheim gehalten und zu sehr beschützt, kann er auch nervös werden.

Nervosität kann sich auf verschiedene Arten manifestieren. Ein nervöser Welpe kann scheu sein, wird er aber in eine Führungsposition gedrängt, die normalerweise nicht seine natürliche Position wäre, könnte er zu nervöser Aggression neigen. Wenn der Besitzer kein überzeugender Rudelführer wird, ist der Welpe oder Junghund nicht in der Lage ihm zu trauen und wird gezwungen die Führung zu übernehmen, wenn sich z. B. ein fremder Hund oder eine fremde Person nähert. Es gibt dann zwei mögliche Vorgehensweisen für den Junghund – rennen oder hoffen, die zur Schau getragene Aggression veranlasst den Neuling zum Richtungswechsel. Hat sich der Mensch einmal als zuverlässiger Rudelführer bewährt, dem man trauen kann, wird sich der Hund (in das Rudel) integrieren und Sie bei Familienfesten, im Hundeverein oder bei Wettkämpfen ohne zu zögern begleiten. Er möchte seinen Führer begleiten, ihm zuhören und ihm gefallen; so hat sich eine Partnerschaft gebildet.

Welpengruppen

Sollen Sie mit Ihrem Welpen zu einer Welpengruppe gehen? Bevor Sie eine Entscheidung fällen, besuchen Sie die Gruppe ohne den Welpen und sehen Sie sich den Ablauf an. Welpengruppen sollen Welpen sozialisieren, aber mit was? Wenn sich zwei Hunderudel oder zwei Indianerstämme treffen, rennen sie nicht alle kopflos durcheinander und vermischen sich. Die Erwachsenen werden sich vermischen und nach Ermessen vom großen Chef dürfen dies auch die Halbwüchsigen. Die restlichen Mitglieder dürfen sich nur integrieren, wenn der Führer davon überzeugt ist, dass er ihre Aufmerksamkeit nach einmaligem Rufen erhält. Können Sie das mit Ihrem Welpen, wenn er mit zehn oder fünfzehn anderen Welpen umherrennt? Weiß er ohne Zweifel, dass Sie der Rudelführer sind, oder denkt er vielleicht, dass alle diese anderen Welpen (immerhin von seiner Art) ein Rudel sind und dass er ein Teil davon wird? Denken Sie sehr sorgfältig darüber nach, wie und wann Sie Ihren Welpen sozialisieren wollen. Viele Vereine haben eine vernünftige Einstellung zu Erziehung und Rangordnung, aber einige folgen irgendwelchen Modeerscheinungen, ohne die Grundlagen der Hundeerziehung zu verstehen. Machen Sie immer erst einen Besuch, bevor Sie beitreten. Wenn Ihnen nicht gefällt, was Sie sehen, sind Sie zu nichts verpflichtet, aber wenn Sie mit den Methoden zufrieden sind, wird ein guter Trainer froh darüber sein, mit Ihnen über Ihre eigenen Vorstellungen bezüglich Hundeerziehung zu sprechen. Welpengruppen sind kein Muss und sie sind nicht immer zum Besten der Welpen und ihrer Besitzer. Wenn Welpengruppen das richtige Ziel erreicht haben und die Besitzer erklärt bekommen, wie sie ihren Hund kontrollieren, sozialisieren und erziehen (Erziehung ist ein fortlaufender Prozess), wären gar keine weiteren Erziehungskurse, die oft von denselben Vereinen angeboten werden, mehr notwendig.

Achten Sie auf die Körpersprache des Hundes: die Rute aufrecht, der Körper steif und ein Zurückziehen mit den Hinterbeinen. Beim Spiel kann die Körpersprache von Knurren und „gespielter" Aggression begleitet sein. Zerrspiele scheinen harmlos, aber in vielen Fällen regt sich der Hund zu sehr auf.

Jagen

Jagen ist eine sinnlose Übung und etwas, das ein Welpe in der Wildnis nicht ohne Grund ausführen würde. Einem Wurf Welpen wird von den Älteren das Spiel des Verfolgens und Jagens beigebracht. Das Verfolgen führt nur selten dazu, dass die Beute gefangen wird, daher werden die Jungen frühzeitig davon abgebracht eine Beute zu verfolgen, die sie nicht fangen können. Ähnlich ist es, wenn ein Schäfer einem jungen Hund erlaubt sich einer schnell laufenden Schafherde zu nähern. Ist er aber nicht in der Lage, schnell genug um sie herum zu rennen, wird er sie verfolgen und jagen. Das macht den Hund reizbar und führt dazu, dass er seine Zähne benutzt, wenn er die Schafe fängt, und dass er entmutigt und verärgert ist, wenn er sie nicht einholt. Ständiges Ballwerfen, bis der Hund übererregt ist, kommt dem Jagen gleich. Hinter Kindern oder Erwachsenen im Spiel herzurennen, simuliert auch das Jagen. Zerrspiele, Umherrennen

mit anderen Junghunden, gegenseitiges Rangeln mit der Schnauze, Zwicken in den Staubsauger oder die Fahrradreifen, dies alles scheint harmlos, aber es weckt einen Instinkt, von dem Sie wünschen werden ihn
lieber ruhen gelassen zu haben!

Denken Sie daran bei jeder Aktion und jedem Spiel. Was für einen vier
Monate alten Welpen ein großer Spaß ist, kann für einen vierzehn Monate alten Hund eine absolute Drohung sein.

Wo leben und wann füttern

Sie haben jetzt so viele Regeln über das Füttern kennen gelernt und wo
Ihr Hund ihr Haus betreten darf und wo nicht, dass, wenn Sie alles beherzigen wollten, das ganze Haus voller Babygitter und Zeituhren wäre!
Dies ist Ihr Hund und er geht dahin, wo Sie wollen, und frisst, wenn Sie
ihn füttern.

Über das Füttern herrschen bei vielen
Trainern und Hundehaltern kontroverse
Meinungen und die verschiedenen Vorstellungen und Systeme sind oft sehr verwirrend. Wie oft ein Hund pro Tag gefüttert

Die goldene Regel lautet: Sie fällen die Entscheidungen und nicht Ihr Hund!

wird, ist nicht von den Vorlieben des Menschen abhängig, aber wann er
gefüttert wird. Ein Welpe braucht zunächst vier Mahlzeiten am Tag, aber
vom dritten Monat an sollten sie auf drei und entsprechend Gesundheits-
zustand und Kondition zwischen dem vierten und sechsten Monat auf
zwei reduziert werden. Für viele Hundebesitzer ist es schwer der Versuchung zu widerstehen zu viel und zu oft zu füttern. Das Ergebnis ist
Überfütterung. Ein gesunder erwachsener Hund braucht nicht mehr als
eine Mahlzeit pro Tag und diese kann zu einer Zeit gegeben werden, die zu
Ihrem Tagesrhythmus und den Gewohnheiten des Hundes passt. Hunde
besitzen ein 24-Stunden-Verdauungssystem, d.h., sie sollten jeden Tag
annähernd um dieselbe Zeit gefüttert werden. Wenn Sie genau immer
zur selben Zeit füttern, wird Ihr Hund bald ein Gewohnheitstier. Aber
so gut Beständigkeit für die Erziehung und das Training sind, stellt eine
Gewohnheit auch Ansprüche. Wenn Ihr Hund sich drei Stunden nach
dem Fressen lösen muss, wäre es unklug ihn spät am Abend zu füttern.
Wie schon gesagt, Sie müssen Ihren Hund kennen und von Ihren eigenen
Entscheidungen überzeugt sein.

Nach meiner Meinung gibt es absolut keinen Grund dafür, nach der
Regel zu leben „der Hund darf erst gefüttert werden, wenn Sie gegessen
haben", um die Führerschaft zu bekräftigen. Ob der Mensch zusammen
mit seinem Hund die Beute jagt, tötet und mit ihm zusammen auf dem
Boden verzehrt oder ob der Hund mit Messer, Gabel und Serviette am
Tisch sitzt, es gibt keinen gemeinsamen Essplatz, der die Führerschaft **93**

Ein gut erzogener Hund wartet, bis er sein Futter nehmen darf. Aber es ist unfair, es ihm wegzunehmen, denn wenn er seine psychischen und physischen Grenzen kennt, wird er Ihre Regeln akzeptieren. Es ist viel besser ihm gute Manieren beizubringen und ihm sein eigenes Reich zuzuweisen, als durch Futter seinen Gehorsam bestätigen zu wollen. Wenn Sie ihn unter Kontrolle haben und er ein Teil Ihres Rudels ist, sollten Sie solche Bestätigungen nicht nötig haben.

bestärkt. Das bedeutet nicht, dass der Hund am Tisch betteln soll oder Leckerlis erhält, denn das fördert schlechte Manieren und schlechte Gewohnheiten. Es ist auch keine gute Idee den Hund zur selben Zeit zu füttern wie die Familie isst, es sei denn in einem separaten Bereich. Wenn ein Hund weiß, dass er gefüttert wird, wenn sein Besitzer selber isst oder kurz danach, verlangt er schon nach seinem Futter, wenn das Essen gekocht wird. Ein ausgezeichnetes Argument, den Hund nicht nach dem Essen zu füttern!

Hunde leben nach den Rudelgesetzen und die Menschen interpretieren diese häufig nach menschlichem Ermessen, was aber nicht funktioniert. Wir müssen es aus der Sicht der Hunde betrachten. Sie warten, bis der Rudelführer seinen Anteil der Beute genommen hat, die sie als Rudel erlegt haben, aber die Nahrung, die sie ergattern und für die Familie brauchen oder die sie sammeln, wird gefressen, wenn der Rudelführer ihre Dienste nicht braucht. Sie sind sich jedoch bewusst, dass sie einen Rudelführer haben, der, wenn er es wünscht, von ihrem Futter kostet, aber gewöhnlich nur, wenn er glaubt es mit einem aufsässigen Rudelmitglied zu tun zu haben. Er ist gewöhnlich überzeugend genug, um nicht seine Autorität zur Schau stellen zu müssen, da diese Art von unnötigen Schikanen Unruhe in das Rudel bringt. Das Rudelgesetz besagt somit, dass

Sie Ihren Hund füttern dürfen, wann Sie wollen, aber es ist unfair den

Hund testen zu wollen, indem Sie ihm das Futter wegnehmen, wie es viele Trainer den Hundehaltern raten.

Die Theorie dahinter besagt, dass Sie Ihre Position als Rudelführer bestärken, wenn Sie dem Hund jederzeit das Fressen wegnehmen können, und dass der Hund keine Probleme macht, sollte einmal ein Kind die Schüssel wegnehmen. Der Rudelführer braucht kein Futter für seine Autorität, er ist die Autorität, und der Fall, dass ein Kind die Schüssel wegnimmt, sollte nicht eintreten, wenn der Hund an einem „sicheren" Platz gefüttert wird und dem Kind beigebracht wurde den Hund zu respektieren. Wenn Ihr Hund Sie respektiert, werden Sie niemals ein Problem haben, wenn Sie ihm einmal das Futter wegnehmen müssen. Und wenn er richtig erzogen wurde, wird er auf Ihre Erlaubnis zum Fressen warten und dann sollte er ohne Einschränkung fressen können. Wenn ich ein leckeres Essen vor mir stehen hätte und irgendein Idiot würde es mir wegnehmen, würde ich ihn wahrscheinlich am liebsten erwürgen! Wenn er jedoch in einer Sprache, die ich verstehe, erklären würde, dass es in diesem Fall notwendig sei, hätte ich kein Problem damit. Betrachten Sie es aus der Sicht des Hundes – sein Futter ist für ihn zum Fressen da, aber wenn Sie es haben wollen, können Sie es wegnehmen. Er weiß das, also warum sollten Sie es wegnehmen, wenn Sie es nicht behalten wollen?

Die Frage, wo sich Ihr Hund im Haus aufhalten darf, ist viel einfacher zu beantworten: überall, wo Sie es wollen, aber mit Ihrer Erlaubnis. Mir haben viele verzweifelte Besitzer unter Tränen erzählt, dass sie ihren Hund immer nach ihren eigenen Mahlzeiten gefüttert haben, dass er nicht ins Obergeschoss durfte und dass er tagsüber in der Küche oder im Hauswirtschaftsraum eingesperrt wurde und fragten sich, warum er dann trotzdem so eine Plage geworden ist. Weil ihm das Haus gehört und er tut, was ihm gefällt.

Das Training mit der Box, wenn es richtig erfolgt, klärt in den ersten paar Stunden, wem was gehört und wenn das geklärt ist, bleibt die Kenneltür offen oder die Decke darin kann in andere Quartiere umgezogen werden und der Hund wird nur sein Lager als sein Eigentum ansehen. Wenn nicht, laufen Sie Gefahr eine sehr teure Hundebox zu besitzen! Es beeinflusst nicht das Verhalten Ihres Hundes, wenn Sie ihm nicht erlauben ins Obergeschoss zu gehen. Es bedeutet einfach, dass er nicht oben war, um seinen Anspruch darauf zu erheben. Die Theorie besagt, der Hund sollte nicht über dem Rudelführer stehen, aber ich habe viele unerzogene Hunde gesehen, die niemals im ersten Stock waren, und viele Hunde mit tadellosen Manieren, denen das ganze Haus zur Verfügung steht.

Es gibt einen Unterschied zwischen einem Hund, der sich im ganzen Haus frei bewegen kann, und einem Hund, der nur scheinbar das ganze Haus zur Verfügung hat. Ein Hund mit Manieren und Respekt kann jeden Raum betreten, nach oben gehen und Freiheit im ganzen Haus genießen, **95**

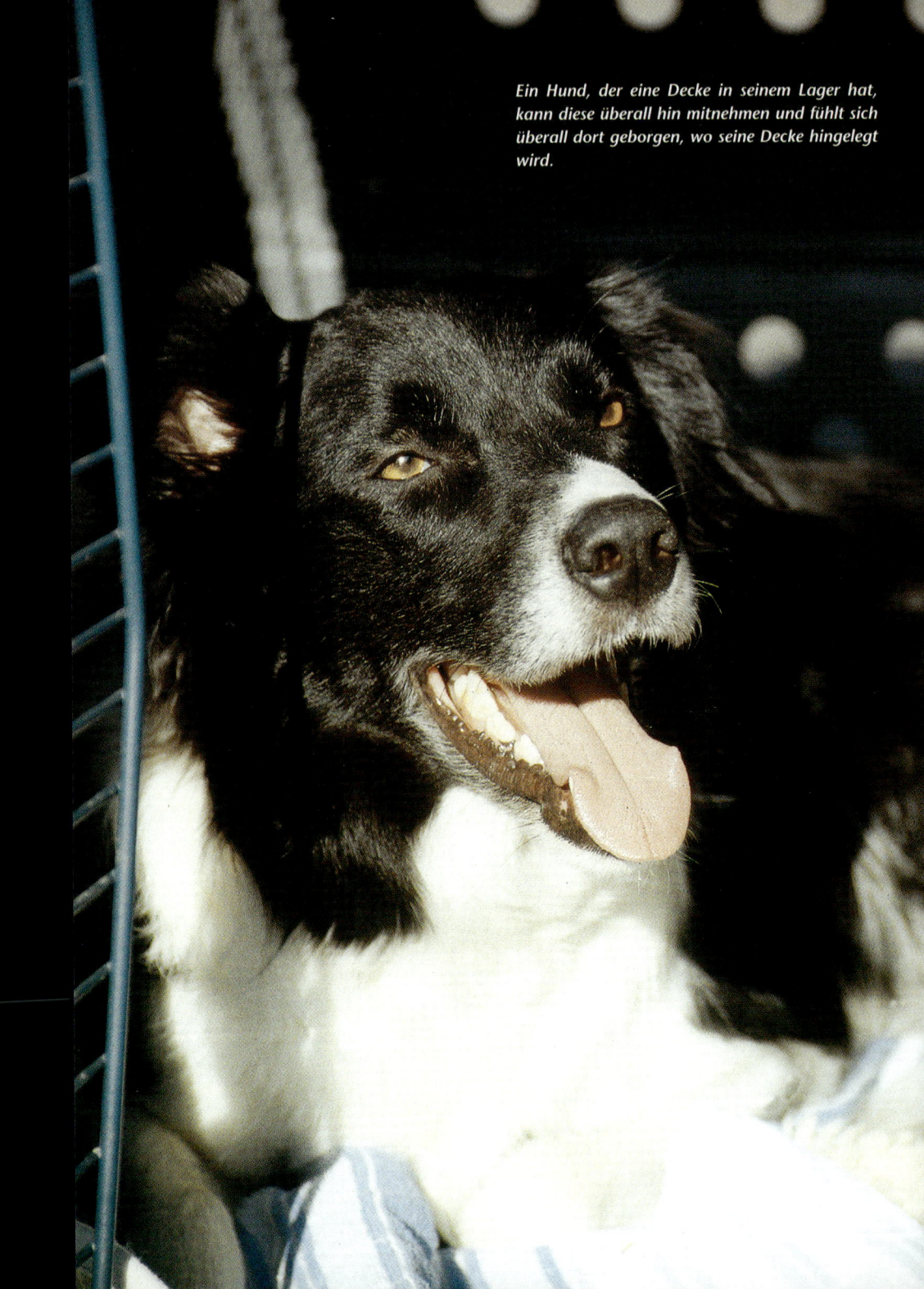

Ein Hund, der eine Decke in seinem Lager hat, kann diese überall hin mitnehmen und fühlt sich überall dort geborgen, wo seine Decke hingelegt wird.

aber diese Freiheit erfolgt mit der Erlaubnis des Besitzers und geht nicht ohne bestimmte Regeln. Ein schlecht erzogener Hund ohne Respekt sieht jeden Raum, in dem er sich frei bewegen kann, als sein Eigentum an. Ihr Welpe muss sowohl mentale als auch physische Grenzen kennen lernen. Er muss wissen, wo er hingehen darf, und muss lernen, wann er die Erlaubnis einholen muss. Er muss auch lernen, wann es zulässig ist, Dinge für selbstverständlich hinzunehmen, und dass dieses Privileg erst verdient werden muss!

Wenn Sie die Liebe und den Respekt Ihres Welpen gewonnen haben, will er Ihnen überall hin folgen; Sie sind sein neuer Rudelführer und seine Sicherheit, aber ein Rudelführer braucht auch seine Privatsphäre. Die Hingabe der Mutter, die er gerade verlassen hat, hatte auch ihre Grenzen und es gab Zeiten, in denen sie die ihnen folgenden Welpen wegjagte und somit ihre eigene Grenzregel manifestierte. Es ist ein wunderbares Gefühl, wenn Ihnen dieser kleiner Vierbeiner auf Schritt und Tritt folgt. Aber es ist auch eine kleine, vierbeinige „Denkmaschine" und in kürzester Zeit wird er sich vor Ihnen herumdrängeln absolut ohne Rücksicht auf Sie oder Ihre Gefühle. Wenn Ihr Kleiner Ihnen von der Küche ins Wohnzimmer folgt, lassen Sie ihn sitzen, warten Sie einen Moment und fordern Sie ihn dann auf Ihnen zu folgen. Will er Ihnen nicht folgen und lieber mit einem Ball oder Kauknochen spielen, rufen Sie ihn heran und achten Sie darauf, dass er Ihnen Aufmerksamkeit schenkt, bevor er mit seiner Beschäftigung weitermachen darf. Vergleichen Sie die Erziehung eines jungen Hundes mit der Erziehung eines fünfjährigen Kindes. Es ist z. B. nicht akzeptabel, dass sich Kinder vor Erwachsene drängeln, wenn diese durch eine Tür gehen, oder den Sender am Fernseher verstellen, lange draußen bleiben oder Gespräche unterbrechen, ohne die Erlaubnis dafür zu bekommen.

Gemma muss immer vor Türen und Toren warten. Es ist für sie ganz normal ihrem Menschen zu folgen und es gibt keine Probleme mit einem drängelnden Hund, der sich vielleicht noch dabei einklemmt oder verletzt.

Jede Familie hat ihre eigenen Regeln und diese müssen den Jungen so lange beigebracht werden, bis diese Grenzen etabliert sind und Freiheiten erlaubt werden dürfen, ohne die Autorität zu untergraben. Es ist nicht notwendig oder praktikabel einen Welpen jedes Mal stehen und warten zu lassen, wenn er Ihnen durch eine Tür folgen soll, **97** aber es ist notwendig klar zu stellen, das keine schlechte Manieren gezeigt und keine Regeln ignoriert werden dürfen.

Ihr Hund sollte Ihnen folgen und bei Ihnen sein wollen, aber er sollte nicht annehmen, es kann immer so sein. Er muss sich an die Vorstellung gewöhnen, dass nicht immer eine Erlaubnis erteilt wird. Es ist nicht schwierig darauf zu bestehen, dass ein Hund zurückbleibt und Ihnen nicht folgt, wenn Sie keine andere Wahl haben, z. B. wenn Sie zur Arbeit oder zum Einkaufen gehen. Es ist dagegen schwieriger daran zu denken, einen Hund einige Sekunden warten zu lassen, bevor er in den Garten, zum Spaziergang oder nur in einen anderen Raum geht, da hierzu keine Notwendigkeit besteht und es sich deshalb nicht immer so sehr einbürgert. Ein Hund, der einige Sekunden warten muss, bevor er von einem Ranghöheren die Erlaubnis erhält das Wohnzimmer zu betreten, wird wissen, dass der Wohnraum dem Ranghöheren gehört. Ein Hund, der in der Küche lebt, sollte sein eigenes Lager (Korb, Decke, Kissen u. Ä.) haben und sollte gelegentlich dort ruhig sitzen bleiben, während die Ranghöheren das Essen vorbereiten, die Zeitung lesen oder etwas trinken. Der Hund kann einen Knochen oder einen Ball bekommen und sich selbst in seinem Heim beschäftigen, muss aber dort bleiben, bis er die Erlaubnis erhält, in das Heim des Rudelführers wieder einzutreten. Diese einfache, kurze Übung stellt sicher, dass der Hund nicht das Regiment in der Küche übernimmt. Vergleichen Sie es wieder mit der Kindererziehung. Es ist nicht nötig Kinder ständig mit Regeln zu schikanieren – man bringt ihnen etwas bei, frischt es gelegentlich auf und schließlich sollte jedes Kind ein Familienmitglied mit seiner eigenen Individualität innerhalb des Familienkreises werden. Wenn Sie dies auf einen Welpen übertragen, wird es nicht lange dauern und er erkennt, dass Ihr Haus respektiert werden muss und gute Manieren belohnt werden. Ein Hund, der sich gut benimmt und seinen Rudelführer akzeptiert, kann auch bald Privilegien bekommen. Er wird nicht länger beim Betreten eines Raumes warten müssen und er wird wissen, wann er das Wohnzimmer betreten darf und wann er für Gäste Platz machen muss. Dies sind alles Bestandteile einer beginnenden Partnerschaft und dem Verstehen der gegenseitigen Bedürfnisse. So sind der Indianerhäuptling zu seinem Stamm, der Rudelführer zu seinem Rudel und die Eltern zu ihrem Kind. Sie alle leben in Harmonie, respektieren sich gegenseitig und Stamm/Rudel/Kind sind alles frei denkende Individuen mit guten Manieren.

Die Regeln in Ihrem Haus müssen Ihre eigenen sein, aber sie müssen vernünftig sein.

Z. B. ist es nicht fair dem Welpen zu erlauben, auf dem Sofa zu sitzen, wenn Sie ihm nicht dieselbe Freiheit gewähren wollen, wenn er schmutzige Pfoten hat. Eine Decke auf das Sofa zu legen macht für den Welpen kaum einen Unterschied. Sessel sind Sessel, ob sie abgedeckt sind oder nicht. Wenn Sie wollen, dass sich Ihr Hund nur im Untergeschoss aufhält, achten Sie darauf, dass jeder in der Familie diese Regel einhält, denn ein Hund kann nicht verantwortlich dafür gemacht werden, wenn er oben auf der Treppe sitzt, weil ein Familienmitglied ihm das gelegentlich erlaubt. Wenn Ihr Hund auf dem Sofa sitzen oder die Treppe hochgehen darf, machen Sie ihm klar, dass das Privilegien sind und dass Sie der alleinige Eigentümer dieser Räume und des Mobiliars sind. Er darf sich nicht herausnehmen auf Ihr Sofa zu springen oder auf Ihre Treppe zu gehen, wann immer ihm danach ist. Kinder haben Zugang zu gewissen Gegenständen und zu anderen nicht, aber sie wissen auch, dass diese Dinge nicht ihnen gehören und dass sie um Erlaubnis bitten müssen, wenn sie sie benutzen wollen.

Stellen Sie Ihre eigenen Regeln auf

Sie müssen entscheiden, was für Sie, Ihre Familie und Ihren Hund akzeptabel erscheint. Vielleicht erwarten Sie nicht von einem Hundetrainer und Spezialisten für Border Collies (eine Rasse, die ich als manipulativ beschreibe), dass er in einem Buch schreibt, Ihr Hund dürfe auf dem Sofa sitzen, die Treppe hochgehen und gefüttert werden, bevor Sie selber essen. Ich versuche nicht die Regeln für die Hundebesitzer aufzustellen.

> *Es ist nicht wichtig, was einem Hund erlaubt ist, sondern wie er seine Position im Rudel sieht und welchen Respekt er seinem Rudelführer entgegenbringt.*

Ich versuche Ihnen zu helfen Ihren Hund zu verstehen und ich wäre ein schlechte Trainer, wenn ich empfehlen würde, dass jeder seinen Hund in der Küche zu halten habe, während meine Hunde im ganzen Haus herumlaufen. Ich glaube, es wird viel zu viel Wert auf Regeln und Regularien in der modernen Hundewelt gelegt und das macht das Leben kompliziert für den Hundebesitzer, der versucht sein Bestes zu geben, aber plötzlich mit einer langen Liste von Erlaubtem und Unerlaubtem konfrontiert wird, so dass er vor lauter Lesen nicht zum Üben kommt!

Ich empfehle Ihnen nicht, Ihren Hund über alle Möbel springen zu lassen, aber Sie haben ihn in Ihre Familie geholt und Sie möchten Freude an ihm haben. Also fangen Sie an in einfacher Hundedisziplin zu denken, statt die Dinge zu verkomplizieren. Erlauben Sie Ihrem Hund nichts, was Sie ihm zu einem späteren Zeitpunkt verbieten würden. Entweder dulden Sie es oder nicht. Was immer Ihrem Hund erlaubt ist, er muss verstehen, dass es nur genehmigt ist und nicht als selbstverständlich angesehen werden kann. Zuallererst bringen Sie ihm gutes Benehmen bei; ohne das wird ein Hund dreist. Es ist nicht wichtig, *was* einem Hund erlaubt ist, sondern *wie* er seine Position im Rudel sieht und welchen Respekt er seinem Rudelführer entgegenbringt und ob er dadurch gutes Verhalten **99** zeigt. Ich habe viele Hunde gesehen, die alle komplizierten Regeln in Bezug auf Fressen, nicht auf Möbel springen und nicht ins verbotene Obergeschoss gehen befolgen, aber immer noch an der Leine ziehen, bellen und allgemein schlechte Manieren haben. Ich habe auch Hunde gesehen, die im Obergeschoss schlafen, nicht nach ihren Menschen essen müssen und abends mit ihrem Besitzer auf dem Sofa liegen und auf deren Respekt und gute Manieren Verlass ist. Stellen Sie einfache Regeln auf und gestalten Sie die Erziehung einfach. Denken Sie aus der Sicht des Hundes und das Training kann viel Spaß machen.

Regeln aufstellen

Die ersten Wochen sind wichtig für die Geräuschempfindlichkeit und die Sozialisierung, daher sollten Sie den Welpen mit möglichst vielen verschiedenen Situationen konfrontieren, aber erst, wenn er genau weiß, wer Sie sind! Wenn Sie kein Rudelführer sind, wird er Ihnen nicht trauen. Stellen Sie Ihre eigenen Hausregeln auf. Es ist Ihr Hund und Ihr Haus, aber stellen Sie sicher, dass die Regeln vernünftig, für den Hund leicht zu verstehen und vor allem konsequent sind. Bleiben Sie konsequent, wenn es um die Grundkommandos geht, denn Sie könnten den Unterschied zwischen einem wohl erzogenen Hund und einem möglichen Unglück bedeuten. Ein Border Collie hat Sinn für Humor und ist von Natur aus wissbegierig, daher kann er umso eher „frei denken" und Sie können seinen Humor genießen, je früher Sie klarstellen, wie die Grundregeln sind und wer die Verantwortung trägt.

Kapitel 7
Training macht Spaß

Wenn der Welpe einmal gutes Benehmen erlernt hat, können Sie beginnen die Fähigkeiten und das Vokabular Ihres Welpen auszuweiten. Lernen ist wie gute Erziehung ein fortlaufender Prozess. Er sollte niemals wirklich anfangen und niemals wirklich enden und sollte nicht mit Training verwechselt werden. Lernen ist der Vorgang neue Dinge zu verstehen, sie zu erarbeiten und zu durchdenken, wogegen das Training die Erziehung für den Hund ist, damit er gemäß seiner Fähigkeiten am besten lernen kann.

Wenn wir das Kommando „Platz" vom erzieherischen Standpunkt betrachten, muss der Hund lernen sich hinzulegen, wenn man es ihm sagt – das ist Training. Wenn der Hund etwas sieht, was er nicht kennt, was ihm Rätsel aufgibt und wenn er gelernt hat, dass er Zeit zum Nachdenken hat, wird er sich hinlegen, um die Situation zu klären – das ist Lernen. Ein Hund, der in einer reinen Hundewelt heranwächst, wird durch Erfahrung lernen

und seine Instinkte leiten seine Neugier. Ein Hund, der in einem menschlichen Umfeld aufwächst, besitzt alle natürlichen Instinkte und ist in der Lage Dinge zu erarbeiten, wenn die Menschen ihm die Zeit dazu geben. Die natürliche Reaktion von vielen Hunden ist in vielen Situationen sehr schnell; die Bewegung einer Katze verursacht eine spontane Reaktion, wobei der Beuteinstinkt den Hund schneller in Bewegung versetzt, als man Luft holen kann. Derselbe Hund kann jedoch eine oder mehrere Stunden damit verbringen, die Spur und das Bewegungsmuster eines Maulwurfes zu studieren. Er benutzt sein Gehirn, um diese Situation auszuarbeiten, und konzentriert sich voller Freude auf diese Arbeit, bis er entweder ein Ergebnis hat oder eine andere und bessere Herausforderung findet. Wieder einmal erklären die natürlichen Instinkte und das Verhalten des Hundes, wie wir mit ihm am besten trainieren. Wir müssen uns nur die Mühe machen, die Reaktionen und Fähigkeiten des Hundes zu verstehen, und der Versuchung widerstehen für ihn zu denken.

Menschen haben oft vorgefasste Meinungen darüber, wie sich ein Hund verhalten sollte, und haben bestimmte Erwartungen für die Zukunft des Hundes. Leider können nicht alle Hunde diesen Erwartungen entsprechen oder noch öfter sind die Erwartungen nicht das Problem,

Oben: Border Collies haben eine bemerkenswerte Fähigkeit sich zu konzentrieren. Je mehr sie zum Denken angeregt werden, ohne zu aufgeregt zu sein, umso mehr benutzen sie ihr Gehirn. Verstohlen schleicht sich Skye bei Tia an.

Unten: Skye bleibt in dieser Position so lange stehen, bis sie eine Reaktion erhält.

Oben: Ein Blick von vorne zeigt die Macht des „Auges", während Skye völlig auf ihr Gegenüber fixiert ist. Dennoch gestattet sie Tia sich aus ihrer Kampf- und Flucht-Distanz wegzubewegen.

Unten: Tia ist dem Blick ausgewichen und Skye ist zufrieden, dass das Spiel nach ihrem Sinne ausgegangen ist. Dieser ganze Vorfall dauerte 15 Minuten!

sondern die Art, wie sie ihnen vermittelt werden, und das Recht des Hundes auf Mitsprache bezüglich seines eigenen Lebens ist vergessen! Ein Border Collie ist ein denkender Hund und obwohl ich bereit bin mir viele verschiedene Meinungen dazu anzuhören, kann mich keine anderweitig überzeugen. Ein intelligenter Border Collie kann Dinge für sich erarbeiten und kann dem Menschen häufig ein gutes und schlagkräftiges Argument vorbringen, wenn dieser bereit ist zuzuhören – ich nenne das Denken!

Ein Beispiel dafür, wie ein Border Collie Dinge erarbeitet und seine Argumente oder Ansichten vorbringt, zeigt folgende Begebenheit. Pip ist ein Hütehund und arbeitet auf hohem Niveau. Er ist gut zu führen und demonstriert Hundeführern ohne Erfahrung die Kunst des Schafehütens. Wenn ein Hundeführer ein offensichtlich falsches Kommando gibt, weigert Pip sich zu bewegen. Wenn der Hundeführer nicht merkt, dass sich der Hund aus einem bestimmten Grund weigert, wiederholt er das Kommando. Zu diesem Zeitpunkt dreht sich Pip in die richtige Richtung und spricht zu dem Menschen mit seiner Körpersprache. Weigert sich der Hundeführer immer noch ihm „zuzuhören", wirft Pip einen Blick in meine Richtung mit einem Ausdruck von Verachtung. Wenn niemand eine Entscheidung fällt, tut er das Richtige und geht dann wieder zum Ausgangspunkt zurück, um weitere Instruktionen abzuwarten, aber er muss davon überzeugt werden, mit einem Menschen weiterhin Geduld zu haben, der sich weigert mit ihm zu „sprechen". Wenn der Neuling immer noch nicht versucht den Hund zu verstehen, wird er zu ihm keine Verbindung aufbauen können. Wenn er aber wirklich versucht zu kommunizieren, dann beginnt der Hund mit ihm, statt gegen ihn zu arbeiten.

Ein Border Collie ist ein denkender Hund.

Der Border Collie ist für seine Intelligenz, seine Vielseitigkeit und seine Anpassungsfähigkeit berühmt, aber diese Qualitäten machen ihn auch schlagfertig, clever und, ich möchte sagen, humorvoll bis sogar sarkastisch! Die Fähigkeit des Border Collies, eine Situation einzuschätzen und zu seinem eigenen Vorteil zu nutzen, hat häufig zu verwirrten und verblüfften Besitzern geführt, die das Gefühl hatten am falschen Ende der Leine zu stehen! Es dauert nicht lange, bis ein gut erzogener Mensch lernt etwas schneller zu gehen, um den Eindruck zu erwecken, dass sein Hund nicht an der Leine zieht. Es ist nicht schwer einem Menschen beizubringen, dem Hund die Erlaubnis zu geben das „Bleib" abzubrechen, wenn er es will, statt wenn es der Mensch will: „Nur ein kleines Zucken meiner Schulter, Meister, und ein Andeuten einer Bewegung und du wirst mir sicher die Erlaubnis geben, weil du gerade jetzt nicht wirklich eine Konfrontation willst." Schlaue, kleine Hunde, aber ihre Dreistigkeit ist bewundernswert!

Ein Zucken der Schulter und ein Schnippen mit dem Ohr verraten, dass der Hund nicht liegen bleiben will. Eine entsprechende Reaktion des Menschen – und schon gehen die Ohren wieder zurück, die Rute wedelt leicht hin und her und der Hund bleibt liegen. Vorbeugen ist besser als Heilen.

Nutzen Sie die Intelligenz Ihres Hundes

Es macht keinen Sinn, Zeit und Energie damit zu verschwenden einen Border Collie dazu zu bringen für Sie zu arbeiten; es macht viel mehr Freude, wenn er freiwillig für Sie arbeiten will. Somit fördert das Training, dass der Hund seine Intelligenz für Ihre Zwecke statt für seine eigenen verwendet. Für was Sie trainieren, ist irrelevant, denn es ist hauptsächlich die Erweiterung der Grundlagen. So erfordert z. B. das Training für Hütearbeit, Agility, Obedience oder die Begleithundausbildung immer eine solide Grunderziehung mit denselben physischen und mentalen Grenzen der Rudelgesetze. Wenn der Hund die Regeln versteht und führig ist, kann der Hundeführer alle der oben genannten Tätigkeiten mit ihm ausüben.

Ich sehe das Training gerne als Spiel an. Manchmal spielt der Hundeführer mit und manchmal beobachtet er, manchmal spielt der Hund mit und manchmal beobachtet er auch. Das Konzept des Spielerischen beim Training wird allgemein angewandt, aber gewöhnlich mit Spielzeug und Belohnung, wogegen alles, was wirklich für die Aufmerksamkeit des Hundes notwendig ist, der Hundeführer ist.

Training ist Erziehung und ein Hund kann nicht lernen, wenn er sehr aufgeregt oder fast hysterisch ist, noch wird er sein Gehirn zum Klardenken gebrauchen, wenn er ständig Leckerlis erwartet und danach sucht. Es erfordert keine Intelligenz von einem Hund herauszubekommen, dass er **105** für bestimmte Aktionen Belohnungen erhält, daher bringen Leckerlis den Hund nicht dazu sein Gehirn anzustrengen. Aber der Hund benötigt Intelligenz, um herauszufinden, dass er nicht die zweite Stufe erreicht, wenn er die erste nicht abgeschlossen hat. Ein Hund, der beispielsweise ständig dafür belohnt wird, wenn er zurück bei Fuß kommt, wird seine Belohnung abholen und von Stufe A nach B aufsteigen. Ein Hund, der nicht vorauslaufen darf, bis er seine wahre Position im Rudel verstanden hat, wird merken, dass er B nicht erreichen wird, wenn er die Rudelgesetze nicht einhält, aber dann ein Lob erhält, wenn er ein wertvolles Rudelmitglied geworden ist. Das bringt einen Hund dazu seine Intelligenz für den Hundeführer, statt gegen ihn einzusetzen.

So wie Pip seine Körpersprache benutzte, um dem Anfänger zu erklären, wo der richtige Weg ist, so teilt ein Hund, der die Grundlagen des Gehorsams lernt, seine Absichten dem Hundeführer mit. Wenn ein Hund in der Sitz- oder Platzposition bleiben soll, sendet er einige Anzeichen für Ungehorsam oder Unverständnis aus, bevor er sich wirklich bewegt, und genau an diesem Punkt muss der Hundeführer die Sprache des Hundes deuten und eingreifen. Es kann eine sehr kleine Bewegung sein, ein Zurückziehen der Schulter, ein Zucken mit dem Ohr oder vielleicht nur ein Seitenblick, aber das ist der Zeitpunkt, um den Hund daran zu erinnern, dass er sitzen oder liegen bleiben soll. Wenn er sich vorwärts bewegt, hat er das für sich selbst entschieden und eine Vorwärtsbewegung erreicht. Wenn das geschieht und der Hundeführer das Kommando wiederholt und der Hund sich dort hinlegen darf, wo er sich hin bewegt hat, verliert der Hundeführer in diesem Fall seine Glaubwürdigkeit als Rudelführer. Wird der Hund an die ursprüngliche Stelle zurückgebracht, übernimmt der Hundeführer wieder die Kontrolle. Wenn der Hundeführer die Sprache seines Hundes richtig deutet und den Gedanken an die Vorwärtsbewegung abfängt, bevor er in die Tat umgesetzt wird, sind die Regeln dieses Spiels für den Hund leicht zu verstehen. Dieses Beispiel ist die Basis für alle grundlegenden Regeln; die Schwierigkeit ist es, geduldig genug zu sein, um die Absichten des Hundes erkennen zu lernen. Menschen sind immer in Eile und wenn der Hund bleiben soll und es den Anschein hat, dass er sich gleich bewegt, ist es viel einfacher nachzugeben oder ihm zuzugestehen, dass er dort liegen bleiben darf, wohin er sich vorgerobbt hat. Es sollte keine Zugeständnisse geben, wenn es um wichtige Grundlagen und gutes Benehmen geht. Nur etwas Mühe und viel Geduld am Anfang machen das Training auf Dauer leichter und zeigen auch Ihrem Hund klar Ihre Absichten.

Es gibt eine Zeit, in der Ihr Hund spielen und sich amüsieren darf – Freizeit, und es gibt die Zeit zum Lernen – Erziehung. Es ist insofern ähnlich wie bei Kindern, die zur Schule gehen, aber schlecht zurechtkommen, wenn sie sich nicht auf das Lernen in der Schule vorbereiten. Wenn

Leckerli und Spielzeug sollten nicht Bestandteil der sinnvoll miteinander verbrachten Zeit sein und ein Spaziergang sollte nicht nur mit Ablenkung unter Kontrolle gehalten werden. Der Hund konzentriert sich auf den Menschen und nicht auf ein Spielzeug und kann daher auch die Körpersprache des Menschen deuten.

jedoch schon jeden Tag eine gewisse Form der Erziehung erfolgt, wird das Kind durch die Anforderungen in der Schule nicht überlastet.

Einen Spaziergang genießen

Spazierengehen bedeutet nicht nur körperliche Ertüchtigung für den Hund; es ist auch die Zeit sich gegenseitig kennen zu lernen, die physischen Grenzen abzustecken und für Erziehung. Wenn Hundeführer und Hund einen Spaziergang beginnen und der Hund an der Leine zieht, gibt es nur wenig Freundlichkeit zwischen ihnen, da die Zeit damit verbracht wird, um die Führung zu streiten, bis der Hundeführer den Hund loslässt. Dann hat der Hund so lange gezogen, bis er davon überzeugt ist die Kontrolle zu haben. Und was gibt es dann Besseres, wenn man diese hinderliche Leine los ist, als so weit wie möglich zu rennen, zu schnüffeln und die lästige Person zu ignorieren, die ständig nach einem ruft. Der Hundeführer ist den einfachen Weg gegangen, indem er dem Hund Freiheit gewährt, obwohl dieser nichts dafür getan hat sie sich zu verdienen!

Ein flotter Spaziergang gekoppelt mit Erziehungsübungen fordert den Geist und sorgt für einen mental ausgeglichenen Hund.

Den Spaziergang freudig zu gestalten und den Hund unter Kontrolle zu halten, erfordert nicht viel Energie. Man sollte den Hund einfach denken lassen. Wenn Sie mit Ihrem Hund täglich kilometerlang spazieren gehen wollen, erhalten Sie einen Athleten; Border Collies sind aber ohne spezielles Training athletisch. Einige der erschreckendsten Szenarien spielen sich mit Hunden ab, die mit sehr energiereichem Futter ernährt werden. Die Energie gebietet viel Bewegung, die Bewegung fördert die Fitness und Ausdauer, die wiederum mehr Bewegung erfordert, und der Besitzer macht sich Sorgen um den Hund, der anscheinend Gewicht verliert (gewöhnlich aufgrund Nervosität), und erhöht die Futterration. Border Collies brauchen Bewegung, aber sie müssen auch ihren Geist fordern, daher befriedigen zwei Stunden Spaziergang am Morgen und am Abend nicht seinen wissbegierigen Geist. Es macht ihn hauptsächlich fit genug, um länger wach zu bleiben und noch mehr zu fordern.

Wenn kilometerlange Spaziergänge täglich Zeit und Energie kosten, die Sie nur schwer aufbringen können, schlagen Sie eine andere Richtung ein. Ein schöner, flotter Spaziergang gekoppelt mit Erziehungsübungen und Spielen, die den Geist fordern, bedeutet, dass Sie mit einem Hund zurückkommen, der sowohl körperlich als auch mental ausgeglichen ist.

Der Spaziergang sollte mit gutem Benehmen anfangen. Wenn Sie mit dem Auto in eine geeignete Gegend fahren, sollte Ihr Hund höflich warten, bis er in das Auto springen darf, während der Fahrt still sitzen und

Das Auto gehört nicht den Hunden, daher müssen sie auf die Erlaubnis zum Hineinspringen warten.

Die Hunde müssen auch warten, bevor sie aus dem Auto springen dürfen.

dann warten, bis er aufgefordert wird das Auto zu verlassen. Wenn Ihr Hund von Anfang an nach diesen Regeln erzogen wurde, wird das kein Problem darstellen. Am Anfang des Spaziergangs sollte sich der Hund in dem Rudelbereich aufhalten, den Sie bestimmt haben. Wenn Sie Ihrem Hund sofort den Freilauf erlauben, wird er immer am Anfang des Spaziergangs diese Freiheit erwarten. Stattdessen sollten Sie entscheiden, wann die Freizeit Ihres Hundes beginnt, und wenn Sie die Leine lösen, lassen Sie den Hund noch einige Sekunden warten, bis er frei laufen darf, wobei Sie ihn die ganze Zeit streicheln und mit ihm reden. Ein plötzlich losgelassener Hund ergreift seine Freiheit und rennt, um Energie abzubauen, wogegen ein Hund, der beiläufig losgelassen wird, auch seine Freizeit zwanglos in Anspruch nimmt. Als Welpe wird er sich nie weit von Ihnen entfernen und es gibt keinen Grund, dass sich dies ändert, wenn er heranwächst, denn er sollte immer auf Sie achten für den Fall, dass sich die Richtung für das Rudel ändert.

Wenn wir uns wieder dem Leben eines Welpens im Rudel zuwenden, lernen wir, was von einem Menschen erwartet wird, der ein Rudelführer sein soll. Ein Wurf Welpen kann an der Grenze des Rudelbereiches spielen, aber wenn sie versuchen sich zu weit zu entfernen, werden sie vom Rudelführer ernsthaft getadelt. Ebenso wird eine Gruppe von Indianerkindern, die sich zu weit vom Camp entfernen, vom Häuptling zurechtgewiesen. Die Führer sorgen sich nicht nur um die Jungen, die sehr verletzlich sind, sondern auch um sich selbst. Eine Gruppe von Jungen wird mit zunehmendem Alter Vertrauen gewinnen und wenn sie sich einmal der Gerichtsbarkeit der Gruppe entzogen haben, können sie aufsässig werden und eine eigene, zwar kleinere, Gruppe bilden, die aber Ärger machen kann und mit der man verhandeln muss!

Der Mensch, der dem Hund erlaubt sich zu weit von dem Rudelbereich zu entfernen, bevor die Führerschaft geklärt ist, läuft Gefahr, dass der Hund aufsässig wird. Einige der Probleme mit Hunden, die keine physischen Grenzen kennen, ist das Verweigern des Zurückkommens auf Rufen, das Hinrennen zu anderen Hunden und Menschen, Aggressionen gegenüber anderen Hunden und Bellen. Wenn der Hund seine Grenzen erweitern darf, wird er für sich selbst verantwortlich und trifft Entscheidungen, die nur der Rudelführer treffen darf. Das führt dazu, dass der Hund glaubt, er kann machen, was er will. Auch wenn der Hund keine Führernatur und nicht dominant ist, wird er glauben, gegenüber jedem Hund in der Nähe Aggression zeigen zu müssen (aus Nervosität und Unsicherheit) in der Hoffnung, dass ihn das Vorspielen von Stärke schützen wird. Unnötig zu sagen, dass ein geborener Führer dann Dominanz anderer Art zeigt und eine Rauferei daraus entstehen kann.

Sie müssen dafür sorgen, dass Ihr Hund den Bereich respektiert, der zu Ihnen gehört, und den Einflussbereich nicht ohne Erlaubnis verlässt.

Es ist wichtig die Rudelgrenzen sehr früh festzulegen und sicherzustellen, dass Ihr Hund Ihrer Gegenwart immer bewusst ist. Die Antwort findet sich wie immer bei den Rudelgesetzen.

Denken Sie sich eine Linie durch den Mittelpunkt eines Kreises, auf dem Sie stehen; im Bereich direkt hinter Ihnen sollte der Hund laufen, wenn er an der Leine ist oder frei läuft, aber in der Nähe bleiben soll. Der Bereich vor Ihnen ist Ihr Raum und Ihr Hund sollte ihn nur nach Aufforderung betreten dürfen. Wenn Ihr Hund nicht an der Leine ist, hat er mehr Freiheit, aber Ihr Raum (der Bereich vor Ihnen) ist nicht für den Freilauf, sondern in dem größeren Bereich hinter Ihnen sollte sich der Hund aufhalten. Erst wenn der Raum vor Ihnen Ihrer Meinung nach dazu geeignet ist, können Sie Ihren Hund dazu einladen dort frei zu rennen. **110** Denken Sie daran, dass der Platz Ihres Hundes direkt hinter Ihnen ist; das gewährleistet eingeschränkte Freiheit und völlige Kontrolle. Der unmittelbare Kreis um Sie herum ist der Bereich kontrollierter Freiheit und kommt enger Kontrolle gleich. Der Bereich in dem größeren Kreis bedeutet Freiheit und Kontrolle. Der Bereich außerhalb des Einflusses des Rudels bedeutet völlige Freiheit und Kontrolle auf Entfernung. Der Rudelbereich braucht nicht mehr als 25 m zu umfassen und Ihr Hund sollte sich weiter weg nicht aufhalten dürfen, bis Sie der klare Rudelführer sind und vollständige Kontrolle auch auf die Entfernung haben (s. S. 112).

Wenn Sie diese Regeln einhalten, solange Ihr Hund noch ein Welpe ist, werden Sie nie mit mehr konfrontiert werden als einem gelegentlichen „Austesten", was für einen Border Collie ganz normal ist! Jedes Mal, wenn Ihr Welpe sich der Rudelgrenze nähert, rufen Sie ihn, um seine Aufmerksamkeit zu gewinnen. Sie können ihn entweder zurückrufen, die Richtung wechseln, damit er Ihnen folgt, oder, wenn er brav innerhalb der Grenze bleibt, ihn seiner Beschäftigung weiter nachgehen lassen. Wenn Sie Ihren Welpen heranrufen, muss er bis zu Ihren Füßen herankommen.

Für das sportliche „Fuß" wird der Hund auf gleiche Höhe herangeholt.
Der Raum hinter Ihnen ist der Bereich völliger Kontrolle.

Freuen Sie sich überschwänglich und lassen Sie ihn dann weiter seiner Beschäftigung nachgehen. Das Heranrufen muss freudig erfolgen, was nicht funktioniert, wenn der Hundeführer frustriert ist und der Welpe erwartet gescholten zu werden. Es ist wichtig, dass er sehr früh lernt auf den ersten Ruf zu kommen, den nur wenn das klappt, kann Ihr Kleiner irgendwann auch die völlige Freiheit genießen.

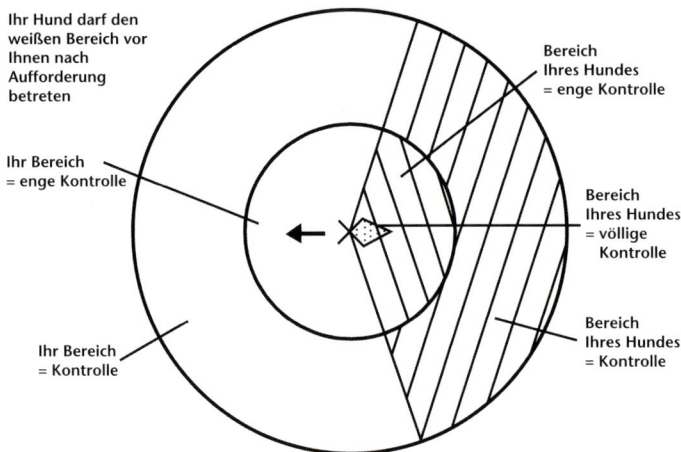

Ihr Hund darf den weißen Bereich vor Ihnen nach Aufforderung betreten

Ihr Bereich = enge Kontrolle

Ihr Bereich = Kontrolle

Bereich Ihres Hundes = enge Kontrolle

Bereich Ihres Hundes = völlige Kontrolle

Bereich Ihres Hundes = Kontrolle

Dies ist Ihr Rudelbereich. Er darf im Radius nicht größer sein als die Entfernung, in der Sie Ihren Hund noch unter Kontrolle haben, aber sollte etwa 20 bis 25 m betragen. Sie gehen voran in Ihren Raum (weißer Bereich). Der gepunktete Bereich direkt hinter Ihnen ist der Raum für Ihren Hund bei eingeschränkter Freiheit. Der kleinere Kreis um Sie ist ein Bereich der näheren Kontrolle, der große Kreis entspricht dem Kontrollbereich und außerhalb des großen Kreises erfolgt die Kontrolle auf Distanz. Ihr Hund sollte damit zufrieden sein, in dem schraffierten Bereich zu laufen oder zu spielen, bis der weiße Bereich, der Ihnen gehört, von Ihnen freigegeben wird und Sie ihn dort hinein einladen.

Training mit Belohnung

Ausgezeichnete Idee, ist aber nicht neu; verantwortungsbewusste, fürsorgliche Besitzer haben immer ihre Hunde belohnt. Leckerlis – nun gibt es eine neue Idee! Ihr Hund sollte nicht zu Ihnen kommen, weil er dafür eine Futterbelohnung bekommt, er sollte kommen, weil er Sie liebt und respektiert. Wenn Sie sich beim Heranrufen Ihres Hundes auf Leckerlis verlassen und der andere Hund oder das Kaninchen, das er gerade aufgejagt hat, ist interessanter als ein Leckerli, können Sie auch aufhören zu rufen! Aber wenn Ihr Hund Sie als Rudelführer respektiert und Sie einfühlsam miteinander umgehen, dann passt Nicht-Zurückkommen nicht in die Gleichung. Leckerlis sind im richtigen Zusammenhang gut, und zwar als besondere Belohnung. Sie können am Ende des Trainings, vor dem Schlafengehen oder immer, wenn Sie es wollen, gegeben werden, aber niemals als Bestechung, denn es ist nichts anderes, wenn ein Hund durch Futter zu gutem Benehmen „überredet" wird.

Daher müssen Sie weder Leckerlis noch Spielzeug mit auf den Spaziergang nehmen – Sie sind das Wichtigste im Leben Ihres Hundes und er ist glücklich, wenn er dem zuhören kann, was Sie zu sagen haben, und er

Es wäre zu interessant zu wissen, was ein Hund denkt.

Bleiben Sie nicht nur still vor Ihrem Hund stehen. Pip ist es gewohnt sitzen zu bleiben, während jemand vorbeigeht oder um ihn herumrennt.

wird antworten, wenn Sie geduldig genug sind, um mit ihm zu kommunizieren. Wenn Sie etwas zu spielen mitnehmen mochten, binden Sie es in ein Interessantes Spicl ein. So kann Ballwerfen viel Spaß machen, wenn es Ihren Hund zum Denken anregt. Einen Ball werfen, damit der Hund ihn zurückbringt, ist schön, einmal oder auch zweimal, aber immer wieder zu werfen kann zu einer eintönigen Übung werden und stimuliert nicht gerade sehr einen intelligenten Hund. Der Hund weiß, wenn er den Ball zurückgibt, werfen Sie ihn wieder weg und bald wird er heftig mit dem Schwanz wedeln, hoch springen oder sogar rückwärts laufen, nur um den Ball aus der Luft heraus zu fangen.

Halten Sie den Ball in einer Hand, verstecken Sie ihn hinter dem Rücken und wechseln Sie die Hand; fragen Sie den Hund, in welcher Hand der Ball ist. Fordern Sie ihn leise auf, er braucht nicht mit aufgeregter Stimme angefeuert zu werden, weil er dann nicht „arbeiten", sondern sich aufregen und vielleicht sogar bellen wird. Fragen Sie ihn ruhig und **113** wenn er das Spiel nicht versteht, zeigen Sie ihm den Ball und wiederholen Sie den Vorgang. Der Hund wird bald entscheiden, wo der Ball ist und erstaunt sein, wenn er sich irrt – Sie spielen gemeinsam ein Spiel. Er wird anfangen es für sich herauszufinden, aber was noch wichtiger ist, er schenkt Ihnen seine Aufmerksamkeit, um zu sehen, was als Nächstes kommt. Jetzt dient der Ball dazu, dass der Hund denkt und kann eine völlig andere Wirkung auf ihn und auf seine Beziehung zu Ihnen haben – anstatt, dass der Ball für Unterhaltung sorgt, sind Sie derjenige, der veranlasst, dass der Ball das Denken des Hundes fördert.

Lassen Sie Ihren Hund sitzen und gehen Sie einige Meter weiter – Ihr Hund ist nicht im Spiel. Verstecken Sie den Ball im Gras oder unter einigen Blättern, so dass der Hund ihn beim ersten Mal leicht finden kann. Fordern Sie ihn auf den Ball zu suchen und, bis er das Spiel verstanden hat, helfen Sie ihm suchen – Sie spielen gemeinsam ein Spiel. Wenn Ihr Hund das Spiel verstanden hat, wird er für sich alleine suchen und Sie beobachten – Sie sind nicht im Spiel.

Während dieser Zeit haben Sie schon eine gewisse Entfernung zurückgelegt, aber anstatt dass jeder seinen Dingen nachgegangen ist oder Sie ständig einen Ball werfen, haben Sie mir Ihrem Hund kommuniziert. Ihr Hund hat gar keine Zeit herumzulaufen und neue Gebiete zu untersuchen und abzuschnüffeln, er ist von Ihnen und von dem, was Sie zu bieten haben, gefesselt. Und was Sie ihm bieten, das sind Sie mit einem Spielzeug, das ihn zum Denken anregt, nicht ein Spielzeug für ein hirnloses Spiel! Ihr Hund hat Spaß daran und freut sich auf alles, was Sie mit ihm unternehmen, weil Sie plötzlich sehr interessant geworden sind; Sie haben auch die Kontrolle. Sie haben den Ball, Sie beginnen das Spiel, Sie verstecken ihn und Sie bestimmen, wer wann im Spiel ist. Wenn Sie Ihrem Hund zum Ende des Spiels eine Belohnung geben wollen, geben Sie ihm ein Leckerli, es ist aber nicht notwendig und es ist besser, wenn es eines am Ende des Spaziergangs oder zu Hause gibt. Sie werden merken, wenn Sie Ihrem Hund Leckerlis während des Spiels oder des Spaziergangs geben, wird er anfangen danach zu suchen und Verführung durch das Futter verursacht Aufregung, die dem Denken nicht zugute kommt!

Nehmen wir wieder Pip als Beispiel. Er gibt Leuten, die er trifft, die Pfote. Das ist seine Art „Hallo" zu sagen – ohne jede Aufregung. Er tut es, wenn er darum gebeten wird; danach wird er getätschelt und gelobt („Guter Junge") und er zieht glücklich von dannen. Wenn er eine Belohnung erhält (und einige Leute haben ihm fürs Pfotegeben ein Leckerli gegeben, was bei mir ein Stirnrunzeln und bei Pip ein Ausschalten des Gehirns verursacht hat), erwartet er jedes Mal eine Belohnung, wenn er die Pfote gibt. Bald schon tauscht er Futter gegen das Pfotegeben ein. Er bestimmt, wer was und wann tun soll, was weder von guten Manieren zeugt noch notwendig ist, denn er ist glücklich damit Pfote zu geben und ebenso glücklich seine Aufgaben zu erfüllen. Er benutzt gerne sein Gehirn, er kommuniziert gerne, er arbeitet gerne und er hat gute Manieren, warum sollte man also die Erziehung mit etwas verkomplizieren, zu dem Menschen eine Beziehung haben mögen, aber was Hunde in einem total anderen Zusammenhang sehen?

Border Collies sind gierig nach Informationen, daher achten Sie darauf, dass *Sie* derjenige sind, der diese Informationen liefert. Wenn nicht, finden sie ihre eigenen und es dauert nicht lange und sie machen Unsinn. Bewegung ist nur ein Grund für einen Spaziergang. Der andere ist die sinnvoll genutzte Zeit und die Kommunikation, um sich gegenseitig kennen zu lernen. Denn auch wenn Sie glauben Ihren Hund gut zu kennen, wird er Sie immer wieder überraschen, daher sollten Sie immer bemüht sein auf derselben Wellenlänge zu liegen. Sie müssen den goldenen Mittelweg finden und nur Sie können entscheiden, wie der aussieht. Daher ist es unerlässlich, die Motive Ihres Hundes zu verstehen und gewisse Regeln zu haben. Die Regeln sind nicht nur zum Besten für Ihren Hund, sondern auch für Sie. Es macht wenig Sinn, wenn Ihr Hund den einen Tag eine Regel beachtet und Sie diese Regel am nächsten Tag vergessen haben. Sie beide brauchen freie Zeit, Sie zum Denken oder zum Unterhalten mit jemanden, den Sie treffen, und Ihr Hund, um alle neuen Ge-

Machen Sie Ihren Spaziergang zu einem Teil des Trainings.

rüche aufzunehmen und die Umgebung zu erkunden. Aber diesen Zeitpunkt bestimmen Sie – erlauben Sie Ihrem Hund nicht, dass er Sie auf den nächsten Grünstreifen zieht, nur weil er meint, er müsse die örtlichen Gerüche kontrollieren. Angenommen Ihr Hund möchte die Gegend auskundschaften, aber wer ist er, dass er entscheiden kann, ob Sie nicht in dem Moment andere Pläne haben? Lassen Sie Ihn einen Augenblick warten und dann, wenn Sie bereit sind, lassen Sie ihm seinen Spaß.

Erfreuen Sie sich an der freien Zeit, indem Sie einfach zusammen spazieren gehen (beide ohne Spiel), und ziehen Sie dann seine Aufmerksamkeit wieder auf sich. Rufen Sie ihn, wenn Sie teilweise außer Sicht sind (nicht gleich vollständig verstecken, da er das Spiel noch nicht versteht und es nicht mögen wird, wenn es Panik auslöst); so führen Sie ein neues Spiel mit Verstecken und Suchen ein. Verändern Sie Ihre Geschwindigkeit, wenn er neben Ihnen läuft, so dass Sie „langsam", „schnell" und „schneller" gehen oder sogar „joggen". Wenn er seine Geschwindigkeit an Ihre angepasst hat, benutzen Sie ein entsprechendes Kommando (z. B. „Gehen"), das er mit der Geschwindigkeit assoziieren kann. Ändern Sie die Richtung, wenn er es am wenigsten erwartet, und freuen Sie sich über seinen erwartungsvollen Gesichtsausdruck, wenn er versucht herauszufinden, was Sie als Nächstes vorhaben. Ich empfehle den Richtungswechsel nicht als eine Methode für das Bei-Fuß-Training, da die meisten Border Collies schlau genug sind, Ihnen eine Nasenlänge voraus zu sein, und genau das ist der Grund, warum dies ein ausgezeichnetes Spiel ist. Ein **115**

Wenn ein Hund beim Spiel zu aufgeregt wird (achten Sie auf die Rute), sollte man das Spiel abbrechen und ihm eine andere Denkaufgabe geben.

Lieblingszeitvertreib von mir ist es, sich die „Sprechblase" über dem Kopf meines Hundes vorzustellen, d. h. versuchen herauszufinden, was der Hund sagt, und sich mit ihm zu „unterhalten". Wenn Sie etwas tun, was einen nachdenklichen Gesichtsausdruck verursacht, stellen Sie sich vor, was er Ihnen sagen will und antworten Sie ihm. Das alles gehört dazu Spaß mit seinem Hund zu haben, aber achten Sie darauf, dass Sie niemand hört, denn sonst ernten Sie selber vielleicht merkwürdige Blicke von anderen Menschen! Nicht alle Hunde mögen all diese Spiele, daher liegt es an Ihnen sich Wege zum Arbeiten und Spielen auszudenken, Methoden zu finden, die ihr Hund mag, und alle Möglichkeiten zusammen auszuprobieren.

Warten Sie beim Spaziergang mit dem Training nicht so lange, bis Ihr Hund ungehorsam ist – Vorbeugen ist besser als Heilen. Nutzen Sie Ihren privaten Bereich zum Üben der grundlegenden Kontrolle. Garten, Hof oder Garage sind alles ruhige Plätze, wo Sie üben können und Ablenkungen arrangieren können, um Ihre Kontrolle zu überprüfen. Sie müssen keine komplizierten Übungen absolvieren; das kommt später, wenn Sie sich entscheiden eine Stufe höher zu trainieren. Am Anfang brauchen Sie nur die Grundkommandos – Sitz, Platz, Bleib, Warten, Komm. Sie müssen auch nicht beunruhigt sein, wenn Ihr Hund anscheinend eine Aversion gegen das Sitzen hat, da es für einen Border Collie keine natürliche Position ist und viele sich lieber hinlegen. Zu Beginn des Trainings müssen Sie nur darauf bedacht sein, dass Sie Ihren Hund stoppen können, wenn **116** Sie es wollen. Beschäftigen Sie sich später mit anderen Positionen.

Wenn einem Hund die Grundregeln beigebracht wurden und er allein gelassen wird, erfindet er neue Spiele. Z. B. darf der Hund nicht in den Ball beißen, aber er spielt stundenlang damit Fußball, indem er ihn hin und her rollt.

Wenn Sie vom Welpenalter an die Grundlagen geübt haben, sind die meisten Kommandos Bestandteil des täglichen Vokabulars des Hundes. Nun müssen Sie nur sicherstellen, dass Sie auch bei Ablenkungen die Kontrolle behalten. Geben Sie den Befehl „Bleib" und gehen Sie im Kreis um Ihren Hund herum. Dadurch gewöhnt er sich daran Ihnen nicht zu folgen, wenn Sie sich bewegen. Ziehen Sie den Kreis immer größer und führen Sie allmählich mehr Bewegungen durch. Wenn Ihr Hund sitzen oder liegen bleibt, während Sie hüpfen und mit den Armen winken (ich empfehle absolute Privatsphäre für diese Übung), sind Sie bereit für die nächste Stufe. Versuchen Sie nun, dass Ihr Hund „bleibt", wenn eine andere Person hinzukommt, jemand, der mit Ihnen spricht, um Sie herumgeht und zu dem der Hund sehr gerne gehen würde. Verwenden Sie dieselbe Methode, um die Rangordnung zu klären, nur Sie und Ihr Hund auf Ihrem eigenen Territorium, wobei der Hund hinter Ihnen geht. Wenn Sie zufrieden sind und die Kontrolle haben, lassen Sie eine dritte Partei ins Spiel kommen.

Kommen Sie auch hier nicht in die Versuchung mit Bestechung zu arbeiten. Wenn Sie mir Ihrem Hund auf dem Bürgersteig spazieren gehen und er rennt weg, um jemanden auf der anderen Straßenseite zu begrüßen, haben Sie vielleicht keine Ablenkung dabei und sogar wenn, wäre sie sicherlich nicht interessant genug. Diese Grundlagen zu vernachlässigen kann zu einem Unglück führen. Wenn sich Ihr Hund beim Training nicht mehr konzentriert, lässt die Aufmerksamkeit nach, wogegen sich ein **117**

Hund aber tatsächlich stundenlang auf seine Beute konzentrieren kann – er bleibt nur aufmerksam für etwas, das ihn interessiert. Sie müssen interessanter sein als ein Spielzeug oder ein Leckerli, Ihr Hund muss sich auf Sie konzentrieren!

Wenn Sie Ihrem Hund die menschliche Sprache beibringen, denken Sie daran, dass es für ihn nur Töne sind. Wenn Sie das berücksichtigen, wird die Wortassoziation einfacher und verhindert, dass Sie Ihren Hund verwirren. Das Wort „Down" ist vielleicht das Kommando für Hinlegen, aber wenn es mit dieser Handlung verknüpft ist, kann man es nicht dazu gebrauchen den Hund vom Hochspringen abzuhalten. Hierzu muss ein anderer Befehl gewählt werden wie „Runter" oder „Nein". Letzteres ist ein ausgezeichnetes Kommando, da es dem Welpen ja schon vom ersten Tag an beigebracht wurde. Er assoziiert diesen Klang mit einer Umkehrung seiner Handlung – „was immer ich auch tue, es ist falsch und das Gegenteil ist gewöhnlich gewünscht". Clevere kleine Hunde wissen bald, was „Nein" bedeutet, und führen das nächste Kommando schon aus, bevor Sie es ausgesprochen haben.

Wenn Sie Ihrem Hund beim Schlafengehen den Befehl „Bleib" geben, verschwenden Sie dieses Kommando, da er am nächsten Morgen nicht in derselben Position oder auf demselben Platz liegt. Daher verwenden Sie ein anderes Wort. Ich sage „Warten", wenn meine Hunde vor oder im Auto warten sollen. Ein Freund von mir verwendet hierfür ein anderes Wort und benutzt den Befehl „Warten" dazu, dem Hund mitzuteilen, dass gleich ein anderes Kommando folgt, das Konzentration erfordert. Wenn ich meine Hunde zur Konzentration rufe, sage ich „Hör zu".

Sie müssen nicht dieselben Befehle wie andere Menschen verwenden – wenn Sie sich z. B. entscheiden Nahrungsbezeichnungen für Befehle zu verwenden wie Fisch, Schinken oder Eier, ist das eben die Sprache, an die Ihr Hund gewöhnt ist! Sie müssen nur sicherstellen, dass Sie und jeder andere, der sich um Ihren Hund kümmert, mit diesen Befehlen zurechtkommen und diese keine Verwirrung stiften. Wenn Sie an einem Gruppenunterricht teilnehmen oder beim Gehorsamstraining, wenn Ihr Hund neben Ihnen geht, wählen Sie ein anderes Wort als das, was Sie sonst für die totale Kontrolle verwenden. Ich weiß, dass ich meine Kommandos verstehe, daher wähle ich einfache aus. Ich sage meinem Hund „Hinter mir" für die totale Kontrolle und wenn Sie diesen oder einen ähnlichen Befehl verwenden, können Sie „Fuß" benutzen, um den Hund in die klassische Gehorsamsposition zu bringen. Mit etwas Vorausschau kann Training sehr einfach und unkompliziert gestaltet werden.

Hauserziehung mit dem kleinen Unterschied

Wenn Sie einmal fünf Minuten Zeit haben, verschwenden Sie sie nicht damit darüber nachzudenken, was Sie tun würden, wenn Sie einmal ein Vermögen gewinnen würden, denn während Sie von einem neuen Haus träumen, plant Ihr Hund vielleicht gerade das alte zu demolieren! Sie müssen nicht draußen sein, um Ihren Hund zu erziehen; in der Tat lassen sich die interessantesten Spiele drinnen spielen und da sie in einer entspannten Atmosphäre stattfinden, tragen sie dazu bei eine partnerschaftliche Beziehung aufzubauen.

Menschen sind nicht immer sehr überzeugend als Rudelführer, aber oft groß darin Ihrem Hund zu erklären, was und wie er etwas zu spielen hat. Wenn Sie darauf bestehen einen Ball zu werfen und Ihrem Hund beibringen ihn zu apportieren, nehmen Sie ihm die Chance seinen Kopf anzustrengen und etwas für sich selbst zu erarbeiten. Übrigens – vielleicht will er auch den Ball gar nicht immer zu Ihnen zurückbringen; denn es erscheint ihm schon etwas dumm Ihnen einen Ball zu bringen, wenn Sie darauf bestehen ihn wieder wegzuwerfen! Vielleicht ist es ein Regentag und Sie haben beide genügend Bewegung für diesen Tag gehabt. Setzen Sie sich mit Ihrem Hund oder

Versuchen Sie Ihren Hund dazu zu bringen ein Spiel zu erfinden, statt es ihm aufzudiktieren.

Welpen auf den Boden und rollen Sie ihm den Ball langsam zu. Wenn Sie den Ball rollen, ohne dem Hund anzuzeigen, was er tun soll, wundern Sie sich nicht, wenn er anfängt den Ball zurückzurollen. Rollt er nur die halbe Strecke zurück, lehnen Sie sich nicht vor und nehmen ihn auf (der Hund bringt Sie dann dazu das Spiel so zu spielen), sondern ignorieren Sie ihn, bis er den Ball richtig zurückrollt. Dieses Spiel lässt sich im Garten ausgezeichnet mit einem Fußball durchführen. Der Hund darf nicht in den Ball beißen, aber er darf ihn rollen (er wird das drinnen mit dem kleinen Ball lernen) und bald haben Sie einen tollen Fußballspieler und keine kaputten Bälle.

Stellen Sie drei Behälter auf den Boden und verstecken Sie einen kleinen Ball oder ein Spielzeug unter einem, lassen Sie den Hund zuschauen und vertauschen Sie dann die Position der Gefäße. Kann Ihr Hund herausfinden, wo der Gegenstand ist? Dasselbe Objekt kann unter einer Zeitung oder dem Stuhl versteckt werden und der Hund kann es suchen, aber achten Sie immer darauf, dass der Hund denkt und nicht töricht handelt und dass Sie bestimmen, wann und wo dieses Spiel stattfindet. Wenn Sie aufhören, geben Sie dem Hund ein Signal zum Beenden, was bedeutet, dass dieses Spiel vorüber ist und er nicht auf eigene Faust das Spiel weiterführen darf. Am Ende jedes Trainings oder Spiels sollte sich Ihr Hund auch ruhig auf seinen Platz legen oder in seinen Bereich zurückziehen, damit er wieder zur Ruhe kommt und noch Zeit zum Nachdenken hat. **119**

Ein Hund ist fordernd, wenn er Ihnen etwas bringt, um die Aufmerksamkeit zu erlangen; es kann die Leine, ein Spielzeug oder die Zeitung sein und er wird darauf bestehen, dass Sie es nehmen. Irgendwann hat er Ihnen etwas gebracht und somit Aufmerksamkeit erhalten. Er hat im Gedächtnis gespeichert, dass das Bringen eines Gegenstandes zu Aufmerksamkeit führt. Er ist auch kein hervorragender Gedankenleser, wenn er gerade den Gegenstand aufnimmt, den Sie schon in Gedanken haben wollten; er achtet einfach auf Ihre Körpersprache und handelt dann eigenständig. Es gibt Zeiten, in denen dieses Verhalten amüsant und akzeptabel ist; aber Ihr Hund wäre kein Border Collie, wenn er nicht vorwitzig und humorvoll wäre, und Sie müssen entscheiden, ob sein Verhalten einfach vorwitzig war oder von schlechten Manieren zeugt. Bei jungen Hunden liegt es oft am schlechten Benehmen und wenn das nicht kontrolliert wird, kann man über solche Situationen nicht mehr lachen, wenn der Hund herangewachsen ist. Es gibt Zeit zum Spielen, zum Austesten Ihrer Geduld und zum Frechsein und eine Zeit, um Respekt und gutes Benehmen zu zeigen. Ihr Hund muss sich diese Freiheit verdienen und er kann es nicht lernen, wenn Sie ihn nicht erziehen.

Es gibt keine Altersgrenze für Erziehungsspiele.

An dieser Art Erziehung ist nichts Schwieriges und sie ist nicht abhängig von viel Platz oder gutem Wetter. Und auch hier brauchen Sie Ihren Hund weder für gutes Verhalten zu bestechen noch eine unendliche Menge an Spielzeug bereitzuhalten. Alles, was Sie brauchen, sind Sie selbst, Ihr Hund und etwas Fantasie und schon sind Sie auf dem richtigen Weg gegenseitig eine vertrauensvolle Beziehung aufzubauen.

Erziehung mit Spaß

Verlassen Sie sich beim Erziehen Ihres Hundes nicht auf Leckerlis oder Spielzeug, er sollte Ihnen seine Aufmerksamkeit schenken. Konzentrieren Sie sich auf das Aufbauen einer freundlichen Beziehung und darauf, dass das Training Spaß macht und der Hund nicht hysterisch wird. Ihr Hund lernt immer und sogar, wenn Sie glauben, dass Sie das Training beendet haben, nimmt er noch immer Informationen auf.

Lassen Sie dem Hund immer Zeit für sich selbst. Gestalten Sie Spaziergänge interessant und kommunizieren Sie immer miteinander.

Kapitel 8
Der erwachsene oder ältere Hund

Es gibt weder den perfekten Hund noch den perfekten Hundeführer. Alle Hundeführer machen Fehler und Hunde merken sofort die kleinste Inkonsequenz und ziehen daraus ihren Vorteil. Sie können einem alten Hund neue Tricks beibringen, aber leider sind Menschen zu häufig festgefahren und sehen dann nicht mehr, dass sie selber noch lernen und von ihrem Hund lernen können! Sogar der gewissenhafteste Besitzer, der für seinen Welpen Zeit und Geduld aufgebracht hat, kann meinen, er habe es mit einem eigenwilligen erwachsenen Hund zu tun, sobald dieser die Ein-Jahr-Marke überschritten hat. Wenn jedoch die Grundlagen gefestigt sind und die weitere Erziehung sorgfältig vorgenommen wurde, sollte ein ausreichendes Verständnis zwischen Hund und Hundeführer bestehen, so dass die Probleme keine großen Konsequenzen nach sich ziehen. Aber der ältere Hund oder der Hund aus dem Tierheim, der in Ihr Haus kommt, kann für neue Probleme sorgen und auch wenn er sogar eine gute Grunderziehung erhalten hat (was aber unwahrscheinlich ist), werden Sie dies leider kaum merken. Tatsächlich ist es weit wahrscheinlicher, dass in der Vergangenheit des Hundes die Ursachen für seine Probleme zu suchen sind und Sie nicht den Schlüssel für diese Informationen haben, um die Erziehung oder Rehabilitierung zu erleichtern.

Sie haben vielleicht einen eigensinnigen Junghund, einen älteren Hund oder einen aus dem Tierheim, aber die Probleme sind immer ähnlich: Ziehen an der Leine, schlechtes Kommen auf Rufen, fehlende Konzentration, keine Führerbezogenheit, Jagen von Autos oder Vögeln, starrer Blick. Wenn diese Probleme nicht angegangen werden, kann die Situation eskalieren und zu Beschädigungen, Schnappen, Weglaufen und Aggressionen gegenüber anderen Hunden und Menschen führen, wobei der Hund auch seinem Besitzer gegenüber Aggression zeigen kann.

Einen schlecht erzogenen Hund zu haben ist kein Vergnügen und einer, der keinen Respekt seinem Besitzer gegenüber zeigt, wird schnell zum Problem. Leider ist Hilfe für diese Art von Hunden nicht immer sofort verfügbar, da es eine Modeerscheinung ist zu behaupten, es sei unvermeidlich, dass Border Collies bestimmte Eigenschaften aufweisen **121**

Aufmerksam wird beobachtet, was hinter dem Zaun vor sich geht.

und diese zu akzeptieren seien. Ich nenne das die „Border Collies tun es eben"-Masche – Border Collies jagen, zerstören, ziehen, schnappen. Diese Vorurteile schaden dieser Rasse, denn Border Collies sind nicht so. Es ist alles eine Sache der Erziehung.

Ich glaube, es gibt keine schlechten Hunde. Hunde mit Problemen sind entweder das Resultat falscher Behandlung oder schlechter Zucht und beides geht auf menschliche Fehler zurück. Im Falle der schlechten Zucht gibt es meiner Meinung nach keine Entschuldigung. Die Zukunft des Border Collies ist abhängig von guter Zucht und Züchten nach dem echten Rassetyp. Wenn ein Hund genetische Fehler aufweist, muss der Züchter die Verantwortung dafür übernehmen. Dem gewissenhaftesten Züchter kann es passieren, dass Merkmale von Vorfahren wieder durchkommen, aber wenn richtig nachgeforscht wurde, besteht meist kein ernstes Problem und die vererbten Merkmale betreffen nur die Farbe. Ist der Fehler aber schwerer, wurden die Hausaufgaben vermutlich nicht gründlich gemacht. Zur Verteidigung von guten Züchtern ist zu sagen, dass es einem das Herz bricht, wenn man einen guten Welpen züchtet und dann herausfindet, dass der neue Besitzer, der mit Referenzen kommt, in Wirklichkeit nichts über Hunde weiß. Oder noch schlimmer, die Referenzen waren gut, aber der neue Besitzer zieht es vor, alle Ratschläge, die er bekommen hat (und niemand kennt die Zuchtlinie besser als der Züchter), in den Wind zu schlagen, und dann beklagt er sich, der Hund sei eigensinnig.

Selbst ein Hund aus bester Zucht mit einer soliden Grunderziehung wird leiden, wenn er grausam behandelt wird, und leider ist es eine traurige Wahrheit, dass Tierheime voll sind von Hunden aller Rassen, die missbraucht oder ausgesetzt wurden. Als ich dieses geschrieben habe, war die Anzahl der Border Collies, die vernachlässigt oder misshandelt wurden und ein neues Zuhause suchen, so hoch wie nie. Die Intelligenz und Loyalität der Rasse hat ihr Popularität in allen Lebensbereichen eingebracht, aber ihre Vielseitigkeit und Anpassungsfähigkeit hat die Hunde auch in Situationen gebracht, in denen sie nur leiden können. Viel zu viele werden missverstanden. In einigen Fällen machen die Besitzer keine Anstalten sich an die Bedürfnisse ihrer Hunde anzupassen, wogegen in anderen Fällen die Besitzer mit allen Mitteln versuchen ihren Hunden das Verständnis entgegenzubringen, das sie nach ihrer Meinung brauchen, so dass sie sich mit Erziehungshilfsmitteln verzettelt haben. Die Besitzer wenden Methoden an wie Würgehalsbänder, Wasserspritzen, zusammengerollte Zeitungen, Schütteln am Genick oder so viele Leckerli, dass der Hund droht fett zu werden. Ein Koffer wäre nötig, um alle notwendigen Hilfsmittel bei Bedarf parat zu haben!

Wenn Sie ein Problem mit einem jungen Hund haben, haben Sie entweder selber gezüchtet oder einen Welpen gekauft und können daher seine Geschichte nachverfolgen und den Grund für die fehlende Kommunikation finden. Wenn Ihr Hund aus dem Tierheim kommt oder aus irgendeinem anderen Grund sein Zuhause wechseln musste, müssen Sie Detektivarbeit leisten, wenn Sie seine Vorgeschichte nicht kennen.

Zu Anfang sollten Sie feststellen, welchen Typ von Hund Sie haben. Ist er kurz- oder langhaarig, hat er Stehohren, hat er einen sanften oder stechenden Blick? Aus den vorigen Kapiteln wissen wir, dass ein stehohriger, kurzhaariger Hund genetisch bedingt aktiver sein kann als seine langhaarigen Vettern. Ist er nervös? Wenn ja, ist er ängstlich oder nur scheu? Gibt es Anzeichen von Aggression und falls ja, ist es dominante oder nervöse Aggression? Wenn Sie einige Charaktereigenschaften und das Temperament Ihres Hundes erkannt haben, sind Sie auf dem besten Weg die Gründe für die Probleme zu finden.

Zunächst sollte die Ernährung analysiert werden. Ist der Hund voller Energie oder hyperaktiv? Wenn ja, sollten Sie den Energiegehalt des Futter überprüfen. Falls er ein bei Ihnen aufgezogener Junghund ist, der unter Pubertätsproblemen leidet, was haben Sie ihm als Welpe gefüttert und wie lange? Wenn Sie ihn nicht aufgezogen haben, können Sie etwas über seine frühere Ernährung herausbekommen? Wenn nicht, sollten Sie davon ausgehen, dass er etwas energieärmer gefüttert werden sollte.

Wenn Sie vom ersten Tag an die Rudelführerposition einnehmen, wird der Hund in Ihnen auch Stärke finden.

Ist der Hund beim ISDS, Kennel Club oder VDH registriert? Wenn ja, können Sie seinen Stammbaum zurückverfolgen und herausfinden, ob offensichtliche genetische Defekte oder Probleme vorliegen.

Jetzt sollte die Vorgeschichte des Hundes etwas klarer sein und Sie können beginnen die Probleme anzugehen. Die in den ersten Kapiteln erwähnte Grunderziehung sollte gefestigt sein. Wenn es darin Mängel gibt (und das muss es, sonst gäbe es kein Problem), muss man wieder zur Basis zurückkehren. Mit anderen Worten, Sie müssen mit der Erziehung wieder von vorne beginnen. Der Vorteil bei der Erziehung des selbst aufgezogenen Hundes, der Probleme hat, ist der, dass man den Hintergrund kennt. Es bedeutet leider aber auch, dass der Hund lange Zeit seinen eigenen Weg im Rudel gegangen ist und vermutlich die Führung übernommen hat. Kein Führer mag gerne zurückgestuft werden. Bei einem Neuling in Ihrem Heim haben Sie vielleicht nicht den Vorteil, dass Sie seine Vorgeschichte kennen, aber er kennt auch nicht Ihr Territorium. Wenn Sie vom ersten Tag an die Führerposition einnehmen, wird der Hund nicht nur Ihre Führung akzeptieren, sondern wird in Ihnen auch Stärke finden, wodurch er in der Lage sein wird, Menschen eher früher als später zu trauen.

Wenn es ein offensichtliches Problem im Verhalten Ihres Hundes gibt, wird es wahrscheinlich noch mehr geben, die sich noch nicht offenbart oder die Sie noch nicht bemerkt haben. Wenn in einer Mauer ein Ziegel-

Oben: Floss zieht und übernimmt die Rolle des Anführers.

Unten: Floss muss hinten warten und darf nicht ohne Erlaubnis nach vorne kommen.

Oben: Floss bekommt die Erlaubnis nach vorne zu kommen, aber sie muss in ihrem Bereich bleiben und darf nicht auf gleicher Höhe wie der Mensch gehen. Die Körper-sprache des Menschen verdeutlicht das dem Hund.

Unten: Der Hundeführer kann nun weitergehen und der Körper ist entspannter. Floss ist in einer Position, aus der sie alles beobachten kann, aber die ihrer Rudelposition entspricht.

Oben: Ohne Leine können nun Hund und Hundeführer kilometerweit zusammen laufen. Floss kann in den Bereich ihres Menschen jederzeit eingeladen werden.

Wenn Ihr Hund seinen Bereich hinter Ihnen anerkennt und Sie spazieren gehen können, ohne ihn daran erinnern zu müssen, dann laden Sie ihn nach vorne in einen von Ihnen gewünschten Bereich ein.

Unten: Floss demonstriert „Bei-Fuß-Gehen" für einen Obedience-Wettkampf.

stein fehlt, besteht die Gefahr, dass die Positionen der anderen Steine beeinflusst werden, wodurch die Struktur geschwächt wird. Beispielsweise ist ein Hund, der an der Leine zieht, ein Problem, aber warum zieht er? Er übernimmt offensichtlich selber die Kontrolle über den Spaziergang und wird dies zweifellos auch in anderen Lebensbereichen seines Besitzers tun. Es kann sehr subtil sein, aber es ist da. Es gibt Erziehungshilfen für alle Arten von Problemen und Leinenführigkeit ist keine Ausnahme. Es gibt Geschirre, Haltis und natürlich die Würgeketten, der Albtraum jedes Border Collies. Es ist, als würde man einem aggressiven Hund einen Maulkorb anlegen und sagen: „Mein Hund war bissig, ist jetzt aber in Ordnung." Es ist immer noch derselbe Hund mit derselben Einstellung, er kann es nur nicht ausleben, solange er den Maulkorb trägt. Die gesamte Erziehung muss angegangen werden und nicht nur ein einzelnes Problem.

Leinenführigkeit

Das Leinenführigkeitsproblem ist nicht schwer zu lösen, wenn der Besitzer es aus der Sicht des Hundes sieht. Der Hund übernimmt das Kommando und die Führung, denn der Besitzer hat versehentlich den Hund glauben gemacht, er sei der Führer. Wir alle wollen glauben, unsere Hunde sind schlau. Wenn Sie Schuhe und Mantel anziehen, die Sie gewöhnlich für den Gassigang tragen, bewundern Sie vermutlich die schnelle Reaktion Ihres Hundes, der seine Leine holt. Oder vielleicht nehmen Sie die Leine in die Hand und Ihr Hund wird aufgeregt zur Tür rennen. Egal wie, wenn Sie die Tür erreichen, ist Ihr Hund schon ganz rappelig vor Aufregung über den bevorstehenden Spaziergang. Aber was für ein Recht hat Ihr Hund anzunehmen, Sie würden mit ihm spazieren gehen, weil Sie die Leine nehmen und Ihren Mantel anziehen? Als er jung war, haben Sie vielleicht gefördert, dass er die Leine holt oder gesagt „Sollen wir jetzt gehen?" oder „Bist du fertig?". Es gibt keinen Grund, warum der Hund sich nicht auf den Spaziergang freuen sollte, aber er sollte nicht erwarten, dass Sie ihn mitnehmen. Der Unterschied ist gering, aber Ihr Hund muss erkennen, dass Sie das Sagen haben und wenn Sie die Leine aufnehmen, woanders hinbringen und wieder hinlegen, hat er kein Recht eine Szene zu machen, nur weil die Dinge nicht nach seinem Kopf gehen. Immer wenn Sie mit ihm spazieren gehen wollen, sollte er seine Begeisterung zeigen, aber warten, bis Sie fertig sind, und auch warten, während Sie zuerst aus der Tür gehen. Somit gehen Sie los und haben Kontrolle über die Situation.

Vielleicht lassen Sie Ihren Hund nicht die ersten Schritte bestimmen, aber warum zieht er immer noch? Was machen Sie auf dem restlichen Spaziergang? Wenn Sie immer denselben Weg gehen, scheint es keine

Rolle zu spielen, ob Ihr Hund vorausläuft, aber ihm signalisieren Sie so, dass Sie ihm zu seinem üblichen Platz folgen. Wenn Sie die Leine lösen, wartet er, bis er die Erlaubnis bekommt loszulaufen oder nutzt er seine Freiheit und schießt davon? Wenn er frei läuft, wie weit läuft er, achtet er auf Sie oder kommt er erst zurück, wenn er dazu bereit ist? Wenn Sie nicht ehrlich behaupten können, dass Ihr Hund auf den ersten Ruf kommt, auch wenn er abgelenkt wird, dass er nicht zu weit voraus rennt und immer darauf achtet, was Sie tun, auch wenn er frei läuft, dann bestimmt der Hund, was erlaubt ist!

Denken Sie an die Grundregeln im Rudel. Wenn Sie Ihrem Junghund zu früh erlauben zu weit voraus zu laufen, fällt er bald seine eigenen Entscheidungen.

Viele Border Collies werden durch Konditionierung erzogen; sie werden dazu erzogen, in bestimmten Situationen auf eine gewisse Art zu reagieren. Z. B. beklagen sich viele Hundebesitzer, die mit ihren Hunden Erziehungskurse besuchen, dass, obwohl sich ihr Hund im Kurs gut benimmt und weder an der Leine zieht noch sich unerwünscht verhält, auf dem Weg nach Hause und für die restliche Woche ein Monster ist. Dieser Hund wurde dazu erzogen sich im Kurs zu benehmen, aber der Besitzer hat es nicht geschafft, dass der Hund ihn auch außerhalb des Kurses respektiert. Ähnlich habe ich Border Collies im Obedience-Ring gewinnen und danach ihre Besitzer zum Auto ziehen sehen. Sie sind darauf trainiert, bestimmte Aktionen in gewissen gewohnten Umgebungen zu zeigen. Lassen Sie uns wieder zu Pip zurückkehren. Er ist im Fernsehen aufgetreten, hat zahlreiche Foto-Shootings hinter sich und ist normalerweise ein aktiver, kleiner Kumpel. Wenn eine Kamera auf ihn gerichtet wird und er warten soll, posiert er weit länger, als er gewöhnliche still halten würde, wenn es nichts zu beobachten oder zu tun gibt. Er ist darauf konditioniert oder dazu erzogen; er ist auch ein Angeber und beim Posieren genießt er die Aufmerksamkeit. Der Hund im Kurs und im Ring erhält auch Aufmerksamkeit und die Einstellung des Besitzers ändert sich, wenn er den Hundeplatz oder den Wettkampfplatz verlässt. Das bestätigt dem Hund die Tatsache, dass er nicht auf dieselbe Weise auf seinen Besitzer reagieren muss, wenn er nicht dazu erzogen bzw. darauf konditioniert wurde.

Die jungen (oder unerzogenen) Rudelmitglieder verlassen nicht den Verantwortungsbereich des Rudels, bis sie die Regeln und den Rudelführer verstehen und respektieren.

Die Prinzipien der Positionen im Rudel bei Hund und Hundeführer sind wichtig. Sie müssen der Führer sein und Ihr Hund gehört zu Ihrem Rudel, aber Sie sind kein sehr überzeugender Führer, wenn Ihr Hund ständig voraus läuft. Wie schon im Erziehungskapitel beschrieben, ist der Platz des Hundes hinter Ihnen und Ihr Raum liegt vor Ihnen und Ihr Hund sollte nicht meinen, er könne Ihren Raum betreten, ohne dass **129**

Sie ihm die Erlaubnis dafür erteilt haben. Wenn Ihr Hund an Ihrer Seite läuft mit seiner Schulter auf Kniehöhe und seinem Kopf vor Ihnen, nimmt er die Rolle als Führer ein; er ist vor Ihnen. Können Sie sich vorstellen, dass der Indianerhäuptling mit einer halben Pferdelänge hinter seinen Kriegern reitet oder der General damit zufrieden ist seinen Männern zu folgen, während er versucht das Kommando zu behalten?

Viele der modernen Erziehungsmethoden sind modeabhängig und bei einer Rasse wie dem schlagfertigen Border Collie sind diese Methoden oft die Entschuldigung dafür, dass der Hund den Besitzer trainiert! Wenn Sie für einen Wettbewerb trainieren, muss Ihr Hund wahrscheinlich leicht vor Ihnen laufen und seinen Kopf zu Ihnen drehen und Sie anschauen. Der Hund, der gelernt hat, hinter Ihnen zu gehen, wird kein Problem damit haben in Ihren Bereich einzutreten und zu lernen, wie man für den speziellen Wettbewerb läuft. So weit ich weiß, gibt es keine Regel, dass ein Hund auf diese Weise im Ring laufen muss, aber es ist Mode und daher in den Augen der Richter besser. Aus der Sicht des Hundes hindert ihn das am natürlichen Laufen, da kein Hund normalerweise mit zur Seite gedrehtem Kopf laufen würde, und es ist widersinnig ihn vor dem Führer zu platzieren und dann darauf zu bestehen, dass er zu ihm hochschaut. Die Theorie sagt, dass sich der Hund dadurch auf seinen Führer konzentriert, aber sowohl Führhunde als auch Hütehunde widerlegen diese Theorie! Wenn Sie verstehen, welches Verhältnis der Hund zu dieser Position hat und dass Wettkampf nicht dasselbe ist wie gutes Benehmen, können Sie diese beiden Dinge trennen.

Versuchen Sie nun Ihren Hund an der Leine zu führen, während Sie Ihre Aktionen und die Reaktionen des Hundes sehr sorgfältig beobachten. Wenn Ihr Hund nach vorne geht und an der Leine zieht und Sie „Fuß" sagen und ihn zurückziehen, wie empfindet das Ihr Hund? Wenn ich der Hund wäre, würde ich denken, ich darf vorne laufen – wie schön, ich habe die Kontrolle – aber dann ziehen Sie mich zurück und sagen so etwas wie „Fuß" und manchmal werde ich gestreichelt, manchmal bekomme ich ein Leckerli oder es baumelt sogar ein Spielzeug vor meiner Nase.

Was immer auch geschieht, ich will nicht das Kommando, das Streicheln oder das Leckerli, bis ich getan habe, was ich will, und zwar meinen Besitzer hinter mir her zu ziehen! Das ist die Art, wie der Hund dies sieht, und es wird bestätigt durch die Vielzahl an Hunden, die an der Leine ziehen, aber ohne Leine besser laufen (sie sind darauf konditioniert, an der Leine zu ziehen). Auch diese Hunde laufen hinter mir, wenn ich darauf bestehe und ein anderes Kommando einführe, aber wenn sie zu Ihren Besitzern zurückkehren, ziehen sie, sobald sie das Kommando „Fuß" hören.

Der Rudelführer erzieht seine Rudelmitglieder nicht, indem er sie ständig zurückbringt; sie dürfen einfach nicht nach vorne gehen! Also drehen Sie die Situation um und lassen Sie Ihren Hund hinter sich sitzen und warten, während Sie nach vorne in Ihren Raum gehen. Fordern Sie jetzt Ihren Hund auf Ihnen langsam zu folgen, wobei er nur den verfügbaren Raum hinter Ihnen benutzen darf. Er darf nicht an Ihren Beinen vorbeilaufen oder versuchen Ihren Raum zu betreten. Sie werden nur langsam Fortschritte machen, aber Sie haben es mit einem intelligenten Hund zu tun und einem, der Regeln mag, wenn er sie versteht. Ihr Hund braucht nicht lange, um zu verstehen, dass er keine vorrangige Position einnehmen kann, und immer, wenn er es versucht, lassen Sie ihn sitzen und warten, während Sie den Abstand zum Rudelführer wieder vergrößern. Zeigen Sie Schwäche und erlauben ihm sich einen Vorteil zu verschaffen, steigt er von Position A nach B auf mit einigen Punkten auf seinem Konto, aber wenn er versteht, dass er nicht von A nach B gelangt, wenn er sich nicht nach Ihnen richtet, wird er sich bald in die neue Ordnung einfügen.

Es ist nicht notwendig ihn ständig daran zu erinnern; er wird bald lernen, dass, wenn er verlangsamt, bevor er Ihren Raum erreicht, den Spaziergang fortsetzen darf. Diese Methode funktioniert bei mehr als einem Problem. Sie zeigt Ihrem Hund die richtige Position in der Rangordnung, er muss sich auf das erste Kommando hinsetzen und er darf sich nicht von der Warteposition wegbewegen, bis es ihm erlaubt wird. Ihr Hund soll sich außerdem nach Ihrem Tempo richten (beschleunigen Sie niemals Ihren Schritt, um sich dem Hund anzupassen). Aber noch wichtiger ist, dass Sie ständig mit Ihrem Hund kommunizieren und er beginnt sich auf Sie zu konzentrieren (wenn nicht und wenn er lieber am Straßenrand schnüffelt, rufen Sie ihn wieder zur Ordnung, bis er um Erlaubnis fragt). Beim Laufen können Sie dem Hund die Erlaubnis erteilen sich im Rudelbereich frei zu bewegen. Jedoch ein Wort der Warnung – wenn Ihr Hund an den Befehl „Fuß" gewöhnt ist und ihn mit Vorlaufen oder Ziehen assoziiert, müssen Sie ein neues Kommando für dieses neue Spiel einführen. „Hinter mir" oder „Zurück" sind bequeme Kommandos, wogegen „Fuß" Ihren Hund dazu bringt vorzulaufen.

Was ist mit den Erziehungshilfsmitteln? Sie sind großartig, wenn Sie das Risiko von noch mehr Problemen eingehen wollen! Die zusammengerollte Zeitung kann einen introvertierten Hund nervös und eine extrovertierten aggressiv machen. Die Wasserspritze kann dieselbe Wirkung erzielen, aber viele Border Collies lieben das Wasser auf dem Fell. Die Würgekette ist ein Folterwerkzeug und nicht erwähnenswert. Wenn ein Hund nicht von seinem Besitzer kontrolliert werden kann, ohne gezwickt, drangsaliert, gezogen oder gewürgt zu werden, dann ist es Zeit, um ernsthaft über die Beziehung der beiden nachzudenken, und Ziel sollte es sein, diese zu verbessern, anstatt ein Hilfsmittel zu verwenden, das dem Hund entweder seinen Stolz nimmt oder ihn überheblich und aufsässig werden lässt!

Jagen und Zerstörungswut

Jagen fällt in die Kategorie „Border Collies tun es eben". Traurigerweise bringen Border Collies, die jagen, ihre Rasse in Verruf, und zwar nicht durch eigene Schuld. Es ist einfach, den Hüteinstinkt für das Jagen und Zerstören verantwortlich zu machen. Ich habe mit so vielen Betroffenen gesprochen und finde es nicht nur traurig, dass diese Schlüsse gezogen werden, sondern auch, dass die besorgten Besitzer dem Gefühl überlassen werden, sie hätten einen Hund, den sie nicht unter Kontrolle bringen könnten. Hütehunde sollten weder etwas kaputt machen noch etwas hinterher jagen. Der Instinkt, den der Schäfer bei seinem Hund pflegt, ist der Trieb zum Hüten und Zusammentreiben und der Hund soll sein Gehirn und sein „Auge" benutzen, um das Vieh zu kontrollieren, und nicht seine Zähne. Wenn und wann der Hütehund seine Zähne einsetzt, sollte kontrolliert auf einen bestimmten Befehl hin erfolgen. Jedoch ist kein Hund perfekt und der beste Hütehund kann seine Beherrschung verlieren und in einem unbedachten Moment zuschnappen. Aber wenn der Hund dann bestärkt anstatt entmutigt wird, dies zu tun, kann es zu ernsthaften Konsequenzen führen.

Jagen und Zerstörungswut sind Bestandteile desselben Problems und gewöhnlich durch falsche Kontrolle der Instinkte verursacht.

Hunde sind Rudeltiere und der Wolfsinstinkt ist bei den meisten Rasse noch verborgen vorhanden. Wird dieser Instinkt gefördert, kommt er aber zutage und viele Besitzer fördern die falschen Instinkte, ohne zu erkennen, was sie damit anrichten. Damit ein Rudel von Wölfen oder Hunden erfolgreich jagen kann, müssen die Tiere zusammentreiben, hüten, anschleichen, anstarren, fangen, einholen und töten können. Alle Mitglieder sind genetisch dazu ausgerüstet alle erforderlichen Arbeiten erledigen zu können, aber jeder Einzelne hat eine bestimmte Aufgabe zu erfüllen. Der Border Collie besitzt alle erforderlichen Gene, um die Arbeit, zu der er gezüchtet wurde, erledigen zu können, aber er ist für einige Aufgaben besser geeignet als für andere. Im Falle des Hütehundes wird, falls er eine starke Tendenz zum Zupacken hat, dies gebremst und der Trieb zum Zusammentreiben wird gefördert. Wenn er zu viel „Auge" zeigt, wird er daran gehindert am Feldrand zu sitzen und auf die Schafe zu starren und wenn er zu wenig „Auge" zeigt, wird er dazu ermutigt mit seinem Führer auf die Schafe zuzugehen, damit er Vertrauen gewinnt. Die Erziehung eines Hütehundes unterscheidet sich nicht von der eines Begleithundes. Der Begleithund wird für eine andere Arbeit trainiert, aber es ist immer noch derselbe Hund mit denselben Instinkten und der Intelligenz und daher ist in demselben Ausmaß die Kontrolle über die Instinkte erforderlich, wenn auch aus anderen Gründen.

Wenn einem Welpen erlaubt wird, sein Umfeld kaputt zu machen, wächst er auf, ohne zu wissen, wofür er seine Zähne einsetzen darf und

Bei der Hütearbeit setzt der Border Collie sein „Auge" ein.

wofür nicht. Seine Mutter hätte ihn unmissverständlich diszipliniert, wenn er mit ihr versucht hätte zu spielen, wie er mit seinen Geschwistern spielt. Der Welpe, der mit älteren Hunden aufwächst, die ihren Rudelinstinkt in ihrem eigenen Bereich bewahren durften, wird merken, dass er nur so viel Freiheit bekommt, bis ihn die älteren Rudelmitglieder in seine Schranken weisen. Niemals darf ein Welpe seine Zähne bei einem anderen Rudelmitglied einsetzen mit Ausnahme bei erzieherischen Spielen, die aber zum Erlernen der Jagd dienen.

Der Begleithund wird viel zu oft darin bestärkt seine Zähne zu benutzen – er schüttelt einen Ball, spielt Zerrspiele oder beißt in die Leine, um sie in seinen Besitz zu bekommen. Er wird auch darin bestärkt zu jagen, wenn er hinter Bällen, Stöcken, anderen Hunden oder Vögeln beim Spaziergang hinterherlaufen soll; all dies fördert einen Instinkt, der nicht wirklich gebraucht wird. Der Hund wird bald hysterisch, wenn er seine Beute nicht bekommt, daher endet die Jagd auf Vögel, Flugzeuge und Autos häufig in Gebell, dann kommt das Bellen vor dem Jagen und ersetzt es schließlich ganz. Autos können als leichte Beute angesehen werden, daher macht die Jagd bald süchtig und besessen, beginnend mit der Erregung bei der Jagd, wobei der Hund seine Geschicklichkeit beim Anpirschen, Anstarren, Jagen und wahrscheinlich Kläffen, wenn das Auto verschwindet, einsetzt.

Wenn Sie mit Ihrem Hund spazieren gehen und er Autos jagt, gibt es mehr als ein Problem. Der Hund ist nicht auf Sie konzentriert und darauf Ihnen zu gefallen und er ist nicht leinenführig. Für eine nachhaltige **133**

Korrektur muss der Hund zunächst lernen hinter Ihnen zu laufen, wodurch er Ihrer Anwesenheit mehr bewusst wird und ihm klar wird, dass Sie der Rudelführer sind. Auf kurze Sicht müssen Sie Ihre Einstellung und die Körpersprache gegenüber Ihrem Hund ändern. Wenn Sie in Ihrer Umgebung ein Auto entdecken, zeigen Sie vermutlich eine Veränderung Ihrer Körperspannung, die dem Hund anzeigt, dass Sie das Auto entdeckt haben und auch darauf reagieren. Das ist die erste Stufe, wie Ihr Hund Sie beeinflusst! Die einfachste und schnellste Art mit dieser Situation zurechtzukommen ist es, sie zu ignorieren. Gehen Sie einfach weiter mit Ihrem Hund an der kurzen Leine und geben Sie ihm noch nicht einmal die Zeit das Objekt seiner Begierde anzustarren. Während Sie ihn in Bewegung halten, hinter Ihnen und in Ihrer Geschwindigkeit, fordern Sie ihn auf weiterzugehen, während Ihre Körpersprache vom Auto weg deutet (Rudelführer wenden nur ihr Gesicht jemandem zu, wenn sie herausgefordert werden). Wenn Sie an dem Auto vorbei sind und Ihr Hund außerhalb der Kampf- und Flucht-Distanz ist, loben

Beim ausgebildeten Hütehund wird der Jagdinstinkt richtig umgeleitet.

Sie ihn, aber gehen Sie weiter. Wenn Sie anhalten und ihn streicheln, bestärken Sie seinen Glauben, dass das Auto ein Problem ist. Geht er aber zu einem normalen Spaziergang über, können Sie ihn eher dafür loben. Wenn Ihr Hund davon besessen ist Autos zu jagen und Sie ihn sofort loben, wenn die Situation vorüber ist, kann er jedes Mal in diesen Zustand zurückfallen. Nur wenn Ihr Hund davon besessen ist vernünftig zu gehen, dürfen Sie ihn loben!

Wenn es für Sie schwierig ist, Ihren Hund in Bewegung zu halten, müssen Sie die Situation auf eine andere Weise angehen. Wenn Sie das Auto hören, versuchen Sie mit Ihrer Körpersprache Gleichgültigkeit auszudrücken, lassen Sie Ihren Hund hinlegen und ruhig warten. Sie müssen ihn so weit wie möglich vom Straßenrand entfernt abliegen lassen und Sie müssen zwischen ihm und dem Verkehr stehen – Sie sind der Rudelführer, deshalb stehen Sie zwischen ihm und jeder Bedrohung. Erzählen Sie ihm nicht, was für ein guter Junge er ist; wenn er es wäre, wäre er nicht in dieser Lage! Halten Sie ihn ruhig und seien Sie bestimmt, aber freundlich und sobald das Auto vorbei ist, gehen Sie in die entgegengesetzte Richtung, nehmen Sie dem Hund jegliche Gelegenheit hinter dem Auto herzustarren und loben Sie ihn nur, wenn er wirklich freiwillig tut, was Sie wünschen.

Dies sind zwei bewährte Methoden, wie mit Autojägern umzugehen ist. Messen Sie in jedem Fall dem Hund wenig Bedeutung zu. Je wichtiger das Jagen angesehen wird und je mehr Ihr Körper Anzeichen von Stress zeigt, desto mehr wird sich Ihr Hund daran erfreuen. Wenn Sie gleichgültig sind, ihm keine Beachtung schenken und mit dem fortfahren, was Sie wollen, macht das Jagen nicht mehr so viel Spaß. Dies ist jedoch nur eine kurzfristige Lösung; die richtige Korrektur liegt darin herauszufinden, warum der Hund glaubt das Recht zu haben das Kommando zu übernehmen. Es gibt immer mehr als einen Weg ein Problem zu lösen. Wenn Sie gelernt haben Ihren Hund zu verstehen, verstehen Sie auch, wie man mit irgendwelchen Problemen fertig wird.

Das Jagen bezieht sich nicht immer auf Autos – leider können Vögel, Fahrräder und sogar andere Hunde zu einer hyperaktiven Unterhaltung werden und obwohl damit einfacher umzugehen ist, treten diese Situationen auch öfter auf. Während Autos nur bei einem Spaziergang ein Problem sind und andere Hunde gemieden werden können, bis der eigene Hund führiger ist, müssen Sie dem Hund abgewöhnen fliegende Vögel und am Gartenzaun vorbeifahrende Radfahrer zu jagen. Wenn Ihr Hund Vögel jagt, hat er damit wahrscheinlich auf dem eigenen Territorium, im Garten oder auf dem Hof, begonnen, um sich zu beschäftigen und überschüssige Energie abzubauen. Auch hier kann die Ernährung eine wichtige Rolle spielen und die Notwendigkeit, nicht nur den Körper, sondern auch den Geist des Hundes zu fordern. Ein Hund kann Stunden im Garten verbringen und niemals Vögel jagen, wenn er gelernt hat zu denken.

Menschen hindern Hunde daran sich auf eine Sache zu konzentrieren, indem sie sie ständig mit neuen Ideen konfrontieren, obwohl die erste noch nicht gründlich erforscht worden ist. Wenn ein Welpe mit verschiedenen Spielzeugen konfrontiert wird und der Besitzer dauernd mit ihm spielt und dabei alle Spielzeuge benutzt, wächst der Welpe mit der ständigen Suche nach neuen Dingen auf und ist somit immer auf dem Sprung. Dieser Welpe wird dann niemals mit sich selbst zufrieden sein und niemals die ganze Kapazität seines Geistes ausschöpfen.

Der Hund wartet aufmerksam auf das nächste Kommando.

Alle Hunde brauchen eine Ruhezeit und ihren eigenen Bereich, um sich zurückzuziehen. Sie müssen nicht ein riesiges Angebot an Spielzeug haben; in der Tat müssen sie überhaupt kein Spielzeug haben! Spielzeuge sind menschliche Hilfsmittel und die Tatsache, dass die meisten Erziehungsratschläge besagen, dass der Hund nur ein Spielzeug zu einer Zeit haben soll, stellt den Grund für mehrere Spielzeuge in Frage. Langeweile kann nicht der Grund sein, denn wenn ein Hund geistig und körperlich gefordert ist, wird er sich glücklich zur Ruhe begeben und zufrieden sein. Langeweile ist eine menschliche Eigenschaft und wir machen den Fehler zu denken, dass Hunde von dem gleichen Futter und demselben Spielzeug gelangweilt werden. Menschen mögen abwechslungsreiche Speisen und nehmen deshalb an, Hunde empfänden auch so, aber in der Wildnis ist das Futterangebot nicht sehr abwechslungsreich, nur Fleisch von der Beute und Kräuter vom Grasen. Ursprünglich hatten Menschen ähnliche Essgewohnheiten wie Hunde, Fleisch von den Beutetieren und pflanzliche Nahrung und bis vor kurzem hat unsere Nahrung hauptsächlich aus Fleisch und Gemüse bestanden. Erst während der zweiten Hälfte des 20. Jahrhunderts hat sich unser Gaumen mit der Einführung von Fertiggerichten und „take-aways" an eine abwechslungsreichere Ernährung gewöhnt, aber ob dies von Vorteil ist oder nicht bleibt zu diskutieren. Es ist jedoch Tatsache, dass wir häufig versuchen unsere Vorstellungen von dem, was unsere Hunde brauchen, im Vergleich zu unserem eigenen Leben durchzusetzen, anstatt die Bedürfnisse der Hunde selber.

Heranrufen

Ein Hund, der nicht kommt, wenn man ihn ruft, hat nicht nur schlechte Manieren, sondern ist auch gefährlich. Ein Ausreißer kann einen Autounfall oder eine Rauferei verursachen; er kann einen in Verlegenheit bringen und Leute, die keine Hunde gewohnt sind, belästigen oder ängstigen. Ein Hund, der nicht auf den ersten Ruf zurückkommt, ist ein Ausreißer. Ein Hund, der „normalerweise" oder „wenn er nicht abgelenkt wird" zurückkommt, ist nicht abrufbar; er kommt zurück, wenn er bereit ist und wenn nichts Besseres zu tun ist. Weder Alter noch Zeit sind eine Entschuldigung für mangelnde Abrufbarkeit, denn ein Welpe sollte nichts anderes kennen als zurückzukommen und der ältere Hund sollte nicht außerhalb seiner Rückrufdistanz frei laufen gelassen werden. Die Regeln für den Rudelbereich für den älteren oder Problemhund unterscheiden sich nicht von den Regeln für die Erziehung jüngerer Hunde oder Welpen, die im vorigen Kapitel beschrieben wurde, aber dieser Hund

Das Heranrufen sollte zu den Lieblingskommandos Ihres Hundes gehören und er sollte immer auf den ersten Ruf schnell und fröhlich angerannt kommen.

Es gibt kaum etwas Schöneres als der glückliche Gesichtsausdruck eines Hundes, der schnell angerannt kommt, und zwar nur um seinem menschlichen Partner nahe zu sein.

ist nicht so aufnahmefähig. Die Erziehung zum Herankommen ist nicht schwierig, aber den Heranwachsenden, der vom Welpenalter an aufgezogen wurde, davon zu überzeugen, dass sich das Regime ändert, ist nicht einfach. Dieser Junghund ist es nicht gewohnt sich gegenüber seinem Besitzer zu benehmen und kommt nicht, wenn er gerufen wird. Es rea-

137

giert vielleicht auf einen Trainer oder einen Fremden, aber er hat ein Problem damit die Autorität seines Besitzers zu akzeptieren, der früher beim Heranrufen inkonsequent war. Der Hund, der als älterer Hund in Ihr Heim kommt, konnte vielleicht bei seinem früheren Besitzer ungezogen sein oder hat überhaupt keine Erziehung genossen. Wie auch immer, wenn Sie nach Ihrer Strategie vorgehen, kann dieser Hund einfacher zu erziehen sein als der aufmüpfige Teenager, da er seine Position im Rudel vom ersten Tag an versteht.

Für das Heranrufen brauchen Sie eine Erziehungshilfe, nichts Kompliziertes oder Teures, nur eine Wäscheleine oder eine lange Schnur. Machen Sie Knoten in regelmäßigen Abständen in die Schnur, um sie besser handhaben zu können, machen Sie eine Schlaufe an einem Ende und befestigen Sie einen Karabinerhaken ans andere und schon sind Sie fertig. Fangen Sie im Garten an, indem Sie dem Hund zeigen, dass das Heranrufen ein „freudiges" Kommando ist, denn wenn es nicht freudig ist, hat Ihr Hund keinen Grund zu Ihnen zu kommen. Sie müssen auch hier das Kommando aus der Sicht des Hundes betrachten. Wenn Ihr Hund auf Rufen nicht kommt, aber Sie ständig weiterrufen, erklären Sie Ihrem Hund nichts anderes, als dass Ihr Rufen bedeutet, er könne mit dem weitermachen, was er gerade tut. Wenn er nach mehrmaligem Rufen kommt und Sie schimpfen ihn, wird er das nächste Mal nicht wiederkommen wollen, aber wenn Sie seine schlechten Manieren ignorieren, billigen Sie sein Verhalten.

Wenn der Hund an Kommunikation und Konversation gewöhnt ist, wird der Besitzer in den Gedanken des Hundes sein und nicht das, was er ihm bietet!

Legen Sie dieselben Rudelgesetze fest wie im vorigen Kapitel beschrieben und verwenden Sie die Schnur, um den Hund wissen zu lassen, wenn er sich seiner physischen Grenze nähert. Ein leichtes Ziehen an der Schnur mit einem gleichzeitigen Kommando zeigt Ihrem Hund die Grenze und gibt ihm ein Warnsignal. Achten Sie darauf, dass der Befehl, der von ihm als Kommando erkannt wird, für Sie angenehm ist. So seltsam er klingen mag, die meisten meiner Hunde wissen, dass „oy" bedeutet, sie sind weit genug gegangen – ich weiß, es ist kein Wort, aber es kann auch nicht mit einem anderen Wort verwechselt werden und ist scharf genug, um von den Hunden bemerkt zu werden. Benutzen Sie nicht das Wort zum Heranrufen, um den Hund innerhalb der Grenze zu halten, denn Sie rufen ihn nicht, sondern halten nur Kontakt und stellen sicher, dass Ihr Hund nicht so sehr mit seinen eigenen Belangen beschäftigt ist und Ihre Existenz vergisst. Jedes Mal, wenn Sie ihn rufen, muss er direkt zu Ihnen zurückkommen.

Die Fehler, die gewöhnlich beim Heranrufen gemacht werden, sogar mit einer Leine, sind mehrmaliges Rufen (Gewohnheit), ständiger Gebrauch des Hundenamens, den Hund nicht dazu zu bringen direkt zu-

Der Hundeführer steht in verbalem Kontakt mit dem Hund, damit der Hund aufmerksam bleibt und weiß, dass er den Rudelbereich nicht verlassen darf.

rückzukommen und nicht die richtigen Befehle zur richtigen Zeit zu geben. Am Anfang wird ihr Hund wahrscheinlich nicht wissen, was der Ruf bedeutet, daher sollten Sie nicht abwarten, um zu sehen, ob er kommt. Rufen Sie seinen Namen, damit er weiß, dass er gemeint ist, und rufen Sie ihn unmittelbar danach heran, wobei der Ton einladend, aber auch bestimmt sein soll. Warten Sie nicht auf seine nächste Bewegung, denn seine Körpersprache sagt Ihnen sofort, ob er kommen wird, und wenn er reagiert, loben Sie ihn sanft, aber bestärkend. Wenn er laut seiner Körpersprache nicht reagiert, holen Sie ihn direkt mit der Schnur heran. Loben Sie ihn nicht, solange die Leine ihn heranzieht. Er soll nicht glauben, dass Sie die Leine benutzen wollen, aber sobald er bei Ihnen ist, loben Sie ihn so, als wäre er von alleine gekommen. Lassen Sie ihn nach dem Heranrufen nicht vorsitzen, das kann später gelernt werden. Sie bringen Ihren Hund zurück in Ihr Rudel, daher heißen Sie ihn willkommen und, bevor Sie ihm ein neues Kommando geben, lassen Sie ihn hinter sich gehen, so dass er für weitere Anweisungen oder mehr Freizeit bereit ist.

Das ist einfache Erziehung, sie macht Spaß und ist Kommunikation, aber denken Sie daran, nicht ständig den Namen des Hundes zu benutzen, da es kein Kommando ist. Wenn Sie ihn mit seinem Namen ins Spiel gebracht haben, muss er ihn nicht ständig hören, besonders wenn er sich auf Sie konzentrieren soll. Richtet er seine Aufmerksamkeit auf etwas anderes, rufen Sie seinen Namen einmal, damit er weiß, das Spiel geht **139** weiter. Ich verwende den Begriff „Spiel" deshalb, weil bei jedem Training der Hund entweder interessiert ist oder nicht, und wenn nicht, müssen Sie dafür sorgen, dass er mitmachen möchte. Ich glaube auch, dass Erziehung Spaß macht und es viel einfacher ist, wenn der Hund mit Freude beim Training ist, aber ich glaube nicht an die Verwendung von Spielzeugen für Spiele oder Ablenkung. Ich bin das Spielzeug und ich muss die Attraktion sein, ich will, dass mein Hund sich auf mich konzentriert und wissen will, wo ich bin und was ich tue. Viele Border Collies sieht man rückwärts laufen und dabei ihre Besitzer beobachten, aber die meisten sind nicht auf den Menschen fixiert, sondern sie erwarten irgendwelche Aktionen von einem Spielzeug oder einem Ball. Wenn der Besitzer versucht, die Aufmerksamkeit des Hundes auf etwas anderes zu lenken, wird der Hund nicht mitmachen, es sei denn, er bekommt ein aufregenderes Spielzeug als das erwartete.

Sie führen dieses Training im Garten oder Hof durch, wo es nur wenig Ablenkung gibt, wenn überhaupt, und Sie üben damit mehr als nur das Heranrufen. Ihr Hund lernt seinen Rudelbereich kennen, das kontrollierte Kommen auf Rufen und ist auf Sie konzentriert. Sie können ihm die Zeit zum Schnüffeln oder Herumlaufen im Garten gestatten, während Sie sich dort aufhalten – das ist seine Freizeit –, aber wenn Sie ihn rufen, haben Sie das Recht seine Aufmerksamkeit zu erwarten. Variieren Sie das Spiel, indem Sie die Leinenführigkeit dazunehmen, da hierdurch das Warten mit ins Spiel kommt ebenso wie vernünftiges Benehmen. Bevor Sie die Aufmerksamkeit Ihres Hundes außerhalb testen, arrangieren Sie einige Probeläufe. Stellen Sie eine Situation nach, von der Sie wissen, dass sie die Aufmerksamkeit Ihres Hundes erregt – jemanden mit einem Ball oder vielleicht ein anderer Hund – und beginnen Sie mit dem Heranruf-Spiel erneut. Sie erklären Ihrem Hund, dass Sie jederzeit der Mittelpunkt seiner Aufmerksamkeit sind. Er kann durchaus seine Freizeit haben und wenn Sie entscheiden, dass er diese Freizeit mit dem Ball oder mit einem anderen Hund verbringt, darf er das, aber nicht ohne Ihre Erlaubnis.

Wenn ihr Hund diese Grenzen versteht, können Sie mit dem Training eine Stufe weiter gehen. Spielen Sie erneut im Garten und ohne die Leine dasselbe Spiel. Sollte Ihr Hund diesmal nicht auf Ruf herankommen (und er sollte, wenn Sie vorher genügend Zeit und Geduld investiert haben), gehen Sie zu ihm hin und bringen Sie ihn zurück an den Punkt, wohin Sie ihn gerufen haben. Loben Sie ihn nicht während des Zurückbringens, sondern erst, wenn er auf seinem Platz ist. War die Basiserziehung gründlich genug und haben Sie sie nicht aus Ungeduld oder Bequemlichkeit abgekürzt, wird Ihr Hund anfangen mitzumachen. Bei einigen Hunden kann es länger dauern, bis das Heranrufen gut funktioniert, als bei anderen, besonders bei Hunden aus dem Tierheim, aber oft liegt es daran, dass man das Training abkürzt oder nicht genug auf die Ernährung achtet und der Hund nicht „nüchtern" genug ist, um führiger zu werden.

Das Heranrufen im Garten zu üben bedeutet nicht, dass Sie mit Ihrem Hund nicht spazieren gehen können; es bedeutet einfach, dass Sie so viel wie möglich zu Hause trainieren sollten, denn hier werden die Grundlagen gelegt. Wenn Sie spazieren gehen, nehmen Sie ihn an die lange Leine und gehen Sie genau so vor wie im Garten, zeigen Sie ihm seine Grenzen und üben Sie das Heranrufen. Ihr Hund muss nicht kilometerweit vorgaloppieren; er sollte es auch tatsächlich nicht wollen. Wenn ich höre „Mein Hund kommt bis auf eine gewisse Entfernung einigermaßen gut zurück, aber wenn ein Kaninchen auftaucht, hört er nichts mehr!", muss ich schaudern. Das Kaninchen wird unnötig erschreckt und ist zudem wahrscheinlich ein Krankheitsüberträger; und das Kaninchen könnte das nächste Mal auch ein anderer Hund oder ein Schaf sein, was zu ernsten Zwischenfällen führen könnte.

Ich laufe kilometerweit mit meinen Hunden. Wenn ich es sage, sind sie hinter mir und wenn wir im offenen Gelände sind, lade ich Sie in meinen Raum ein, wo sie sich vergnügen und tun, was Hunde tun, wenn sie sich auf neuem Territorium bewegen, aber sie sind niemals weit weg. Wenn wir dort gehen, wo Schafe zu sehen sind, rufe ich Sie in meinen unmittelbaren Umkreis zurück, ansonsten laufen wir – uns unterhaltend und nachdenkend – weiter und freuen uns über die Gesellschaft des anderen. Wenn einer der jüngeren Mitglieder des „Clans" meint, er möchte gerne seinen eigenen Rudelbereich festlegen, bleibt er an der Leine, während die anderen in meinem Bereich ihre Freiheit genießen. Der Junghund verbringt sinnvolle Zeit mit mir und lernt auch sich seine Freiheit zu verdienen. Wenn Sie mit einem menschlichen Begleiter spazieren gehen, gehen Sie ja auch zusammen und nicht in 300 Meter Entfernung voneinander. Wenn es so wäre, wäre das nicht gerade sehr gesellig!

Die goldene Regel sollte sein: Verlangen Sie niemals etwas von Ihrem Hund, das er in zehn Meter Entfernung tun soll, wenn er es nicht in fünf Meter Entfernung tut.

Wenn Sie sich an diese Regel halten, ist der Hund immer in Ihrem Einflussbereich. Diese Regel habe ich beim Training immer im Kopf und obwohl meine Hunde nicht für Befehle wie „Sitz", „Platz", „Bleib" und „Apport" ausgebildet sind, lassen sie sich bei einem

Freizeit. Wenn Hund und Hundeführer eine enge Beziehung zueinander haben, liegt selten eine große Entfernung zwischen ihnen. Sie lieben es zu kommunizieren und das geht nur, wenn man dicht zusammen ist.

141

Die Rute ist ein Stimmungsbaromter und häufig ein Spiegelbild der Einstellung des Hundeführers. Schnelle, kantige Bewegungen und ein schroffer Ton führen zu ähnlichen Bewegungen beim Hund, wobei die Rute vor Aufregung, Wut oder Verwirrung hin und her peitscht.

Spaziergang in meinem Rudelbereich gut führen. Sie kommen auch aus großer Entfernung – so weit meine Stimme oder Pfeife reicht – zurück!

Seien Sie nicht versucht, die lange Leine zu früh abzunehmen; wenn Sie noch zweifeln, ist die Zeit noch nicht reif. Ein Hund, der nicht auf Zuruf kommt, ist ein Anzeichen für eine Partnerschaft mit mangelnder Kommunikation, daher verlängern Sie die sinnvoll genutzte Zeit mit dem Hund und machen Sie sich wichtig für ihn.

Lob

Lob ist wichtig, aber es kann auch viel Arbeit zunichte machen, wenn es die Art von Lob ist, die eine ähnliche Auswirkung auf den Hund hat wie energiereiches Futter. Eine gut erledigte Aufgabe verdient Anerkennung, aber übermäßiges Lob kann schaden. Ihr Hund erkennt den Klang von Wörtern; z. B. „Aus" verbindet er damit, etwas in Ruhe zu lassen oder nicht zu berühren. Das eigentliche Wort hat nicht dieselbe Bedeutung für ihn wie für uns, da er nur den Klang des Wortes mit einer bestimmten Aktion assoziiert. Wenn Ihre Partnerschaft Fortschritte macht, vergrößert er sein Vokabular und die Wörter oder Klänge, die er verstehen kann, werden mehr, daher ist die Kommunikation umso besser, je mehr Zeit Sie miteinander verbringen. Der Klang Ihrer Stimme, wenn Sie ihm die Bedeutung der Wörter beibringen, zeigt dem Hund an, welche Art von

Reaktion Sie von ihm erwarten. Wenn Sie das Wort „Nein" mit fröhlicher Stimme jedes Mal sagen, wenn Sie ihn loben, wird er unser Negativwort als freundlichen Klang empfinden. „Nein" ist für uns negativ, deshalb sprechen wir es automatisch mit einer gewissen Strenge aus, die der Hund aufnimmt und auf die er reagiert. Wenn er es einmal gelernt hat, wird er genauso reagieren, wenn Sie im selben Tonfall „Mein" oder „Sein" sagen.

Ein weiterer Beweis dafür, dass ein Hund auf den Tonfall reagiert, zeigt das Beispiel eines Hütehundes, der als Jungtier mit einem bestimmten Dialekt ausgebildet wurde und dann zu einem Schäfer mit einer völlig anderen Mundart kam. Wenn dieser nicht darauf vorbereitet ist, einen „Sprachtest" mit seinem Hund durchzuführen, meint er womöglich, dass er nicht ein Wort von dem, was er sagt, versteht, auch wenn er die Worte benutzt, mit denen der Hund ausgebildet wurde. Hat er Geduld und probiert er verschiedene Tonlagen, kürzere oder längere Wörter aus und ändert die Tonhöhe, wird der Hund schließlich etwas erkennen. Es erfordert nur kurze Zeit für einen lernfreudigen, gut ausgebildeten Hund, um sich an die neue, freundliche Stimme eines Hundeführers zu gewöhnen.

Lob sollte in einem stolzen, beruhigenden und freundlichen Ton ausgesprochen werden.

Die Bedeutung des Tonfalls muss nicht nur beim Training, sondern auch beim Loben berücksichtigt werden. Wenn Sie in einem hohen oder aufgeregten Tonfall loben, wird Ihr Hund aufgeregt oder überreagieren. Am Ende einer Trainingseinheit ist das akzeptabel, aber während des Trainings unterbrechen Sie die Konzentration des Hundes und seinen „Arbeitsmodus" und ein vernünftiges Erziehungsspiel wird zu einem albernen, wenig erzieherischen Spiel, wobei der Hund versucht das Kommando zu übernehmen.

Stolz spielt eine wichtige Rolle bei dem Tonfall – wenn Ihr Hund sein Bestes gibt, um Ihnen zu gefallen, müssen Sie ihn durch den Tonfall wissen lassen, dass Sie stolz auf ihn sind. Ein Kind, das ein ausgezeichnetes Zeugnis nach Hause bringt, muss merken, dass Sie stolz sind, und ein Erwachsener, der eine schwierige Aufgabe gelöst hat, muss wissen, dass die Menschen, die sich auf ihn verlassen, stolz auf ihn sind. Lassen Sie Ihren Hund durch Ihre Aktionen spüren, wie Sie fühlen, und wenn Sie Stolz fühlen, handeln Sie auch stolz. Wenn Sie anfangen mit den Armen zu wedeln und mit hoher Stimme zu sprechen, wird Ihr Hund aufgeregt, springt hoch, bellt vielleicht und beißt unter Umständen sogar aufgeregt in die Leine oder in Ihren Ärmel. Er agiert ohne nachzudenken und in seiner Aufregung wird er vergessen, wie und warum es angefangen hat, und hat sich vielleicht sogar ein bisschen lächerlich gemacht.

Ein Border Collie liebt es zu gefallen, aber er ist auch ein kleines „Arbeitstier", daher wird er, wenn Sie ihm erzählen, dass Sie sich über ihn freuen, bemüht sein weiterzuarbeiten und Ihnen zu gefallen. Daher loben Sie ruhig, sprechen Sie mit ihm und lassen Sie ihn wissen, was für ein **143**

Jem erwidert das Lächelns seines Menschen. Border Collies lernen schnell Mimik nachzuahmen.

guter Junge er ist, aber lassen Sie ihn weiterlernen. Die Zeit für viel Aufhebens ist am Ende der Trainingseinheit oder am Ende vom Spaziergang, wenn er ein guter, braver Hund war. Border Collies sehen schnell ihren eigenen Vorteil und wenn während des Trainings statt danach viel Theater gemacht wird, werden Sie merken, dass die Hunde der vernünftigen Übungszeit eher ein Ende setzen als Sie es wollen. Körpersprache ist auch hier wieder der Schlüssel dazu, wie Sie auf den Hund reagieren und wie er auf Ihre Haltung reagiert. Achten Sie auf das verräterische Zeichen – die Rute.

Die Rute Ihres Hundes ist ein deutlicher Anzeiger für die Stimmung und dafür, wie er auf Ihre Stimme und Ihre Körpersprache reagiert. Ist Ihr Körper entspannt, wenn Sie Ihren Hund loben, nimmt auch Ihre Stimme einen entspannten Tonfall an. Sprechen Sie in hohem, aufgeregtem Ton, zeigt Ihr Körper mehr Spannung und Ihre Bewegungen sind hektischer; dadurch reagiert der Hund in ähnlicher Weise. Wenn Ihr Hund auf ein ruhiges, entspanntes Lob reagiert, wird seine Rute leicht hin und her gehen, er wird Sie ansehen und „anlächeln", sein Körper ist angenehm entspannt, aber seine Haltung zeigt, dass er weitermachen möchte. Wenn Sie eine aufgeregte Reaktion fördern, ist Ihr Hund nicht nur mit Schwanzwedeln zufrieden, er passt sich Ihren Gesten an und lässt seine Rute hoch fliegen. Diese Aktion löst steifere Körperbewegungen aus, die wiederum die Stimme zum Jaulen oder Bellen anregen. Hochspringen kommt gewöhnlich noch hinzu und an diesem Punkt ist es mit dem Weiterarbeiten vorbei.

Die meisten Hundeführer bemerken die Verbindung zwischen Rute und Gehirn, wenn sie lange Zeit Border Collies beobachtet haben – wenn die Rute hoch fliegt, schaltet das Gehirn ab, und wenn die Rute nach unten geht, ist das Gehirn voll im Einsatz! Der „tote" oder gerade nach unten getragene Schwanz ist die „nachdenkliche" Rute; der hoch fliegende Schwanz ist die lustige Rute. Wenn Sie das Gehirn ausschalten, indem Sie die Rute anschalten, hat Ihr Hund nicht nur seinen Gedankengang unterbrochen, er hat auch in seinem Kopf auf „Freizeit" umgestellt. Es ist unfair das Gehirn das Hundes auszuschalten, wenn er folgsam ist, nur um es Sekunden später wieder einzuschalten. Es ist auch nicht notwendig die Rute zu aktivieren, um dem Hund zu beweisen, dass Sie erfreut sind, oder Ihnen selbst zu beweisen, dass Ihr Hund glücklich ist. Stimmlage und Stolz sind die Schlüssel zu einem glücklichen Hund und Kontinuität im Training, wobei die Freizeit für etwas zwischen Ihnen beiden aufgespart wird. Unabhängig davon, wie sehr wir unsere Hunde lieben, sie bleiben Hunde.

Aufregung in einem Rudel führt zu Hysterie, aber Stolz ist für einen Border Collie wichtig.

Eines der häufig unerkannten Talente eines Border Collies ist die Fähigkeit zur Mimik; einer meiner Hunde, der lange im Tierheim war, beginnt immer erst zu fressen, wenn er mir ein breites Danke-Grinsen geschenkt hat. Als er vor Jahren zu mir kam, war er feindselig, besonders wenn er gefüttert wurde, daher setzte ich immer, wenn ich seinen Bereich betrat, um ihn zu füttern, ein freundliches Gesicht auf. So hat er das Grinsen mit dem Futter in Verbindung gebracht, was dazu führte, dass er meinen freundlichen Gesichtsausdruck kopierte. Ein Hundegrinsen ist völlig verschieden von einem Knurren. Die Lippen werden zwar gehoben, aber die Augen lachen.

Vermutlich ist eines der am schwierigsten zu akzeptierenden Dinge, dass ein Hund nur mimische Äußerungen zeigt, wenn er es will, und nicht immer, wenn es sein Besitzer will. Hätte ich meinem Hund beibringen wollen zu grinsen, wäre er vielleicht nicht so empfänglich dafür gewesen und ich wäre ungeduldig geworden, um endlich Ergebnisse zu sehen, denn dieses mimische Verhalten hat Jahre gebraucht, um sich so zu äußern. Viele Hunde bekommen lächelnde Augen – sie sind glücklich –, wenn ihre Menschen mit ihnen sprechen und sie geben das Lächeln zurück, dass sie so oft gesehen haben, indem sie ähnliche Gesichtsmuskeln wie die Menschen benutzen, wodurch ein lächelnder Ausdruck entsteht.

In einem Außenzwinger kann sich der Hund ausruhen, spielen oder nach Herzenslust buddeln, ohne den Garten zu verwüsten.

Benimmt sich Ihr Hund wirklich gut im Haus?

Wenn Sie irgendwelche Probleme mit Ihrem Hund haben, liegt die Antwort oft in der Erziehung bei Ihnen zu Hause. Viele Hunde erscheinen zu Hause gut erzogen, bis sie wirklich geprüft werden und plötzlich ziemlich schlechte Manieren zeigen.

Lassen Sie uns eine fiktive Geschichte eines Border Collies bei Herrn und Frau X. betrachten. Wenn Herr und Frau X. am Abend noch etwas trinken wollen, bleibt der Hund manchmal mit Herrn X. in der Küche oder folgt Frau X. ins Wohnzimmer. Wenn beide Personen im Zimmer sind, ist es auch der Hund, wobei er sich als erster in den Raum hineindrückt (schlauer Hund, er wusste genau, wohin sie gehen!). Ist es kalt, liegt er am Feuer, ist es warm, liegt er an der Tür, aber die meiste Zeit liegt er hinter dem Sofa, daher stört er überhaupt nicht. Natürlich bellt er, wenn Leute an die Tür kommen, und er springt an ihnen hoch. Er muss häufig aus dem Zimmer gesperrt werden, wenn Besuch kommt, und er ist mit anderen Hunden zusammen ein Albtraum. Der Border Collie ist zufrieden und macht so natürlich keinen Ärger, bis er beginnt das Regiment im Haus zu übernehmen.

Ein Hund sollte bellen, wenn jemand an der Tür klopft, aber wenn Sie sein Bellen bemerkt und ihm gedankt haben, sollte er sich auf sein Lager zurückziehen und Ihnen die Situation überlassen. Wenn die Person ins Haus kommt und Ihren Hund begrüßen will, lassen Sie ihn warten, bis er die Erlaubnis bekommt sein Lager zu verlassen. Das erfordert nur wenig Zeit, aber beim jungen oder Problemhund ist es das wert. Wenn Ihr Hund die Grundregeln versteht, wird er die Situation auch nicht ausnutzen. Der Border Collie in unserem Beispiel glaubt, ihm gehöre das Haus – der Hund bellt an der Tür und springt an Besuchern hoch, wobei er nichts Falsches darin sieht jeden Besucher so zu behandeln, wie es ihm gefällt. Diese Hunde haben nicht verstanden, dass sie einen eigenen Platz haben und ihnen nicht das ganze Haus gehört; sie können sich überall im Haus mit Ihrer Erlaubnis bewegen, aber sie müssen Ihre Wünsche respektieren. Die Lösung ist einfach: Sie investieren jede Zeit, um Ihrem Hund zu erklären, dass sich die Regeln geändert haben, und Sie lernen in „Manieren" zu denken. Wenn Sie von der Küche ins Wohnzimmer gehen und Ihr Hund hinter Ihnen drängelt, lassen Sie ihn zurückgehen und warten, auch wenn er mit Ihnen gehen soll. Zählen Sie bis zehn und laden Sie ihn dann ein Ihnen zu folgen. Wenn Sie im Wohnzimmer sind, lassen Sie ihn bei sich sitzen und warten Sie. Gehen Sie dann zu einem anderen Stuhl und wenn er Ihnen folgt, lassen Sie ihn warten. Wenn er ruhig wartet, lassen Sie ihn folgen. Ich nenne das Tele-Training (weil man es sogar beim Entspannen und Fernsehen üben kann) – es bedeutet einfach, dass Sie für zwanzig Minuten Ihrem Hund erklären, dass der Raum nicht ihm gehört und er nicht einfach tun kann, was ihm gefällt. Das ist weit wirksamer als einen Problemhund auszusperren oder sein Verhalten zu ignorieren.

Ein Gartenschuppen lässt sich einfach zu einem Außenzwinger umfunktionieren.

Sollte Ihr Hund einen Außenzwinger haben?

Ja. Es gibt keinen Zweifel, dass es einem Border Collie gut tut, wenn er draußen seinen eigenen Privatbereich hat. Das bedeutet nicht, dass er draußen leben muss, aber es bedeutet, dass er sichere Freiheit und seine eigene Privatsphäre hat. Den Freilauf im Garten zu erlauben ist für den Hund dasselbe, als sich frei im Haus bewegen zu dürfen – er wird bald denken, der Garten gehöre ihm und er habe das Recht, jedem den Zugang zu verweigern, den **147** er nicht mag. Es mag trivial erscheinen, besonders wenn sich Ihr Hund grundsätzlich gut benimmt, aber es ist wichtig. Wenn Ihr Hund seinen eigenen Bereich hat, der alles sein kann von einem Designer-Zwinger bis zu einem umgebauten Gartenschuppen, hat er einen Ort, wo er hingehen kann, wo er buddeln kann, sich sicher fühlt und Zeit zum Nachdenken hat. Er kann noch Zeit im restlichen Garten verbringen, aber nur auf Ihre Einladung hin. Und wenn Sie Freunde oder Kinder da haben, die nicht besonders hundebegeistert sind, fühlen sich weder sie noch Ihr Hund gestört. Wenn er heranwächst, wird er wahrscheinlich kaum den Außenzwinger benutzen, aber es ist eine ausgezeichnete Methode ihm nicht nur die Grenzen aufzuzeigen, sondern ihm auch seinen eigenen Bereich zu geben und dass dies etwas ist, was er sich verdient.

Wenn Sie einen Hund mit einem Problem haben, suchen Sie nicht nach komplizierten Antworten – die Basis für jegliches Training ist gesunder Menschenverstand und ein Border Collie respektiert jemanden, der gleich zu Anfang klarstellt, wo er steht. Border Collies respektieren keine Schwäche und sie lieben es mit Ihnen zu diskutieren; sie erkennen sehr schnell ihren Vorteil und beherrschen bald das Haus, während sie Ihnen das Privileg überlassen die Hypothek zu bezahlen! Aber wenn Sie klare Regeln aufstellen, werden die Hunde ihren Humor bald lieber dafür verwenden, mit Ihnen statt über Sie zu lachen.

Behandlung des Problemhundes

Wenn Sie einen Problemhund haben, müssen Sie so viel wie möglich über seinen Hintergrund herausfinden. Es ist nicht gut „Abkürzungen" zu nehmen – Sie müssen sechs Wochen lang wie ein Hund denken, bevor Sie einen echten Fortschritt feststellen. Sie müssen nicht nur sehr viel Geduld besitzen, sondern auch das Vertrauen haben Ihren eigenen Rudelinstinkten zu folgen und den Hund nach dem gesunden Menschenverstand zu erziehen.

Kapitel 9
Kinder, Border Collies und Missverständnisse

Kinder und Border Collies

Wegen der Probleme, die ich gesehen habe, und weil immer wieder behauptet wird, ein Border Collie schnappt, könnten ich einfach sagen, dass Kinder und Border Collies nicht zusammenpassen. Aber warum sollte ich diese intelligente Hunderasse wegen dieses Vorurteils abwerten? Diese plötzliche Theorie, Border Collies würden Kinder als Schafe ansehen und sie deshalb zwicken, ist neu; Kinder und Border Collies haben schon immer zusammengelebt, also was ist schief gegangen?

Ich bin mit Border Collies aufgewachsen und habe mich nicht von den meisten Famerskindern unterschieden. Wir

hatten keine Lauflernhilfen, also haben wir uns an den guten, alten Schäferhund angelehnt. Vor der Zeit schneller Autos, gefährlicher Straßen und dubioser Fremder waren es Farmerskinder gewohnt durch die Felder zu streifen, Spiele zu erfinden und sich selber zu unterhalten. Ein Hütehund, der nicht nur ihr bester Freund war, sondern auch auf sie aufpasste, begleitete sie häufig. Diese Hunde arbeiteten für ihren Lebensunterhalt und benutzten ihre Instinkte, um Schafe zu hüten, aber sie versuchten niemals die Kinder zusammenzutreiben. Und heute sollen diese intelligenten Hunde Kinder zusammentreiben, weil sie denken, es seien Schafe!?

Es ist absolut alles in Ordnung mit dem Border Collie als Rasse, sofern es sich um Kinder dreht, und ich bin ziemlich sicher, dass viele Leute von nun ab mir nicht mehr zustimmen. Das Problem von Kindern und Border Collies sind die Erwachsenen.

Ein Hund muss die richtige Veranlagung geerbt haben und es ist wichtig den Stammbaum eines Hundes zu kontrollieren, wann immer das möglich ist. Wenn die geringste Chance besteht, das Aggression mit Aggression verpaart wurde oder eine dominante Linie mit einer anderen dominanten Linie verbunden wurde, ist die Auswahl solch eines Hundes keine weise Entscheidung, unabhängig davon, ob Kinder mit im Spiel sind. Aber der Border Collie kann nicht für falsche Zucht verantwortlich gemacht werden und mehr und mehr Züchter verwenden Gewinnerlinien anstatt gute Zuchtlinien.

*Vor der Zeit von schnellen Autos, gefährlichen Stra-
ßen und zweifelhaften Fremden streunten die Bau-
ernkinder durch die Felder. Ihre besten Freunde und
Aufpasser waren häufig die treuen Hütehunde.*

*Kinder und Border Collies sind keine neue Kombina-
tion. In den meisten alten Fotoalben der Farmer
sind Kinder mit Border Collies abgebildet.*

Die meisten Kinder auf Bauernhöfen sind an Tiere gewöhnt und ein
Hund ist weder ungewöhnlich noch etwas Besonderes in ihrem Leben, er
ist einfach ein Teil davon. Die meisten Hütehunde, die für die Arbeit
verwendet werden, sind Teile eines Rudels, sie kennen alle ihre Grenzen
und sind gut erzogen. Die meisten Kinder außerhalb von Bauernhöfen
sind Tiere nicht gewöhnt und ein Hund ist oft der Mittelpunkt der Familie. Zu behaupten, ein Border Collie sollte nicht in Familien mit Kindern
kommen, ist eine sehr radikale Einstellung, aber viel zu viele Border Collies haben darunter gelitten, dass sie in Familien gekommen sind, wo sie
entweder von den Kindern malträtiert oder mental von den Erwachsenen
vernachlässigt wurden. Wieder menschliches Versagen und nicht ein Fehler der Rasse!

Im Allgemeinen sollten Eltern mit einem neuen Baby, Ersthundebesit-
zer mit Kindern, eine Familie mit zwei oder mehr Kindern unter zehn
Jahren und Familien mit einem unruhigen Lebenswandel keinen Border

Kinder müssen lernen, richtig mit Hunden umzugehen und ihnen Respekt entgegen-zubringen, so wie ein Hund lernen muss Kinder als ranghöher zu akzeptieren. Dann steht einem harmonischen Miteinander nichts mehr im Wege.

Collie in Betracht ziehen, wenn sie nicht genau wissen, was auf sie zu-kommt. Das Aufnehmen jedes Tieres in Ihr Leben ist eine Verantwortung und jeder Hund erfordert Zeit, aber ein Border Collie braucht nicht nur mentale und körperliche Anforderungen, er muss verstanden werden und das erfordert Zeit und Geduld. Ein Border Collie kann nicht für ein oder zwei Tage aufs Wartegleis geschoben werden, wenn das Baby oder Klein-kind krank ist, oder während des Tages weggeschlossen werden, bis die Kinder ins Bett gehen. Ebenso kann ein Border Collie nicht dazu ange-schafft werden, dass die Kinder glücklich sind oder mit ihm spielen kön-nen. Wenn Sie eine junge Familie haben und sich einen Border Collie anschaffen, übernehmen Sie eine Verantwortung für ein anderes Individ-uum, das nicht immer mit den Kindern zusammengelassen werden kann, und zwar um Seinetwillen!

Kinder, die dazu erzogen werden Tiere zu respektieren, profitieren so viel davon bezüglich Geduld, Freundlichkeit und Naturempfinden, wie sie es kaum in der Schule oder aus Büchern lernen können. Welpen und Junghunde reagieren gut auf vernünftige, an Tiere gewöhnte Kinder und die Assoziation führt gewöhnlich zu einer natürlichen Sozialisierung. Lei-der können viele Border Collies, die in Familien leben, nicht davon pro-fitieren, denn den Kinder fehlt nicht nur ein Mindestmaß an entspre-chender Erziehung, sondern sie betrachten den Hund als eine Art Eigen-tum. Ein Kind, das nicht den eigenen Hund respektiert, wird auch keinen fremden Hund respektieren und dieser hat vielleicht nicht die Geduld wie der eigene Familienhund!

Noch einmal, das Temperament der Rasse kommt nicht durch eigenes Verschulden in Verruf, da die Eltern die Verantwortung sowohl für die Erziehung des Kindes als auch des Hundes übernehmen müssen. Alle Kinder sollten lernen, wie man sich richtig einem Hund nähert, und allen Kindern sollte bewusst sein, dass Hunde nicht niedliche Spielzeuge zu ihrem Vergnügen sind. Auch wenn Eltern niemals die Intention haben sich einen Hund anzuschaffen, sollten Sie trotzdem ihren Kindern den richtigen Umgang mit Hunden beibringen. Kein Kind sollte sich einem fremden Hund nähern und auch wenn der Besitzer es erlaubt, sollten sie Vorsicht walten lassen. Es gibt keine hundertprozentige Sicherheit und das gilt sowohl für Hunde als auch Kinder. Die meisten gut erzogenen Kinder können sich in Gesellschaft aufspielen und untypisch verhalten und der freundlichste Border Collie kann eine plötzliche Abneigung gegen etwas bekommen, was der Mensch vielleicht noch nicht einmal bemerkt. Das bezieht sich nicht nur auf Kinder, sondern auch auf Erwachsene. Ein besonderer Geruch, das Aussehen, Kleidungsstücke oder bestimmte Verhaltensweisen können entweder eine unangenehme Erinnerung für den Hund hervorrufen oder Unbehagen verursachen.

> *Viel zu vielen Hunden wird zu wenig Respekt entgegengebracht, wenn es um ihren eigenen Bereich oder ihre Privatsphäre geht.*

Wenn der Mensch (Kind oder Erwachsener) seine Aufmerksamkeit nicht auf den fraglichen Hund richtet, besteht kein Grund für eine Konfrontation. Wenn der Hund in eine Position gebracht wird, wo er unter unerwünschten Annäherungsversuchen leidet, meint er vielleicht, dass er seine Position etwas klarer behaupten muss.

Menschen sind wählerisch, sie wählen ihre Freunde aus und haben das Recht jeden zu ignorieren oder zu meiden, den sie abstoßend oder unsympathisch finden. Ein Hund verdient dasselbe Recht wählerisch zu sein. Ein Border Collie ist intelligent und stolz und hat auch ein gutes Gedächtnis, daher ist es möglich, dass er sich an etwas erinnert, das sein Besitzer schon längst vergessen hat. Er hat dann vielleicht das Bedürfnis allein zu sein. Er mag nicht den Fremden fühlen, der ihn wie einen Gleichgesinnten behandeln will. Was immer der Grund ist, wenn Ihr Hund Ihnen mitteilt, dass er nicht die Aufmerksamkeit dieser Person möchte, ist es Ihre Aufgabe, ihn vor dieser unerwünschten Annäherung zu schützen. Es gibt verschiedene Gründe, warum Sie den privaten „Raum" Ihres Hundes respektieren sollten:

1. Die „Kampf- und Flucht-Distanz": Wenn der Hund eine Abneigung gegenüber jemanden hat, sollte diesem nicht gestattet werden dort einzudringen.
2. Sie haben Ihren Hund in ihr Rudel aufgenommen und gewähren ihm somit Schutz; wenn nicht, sind Sie kein wertvoller Rudelführer.

Hunde haben Anspruch auf ihren eigenen Bereich und ihre Privatsphäre – zu viele Hunde werden in eine Situation gebracht, für die sie bestraft werden, wenn sie auf natürliche Weise reagieren. Dieser Hund ist besorgt und zeigt ganz klar, dass er durch die Annäherung des Fremden verunsichert ist.

Der Fremde hört nicht auf den Hund und nähert sich weiter, wodurch der Hund dazu gezwungen wird, sich aus der Kampf- und Flucht-Distanz zu entfernen. Der Hund ist nun zu der Katze oder dem Schaf geworden und wenn er die Wahl hätte, könnte das ernsthafte Konsequenzen haben.

153

Der Hund, verunsichert und entnervt, wird zum Rückzug gezwungen. In diesem Fall ist der Mensch ein Erwachsener, beugt sich aber auf Kinderhöhe herab. Wenn dies ein Kind gewesen wäre oder der Hund sich nicht seinen Stolz hätte nehmen lassen, wäre die Situation ganz anders ausgegangen.

(Für diese drei Fotos wurde ein alter Hund gewählt, der das Spiel mitgemacht hat. Aber ohne das Vertrauen zu seinem Menschen hätte der Hund nicht mitgespielt.)

3. Sie sollten sich immer der Gefühle Ihres Hundes bewusst sein und sie respektieren.
4. Ihr Hund ist ein Teil Ihres Rudel. Wenn Sie also jemandem erlauben, ihn ohne seine Zustimmung zu belästigen, verraten Sie ihn.

Wenn Sie die Straße mit einem kleinen Kind hinuntergehen und ein Fremder bietet ihm ein Bonbon an oder versucht mit dem Kind vertraut zu werden, wären Sie ablehnend und beschützend. Ein Border Collie ist hübsch, liebenswert und zärtlich, aber wählerisch und da Fremde Letzteres oft nicht erkennen, muss ihm der Besitzer immer denselben Schutz wie bei einem Kind gewähren. So wie Hunde sich in ihrem Äußeren unterscheiden, so tun sie es auch im Charakter. Einige freuen sich über Zuwendungen eines völlig Fremden, aber andere sind misstrauisch. Also warum sollte dieser eher wählerische Hund unerwünschten Annäherungen ausgesetzt werden, nur um jemandem zu gefallen, der noch nicht einmal zu seinem Rudel gehört? Diese Hunde sind nicht anders als ihre menschlichen Gegenstücke. Ich bin z. B. keine Person, die gerne umarmt, ich zeige nicht leicht meine Zuneigung und würde daher Zuneigungsbekundigungen von Fremden aufdringlich finden. Aber ich habe die

Wahl. Wenn meine Hunde dasselbe fühlen, biete ich ihnen dieselbe Möglichkeit, die ich habe: die Wahrung ihrer Privatsphäre!

Einer der traurigsten Fälle, mit denen ich zu tun hatte, betraf eine reizende kleine Border-Collie-Hündin, die sich nichts sehnlicher wünschte, als ihre Besitzerin in ungestörtem Frieden anbeten zu dürfen. Leider hatte die Besitzerin eine wunderbare Beziehung zu einem Nachbarn, von dem die kleine Hündin nicht sonderlich begeistert war. Die Besitzerin kam ziemlich gestresst zu mir, nachdem sie alles Mögliche versucht hatte, ihren Hund davon zu überzeugen den Nachbarn zu akzeptieren, der nichts weiter als freundlich sein wollte. Wäre eine Konfrontation nicht erzwungen worden, vielleicht hätte der Border Collie dann den Nachbarn (in gewissem Rahmen) seiner Besitzerin zuliebe irgendwann akzeptiert. Aber nachdem der Hund dazu gezwungen wurde still zu stehen, während er gestreichelt wurde, im Nachbarhaus zu sitzen, den Nachbarn im eigenen Territorium und in der eigenen Privatsphäre zu dulden, zog er schließlich die Lefzen hoch und drohte an, einen hübschen, leckeren Bissen zu nehmen, wenn die Annäherungsversuche nicht aufhören würden. Das Ergebnis war eine verzweifelter Besitzerin, die nun etwas Angst vor ihrem Hund hatte, ein Nachbar, der sie nicht länger besuchte, und ein Hund, der seiner Besitzerin nicht mehr traute. Das Vertrauen war in sehr kurzer Zeit zerstört worden und es brauchte Monate der Geduld, um die Beziehung zwischen Hund und Besitzerin wieder aufzubauen. Dieses Beispiel erklärt so vieles – der Border Collie, der von einem anderen Hund angegriffen, von Kindern geärgert oder von einer Person gestreichelt wird, die er als inakzeptabel empfindet, verliert den Glauben an seinen Besitzer und seine Fähigkeit ihn zu schützen. Er wird sich nicht länger auf ihn verlassen und die Angelegenheit in die eigenen Pfoten nehmen, was sich in Bellen, nervöse Aggression, Verstecken oder totalem Verlust von Vertrauen und Respekt gegenüber dem Besitzer äußern kann. Die Partnerschaft existiert nicht länger!

Grundregeln

Wenn nun „Stolz und Privatsphäre" des Border Collies verstanden sind, wird es etwas klarer, wie man sichergehen kann, dass Kinder lernen dies zu akzeptieren. Ihr Hund will sein eigenes privates Heim – das ist wichtig – und Ihre Kinder dürfen in den entscheidenden Jahren dieses Heim nicht betreten. Einige moderne Erziehungsmethoden sehen vor, dass der Hund keine private Ecke hat und der Besitzer eine gewisse Zeit auf dem Lager seines Hundes verbringen soll. Ich glaube, dass dies ein Eindringen in die Privatsphäre des Hundes ist und eine Unterstellung, dass man Kindern nicht trauen kann. Der Hintergrund ist der, dass, wenn ein Kind den Platz des Hundes betritt, der Hund keine Konfrontation sucht. Das entspricht auch der Methode, dem Hund regelmäßig die Futterschüssel oder den Knochen wegzunehmen, damit das Kind sicher ist, falls es versucht dem Hund etwas wegzunehmen. Jedoch sollte man sich zwei wichtiger Dinge bewusst sein:

1. Wenn Sie der Rudelführer sind und Ihr Hund Sie respektiert, wird er auch den Rest des Rudels gemäß der Rangordnung respektieren.
2. Ihr Kind sollte dazu erzogen werden den Hund als Hund zu verstehen.

Es gibt gewisse Bereiche in Ihrem Heim, zu denen Ihr Kind keinen Zutritt hat. Es können ein Büro oder Büromaschinen sein, das Badezimmer, Schränke mit wertvollem Geschirr oder Chemikalien, Elektrogeräte oder Feuer. Wenn für diese Bereiche klare Regeln aufgestellt werden, warum sollte dasselbe Kind nicht verstehen, dass der Hundeplatz auch solch eine verbotene Zone ist? Weil die Eltern den Platz des Hundes als nicht so wichtig wie andere Bereiche erachten, obwohl diese anderen Bereiche keine eigenen Gefühle haben. Sie können wertvoll oder gefährlich sein, aber sie sind nicht so empfindlich wie ein Lebewesen.

Ein Welpe ist niedlich und hat genau die richtige Größe, um von einem Kind herumgetragen zu werden, aber ein Welpe braucht Ruhezeiten und muss unterscheiden lernen zwischen richtig und falsch. Wenn das Kind den Welpen herumträgt, warum darf der Welpe dann nicht auf die Schulter des Kindes springen, wenn er heranwächst? Nach zwei Jahren ist das Kind immer noch ein Kind, aber ein Welpe ist zu einem starken Hund geworden und was im Welpenalter gestattet war, kann nun bei einem jungen Hund verboten sein.

Jeder Hund sollte nach Aufforderung sein Futter oder seinen Knochen abgeben, aber wenn ein Hund akzeptiert, wer ranghöher ist und dies respektiert, sollte das kein Thema sein und muss auch nicht ständig bewiesen werden. Wenn ein Hund dazu erzogen wurde Knochen auf seinem Lager oder in seinem Außenzwinger zu kauen und auch in seinem privaten Bereich gefüttert wird (wichtig, damit er in Ruhe fressen kann), ist es nicht schwierig einem Kind zu erklären, die Fütterungszeit und den Essplatz des Hundes zu respektieren. Ein Hund, der sich sicher ist, dass sein Rudelführer alle Probleme von ihm fern hält, wird kein Kind belästigen, dass seinen Essplatz uneingeladen besucht. Er wird auf den Rudelführer warten, damit dieser die Situation klärt, und wird die Angelegenheit nicht selbst in die Hand nehmen.

Ein Welpe oder erwachsener Hund muss einen sicheren Bereich haben; einen Bereich, in den er sich zurückziehen kann, wenn er sich bedroht oder unsicher fühlt. Dieser Bereich kann ein bestimmter Teil des Hauses sein, aber wenn der Hund an einen tragbaren Kennel in Form einer Box oder eines Käfigs gewöhnt ist, kann ihm überall Sicherheit vermittelt werden. Wenn eine Party mit vielen Kindern oder ein Grillfest stattfindet oder zur Weihnachtszeit mit viel Besuch kann das mobile Heim an einen friedlichen, ruhigen Platz gestellt werden. Wenn es keinen ruhigen Platz gibt, vermitteln eine halb über die Box gelegte Decke und die geschlossene Tür Sicherheit, wobei Sie dafür sorgen müssen, dass der Hund nicht durch gut meinende, aber neugierige Hände belästigt wird.

Die Einstellung eines Hundes zu Kindern und zu Fremden hängt von der Erziehung ab und dem Schutz, den er durch seinen Besitzer erhält. Ich habe einen gut erzogenen, vernünftigen Welpen erlebt, der verzweifelt versucht hat ein Kleinkind nicht zu beißen, das sich ständig zu dem Welpen heruntergebeugt hat, ihn anstarrte und dann mehrfach in sein Gesicht geschrien hat. Die Eltern, die ihren Welpen ausgezeichnet erzogen hatten, sahen keinen Grund das Kind zu tadeln, da jeder Schreiperiode eine Umarmungs- und Ich-liebe-Welpen-Phase folgte. Wie dieser Welpe im Alter von nur vierzehn Wochen bei Verstand bleiben konnte, ist mir schleierhaft! Hätte er nur einen sicheren Bereich gehabt und wäre das Kind ebenso gut erzogen gewesen wie der Welpe, hätte es kein Problem gegeben.

Warum treiben Hunde Kinder zusammen?

Das ist ein weiterer „Border Collies tun es eben"-Mythos. Es wird angenommen, dass Border Collies Kinder zusammentreiben, weil sie dafür gezüchtet wurden Schafe zusammenzutreiben, und sie würden Kinder zwicken, weil sie Schafe zwicken. Wenn meine Hunde nicht den Unterschied zwischen Kindern und Schafen kennen würden, hätte ich wohl ein ernstes Problem. Und wenn sie nach den Schafen schnappen würden statt richtig zu arbeiten, wäre ich unglücklich, da entweder mein Training oder die Zucht der Hunde in Frage gestellt wäre. Hunde halten Kinder nicht fälschlicherweise für Schafe, sie sehen sie als Wurfgeschwister an und als diese benutzen sie sie, um ihre Fähigkeiten auszuprobieren, genau wie es Welpen und Junghunde tun, wenn sie zusammen sind.

Ein Rudel Hunde bei der Erziehung ihrer Jungen und bei der Entwicklung ihrer Instinkte zu beobachten ist faszinierend. Der Lehrer beginnt, dem Rudel zugewandt, eine Reihe von Manövern wie Kurven, Drehungen und Ausweichen. Ihm gegenüber befinden sich der oder die Hunde, die in der Rangordnung direkt nach ihm kommen, und dahinter ordnen sich der Hierarchie entsprechend die anderen ein, um ihn auszumanövrieren. Die Jungen beobachten und stehen am Ende der Schlange, wobei sie manchmal erfolgreich ausweichen und manchmal den älteren Mitgliedern im Weg stehen, die sie dann mit einem kontrollierten Schnappen an ihren Platz verweisen. Bei einem jagenden Rudel gibt es keinen Platz für einen Hund, der weder wendig noch sicher auf den Beinen ist, und das schnelle Zwicken regt die Jungen zum Denken an, bevor sie das nächste Mal bei diesem Spiel einen Fehler begehen.

Dieses Jagdspiel ist einfach erklärt, aber es umreißt die natürlichen Instinkte des Welpen und seine Rolle im Rudel. In Ihrem Haus hat er **157** seine Wurfgeschwister und Mutter nicht mehr um sich, aber obwohl er nicht länger andere Hunde hat, auf die er sich verlassen kann und die ihn unterrichten, werden seine Instinkte wach, wenn sich ein Mensch auf eine Weise verhält, die ihm bekannt vorkommt. Da diese Instinkte nur ihm zu eigen sind und nicht dem Menschen, wird er die Führungsrolle übernehmen. Wenn der Mensch ein Kind ist, spielt es nun die für den Hund rangniedrigere Rolle! Der Welpe sucht nach etwas, an dem er seine Instinkte ausprobieren kann, und wenn ihm erlaubt worden ist zu glauben, dass Kinder seine Wurfgeschwister sind, hat er die perfekten Welpen gefunden, mit denen er üben kann. Wenn das Kind auf eine Art spielt, die den Welpen ärgert oder frustriert, sieht er weder einen Grund dafür nicht zu schnappen noch würde er sich beklagen, wenn das Kind zurückbeißen würde. Das ist nicht nur typisch für Border Collies – alle Welpen gehen miteinander in ähnlicher Weise um.

Damit Welpe und Kind problemlos miteinander umgehen und niemand sich zurückgesetzt fühlt, sollte der Welpe viel Zeit mit dem Kind verbringen. Der Border Collie unterscheidet sich von anderen Rassen durch seinen Hüteinstinkt und deshalb hat er nicht nur die Grundinstinkte eines Rudeltieres, sondern auch das starke Verlangen mit einem Partner zu interagieren und zu arbeiten. Die vorherigen Kapitel erklären, wie diese Instinkte gefördert oder unterdrückt werden können. Das Anstarren, das Umrunden und „In-Schach-halten" der Schafe, dies alles ist in den Genen verankert, aber sie müssen nicht unweigerlich vorherrschende Charaktereigenschaften sein und sie alle können kontrolliert werden, ob der Hund arbeitet oder nicht.

Der Border Collie ist ein Hütehund und wenn man mit ihm nicht arbeitet und er seine natürlichen Instinkte nicht zeigen soll, verlangt man das Unmögliche.

Diese Instinkte machen den Border Collie aus, aber sie sind kein Problem und diese Rasse ist deswegen keine Bedrohung für Kinder. Das Problem liegt in dem Versagen, dem Welpen die Rudelposition des Kindes klarzumachen. Und wenn man die ureigenen Instinkte fördert, statt sie zu hemmen, wird diesen die Schuld gegeben, wenn der Hund den Erwachsenen ärgert. Ein Welpe in einem Wurf denkt nicht, „die anderen Welpen sind Schafe, daher werde ich sie zusammentreiben"; er sieht sie als etwas an, mit dem man interagieren kann, um seine natürlichen Fähigkeiten unter Beweis zu stellen. Ein Welpe in Ihrem Haus kann Kinder entweder als ältere Rudelmitglieder oder als Wurfgeschwister zum Interagieren ansehen.

Den Hund anerkennen

Meine Kinder sind mit Border Collies groß geworden und sie hatten nicht nur eine vernünftige Einstellung gegenüber den Hunden, sie sorgten auch dafür, dass andere Kinder, die sie besuchten, den Hunden denselben Respekt entgegenbrachten. Bei Kinderpartys waren alle Hunde in ihrem eigenen Heim, ob in ihrer Box, ihrem Außenzwinger, im Hauswirtschaftsraum oder in meinem Schlafzimmer. Ich musste niemals Wache schieben, da meine Kinder darauf achteten, dass die Privatsphäre der Hunde nicht verletzt wurde. Ich weiß auch, dass ein kleiner Border Collie namens Floss immer ein freundliches Ohr für ihre Geheimnisse hatte, ihnen stundenlang zuhörte und sie gerne mochte (wobei er zweifellos wusste, dass er mit mir leben musste!). Er war nicht nur ihr bester Freund und Vertrauter, er war auch ein wunderbarer Bewacher.

Es gibt keine halben Sachen, wenn Kinder und Hunde unter demselben Dach leben. Entweder die Kinder übernehmen einen Teil der Verantwortung für das Wohlergehen des Hundes und respektieren ihn oder die Situation ist problembehaftet, gewöhnlich auf Kosten des Hundes, da für jedes schlechte Benehmen nicht auch der Grund bei den Kindern gesucht wird.

Kinder lieben Verantwortung und sind zu vernünftigem Verhalten fähig, wenn man ihnen von Anfang an erklärt, warum man sich gut um einen Hund kümmern muss. Alle Kinder müssen unabhängig vom Alter den Welpen als das ansehen, was er ist. Wenn Eltern zu einem Welpen wie zu einem Baby sprechen, sehen sich die Kinder in der Rolle des älteren Geschwisters und wollen entsprechend handeln. In einigen Fällen wollen sie das Spielzeug mit ihm teilen oder, wenn sie eifersüchtig sind, können sie besitzergreifend und aggressiv gegenüber dem Welpen werden oder sie wollen das „Baby" einfach den ganzen Tag herumtragen. Wenn Eltern zu dem Welpen genauso sprechen wie zu einem vernünftigen Kind, ändert sich die Situation und das Kind sieht den Welpen als jemanden mit eigenem Willen an, der seine eigenen Entscheidungen treffen kann; er wird nicht länger als Spielzeug angesehen. Ein Welpe oder ein Hund im Haus ist kein weiteres Baby oder Kind, es ist ein Hund und als solcher verdient er auch Respekt von den Kindern und nicht nur von den Erwachsenen.

Babys und Kleinkinder

Kein Baby oder Kleinkind sollte unbeaufsichtigt mit einem Welpen oder einem erwachsenen Hund allein gelassen werden, und darüber lässt sich auch nicht diskutieren. Es ist unfair ein Tier der Versuchung von süßlich riechenden Fingern und Mäulchen auszusetzen, die in „Leckhöhe" sind, und den noch unerzogenen Annäherungsversuchen eines kleinen Kindes, dem es großen Spaß macht einen lebenden Teddy zu umarmen. Ich habe mit zu vielen Tierheimhunden zu tun gehabt, die solchen Behandlungen ausgesetzt waren, um bei der Regel „Trennen oder unter Beobachtung halten" nachzugeben. Lassen Sie uns ein mögliches Szenario betrachten: Ein Kleinkind, das auf dem Boden spielt und isst **159** oder zu essen scheint, kann das Interesse des Welpen erwecken, der nur versucht an das Essen zu gelangen. Er beabsichtigt nichts Böses, aber wenn das Kleinkind sich weigert das Essen herzugeben, versucht der Welpe nach der Hand zu schnappen; das erschreckt das Kind, das dann schreit, und die Situation eskaliert. Der Welpe ist ebenso erschreckt wie das Kind, aber meint sich selbst verteidigen zu müssen und er schnappt instinktiv nach dem Lärmverursacher.

Geschrei kann einen Welpen oder einen erwachsenen Hund dazu bringen sich untypisch zu verhalten. Alle Hunde besitzen ein feines Gehör, aber Border Collies sind sehr empfindlich gegenüber hohen Tönen, besonders die stehohrigen Vertreter. Alle kleinen Babys weinen und der ständige Lärm, besonders wenn er zum Schreien wird, kann Misstrauen und Argwohn hervorrufen. Ein Baby schreit und der Hund schleicht sich unbemerkt hinter einen Stuhl, er ist aus dem Weg und deshalb sind die Eltern nicht besorgt, aber er kann einen Groll gegen dieses „Ding" hegen, das diesen schrecklichen Lärm verursacht und dafür sorgt, dass der Rudelführer ihn zurückweist. Wenn er sein eigenes Reich hat und der Rudelführer merkt, dass er sich unwohl fühlt, bedarf es nur weniger Sekunden, um ihm Sicherheit zu vermitteln. Er bekommt seine eigene Ruhezeit, während er geduldig darauf wartet, dass sich der Rudelführer mit ihm beschäftigt, wenn sich das Baby beruhigt hat. Auf diese Weise gibt es keine Eifersucht und wenn das Baby zum Kleinkind wird, ist es der Hund gewohnt zu warten, bis er dran ist, ohne sich zurückgesetzt zu fühlen. Wenn das Kind alt genug ist, um Verantwortung zu übernehmen, wird es schon in der Rangordnung über dem Hund stehen.

Kein Baby oder Kleinkind sollte unbeaufsichtigt mit einem Hund allein gelassen werden!

Die Bedeutung eines eigenen, privaten Quartiers für einen Hund darf nicht unterschätzt werden und wenn Kinder hinzukommen, ist es der Platz, wo der Hund hingehen kann und weiß, dass er nicht gestört wird. Ein schöner, geräumiger Auslauf im Garten ist nicht nur eine ideale Möglichkeit für einen Hund, vor dem Trubel des täglichen Lebens mit einem neuen Baby geschützt zu sein, er muss dann noch nicht einmal den Lärm hören. Während das Baby beaufsichtigt werden muss, hat der Welpe oder erwachsene Hund seine Ruhe an der frischen Luft und vergnügt sich allein, bis es Zeit zum Spazierengehen ist.

Kleine Kinder

Die ersten Lektionen bei der Erziehung beginnen im Kleinkindalter. Wann immer das Kind sich dem Hund oder Welpen nähern will, sollten die Eltern bereit sein einzugreifen. Eine riesige Bürde lastet auf den Eltern, welche die Verantwortung für ihr Kind und dessen Wohlbefinden haben,

Ein Hund in seinem eigenen, sicheren Bereich kann Kinder beim Spielen beobachten und muss sich nicht automatisch ausgeschlossen fühlen. Kinder sollten dazu erzogen werden, den Hund in Ruhe zu lassen und sein Reich und seine Privatsphäre zu respektieren.

aber sie haben auch die Verantwortung für einen Hund übernommen und müssen ihm deshalb dieselbe Sicherheit und die Regeln bieten wie dem Kind. Sowohl Kinder als auch Hunde verstehen sehr schnell die Bedeutung des Wortes „Nein", daher ist es nicht schwer einen Hund davon abzuhalten ein Kind zu ärgern und umgekehrt. Es sollte klargestellt werden, dass Spielzeug kein Allgemeingut ist und je weniger Spielzeug der Welpe oder Hund hat, desto einfacher ist es für ihn zu verstehen, dass er mit nichts spielen darf, was dem Kind gehört. Wenn ein Hund an eine Unmenge von Spielzeugen gewöhnt ist, die auf dem Boden verstreut sind, sieht er es als keinen Verstoß an ein Kinderspielzeug zu nehmen. Wenn ein Hund ein Spielzeug hat, das einem Kinderspielzeug ähnelt, kann er vielleicht nicht zwischen den beiden unterscheiden. Der einzige Unterschied mag der Geruch sein und das Kinderspielzeug riecht für einen Hund verlockend.

Ein Kind muss vom Hund als ranghöher angesehen werden und nicht als Wurfgeschwister, was nur erfolgen kann, wenn die Eltern darauf bestehen, dass der Hund die Wünsche des Kindes respektiert, aber natürlich muss das Kind vernünftig sein. Kinder lernen durch Nachahmen und möchten häufig dem Hund das „Sitz" oder „Bleib" befehlen, wie sie es bei Mama oder Papa gesehen haben. Sie sollten jedoch niemals unbeaufsichtigt gelassen werden und daher auch zu keiner Zeit ein Kommando ohne die Anleitung der Eltern geben können. Noch einmal – eine riesige Verantwortung lastet auf den Erwachsenen.

Hütehunde verbringen Stunden mit dem Beobachten von Schafen durch einen Zaun, was bei einigen Hunden das „Auge" zu stark fördern kann. Zu starkes Konzentrieren auf ein Spielzeug kann zu demselben Ergebnis führen.

Wie können Sie also sichergehen, dass sich Ihr Hund und Ihr Kind verstehen?

Ihr Kind muss verstehen, dass nicht erlaubt ist

- Ziehen oder Zwicken, Teilen von Spielzeug, Teilen von Nahrung, Wecken des Hundes, Betreten seines privaten Quartiers, Anstarren oder Anschreien.

Ihr Hund muss verstehen, dass nicht erlaubt ist

- Lecken, Wegnehmen von Spielzeugen, Wegnehmen von Nahrung, Betreten der hundefreien Zone (Ihr Kind muss einen Bereich haben, den der Hund nicht betreten darf), Wegdrücken oder Hochspringen.

Verbringen Sie jeden Tag einige Minuten damit Ihrem Kind beizubringen, wie es auf den Hund zu reagieren, ihn zu streicheln und mit ihm zu reden hat. Erklären Sie Ihrem Kind die Kommandos und wenn es sie an dem Hund ausprobiert, sorgen Sie dafür, dass der Hund sie befolgt. Eines der Hauptgründe für einen Hund, ein Kind nicht als ranghöher zu betrachten, ist die Unfähigkeit Respekt zu erlangen. Ihr Kind muss lernen richtig die Befehle zu geben und die Sache ernst zu nehmen und Ihr Hund muss dem kleinen Menschen, der über ihm steht, Respekt entgegenbringen. Jedoch muss er diese Übungen ebenso freudig empfinden wie das gesamte andere Training. Hunde sind keine Kinder und daher ist ihre Vorstellung von Spiel und Interaktion völlig anders als die von Kindern. Ein junger Hund oder Welpe hat noch wichtige Lektionen zu lernen und muss seine Position im Rudel verstehen, ohne die zusätzliche Verwirrung, ob das Kind ranghöher oder ein Wurfgeschwister ist. Alle Ihre Handlungen dem Hund gegenüber sollten die höhere Position des Kindes in der Rangordnung verstärken, aber sie müssen auch Ihrem Kind die Verantwortung dieser Position und die Notwendigkeit, für den Hund der Beschützer zu sein, deutlich machen. Wenn Kind und Hund heranwachsen und vertraute Rudelmitglieder sind, werden sie immer gegenseitig auf sich achten und so wie das Kind dem jungen Hund Schutz gewährt, so wird der Hund, wenn er älter wird, das Kind beschützen.

Missverständnisse

Die Macht des „Auges"

Eines der größten Missverständnisse im Zusammenhang mit dem Border Collie ist das „Auge". Es wird häufig zu viel Bedeutung dem beigemessen, wie das Auge die Leistung des Hundes behindern kann, aber nicht genug dem, was die Macht des Auges wirklich ist und wie das Auge den Charakter und die Gefühle des Hundes widerspiegelt. Es gibt ein Sprichwort, das mir dazu einfällt und so sehr zutrifft:

Ein Mensch, der in das Auge eines Border Collies blickt und nur ein eisiges Starren empfängt, ist ein Narr.
Sei eins mit des Menschen besten Freund und du kannst durch das Auge die wahre Seele erkennen.

Oben: Moss demonstriert die Macht des Auges und sein Selbstvertrauen, als er dem störrischen Widder begegnet.
Unten: Als sich der Widder bewegt, ist Moss bereit sich zu bewegen, aber lässt den Widder in seinen eigenen Bereich zurückgehen.

Die Augen des Border Collies reflektieren seine innersten Gefühle, sie sind Verteidigung gegen Feinde und sie sind die Macht, mit dem auch die stursten Schafe bewegt werden können. Ein Border Collie ohne die Macht des Auges ist wie ein Musiker ohne Klavier; er schaut auf die Partitur, aber kann sie nicht vorspielen.

Was ist also das „Auge"? Dieser Ausdruck wird häufig gebraucht, um den hypnotischen Blick des Border Collies zu beschreiben, der, wenn er nicht richtig interpretiert wird, zu Missverständnisse führen kann. Ein Hütehund kann die Macht seines Auges dazu benutzen, ein stures Schafe zum Umkehren zu bewegen, und er kann dieselbe Macht einsetzen, um die Schafe zu „hypnotisieren", so dass sie lange genug still halten, bis der

Schäfer sie einfangen kann. Wer schon einmal einen Hütehund-Wettbewerb gesehen hat, weiß, wie ein Hund ein bestimmtes Schaf nur mit der Macht seines Auges von den anderen fern halten kann. Ein Hütehund mit „zu viel Auge" konzentriert sich gewöhnlich auf ein bestimmtes Schaf, auch wenn er mit einer ganzen Herde arbeitet, und nimmt überhaupt nicht mehr wahr, wenn der Schäfer seine Pfeifkommandos gibt. Das kann genetisch bedingt sein, wobei es dann sehr schwer abzugewöhnen ist, oder es wurde gefördert (was gewöhnlich der Fall ist), als der Hund jünger war, ohne dass es der Besitzer gemerkt hat.

Viele junge Hütehunde verbringen Zeit damit am Feldrand zu sitzen, die Nase durch den Zaun gesteckt, und die Schafe zu beobachten. Hätten sie Zugang zu der Weide, würden einige die Schafe jagen oder zusammentreiben und wären nur glücklich, wenn sie sie bewegen oder „arbeiten" könnten. Andere würden nur laufen, wenn die Schafe laufen, und jedes Mal, wenn die Schafe stehen bleiben würden, würde es auch der Hund tun und fast in eine Art Trance verfallen, bis sich die Schafe wieder bewegen. In diesem Fall initiieren die Schafe die Bewegung. Wenn ein junger Hund zu viel „Auge" zeigt, sollte er von Situationen fern gehalten werden, die ihn in Versuchung bringen, bis die Zeit gekommen ist, dass er dazu erzogen werden kann, frei um die Schafe herumzulaufen und sein Auge nur bei Bedarf einzusetzen.

In einem Wurf Border Collies werden sich alle unterschiedlich verhalten. Wenn sie spielen, simulieren sie das Jagdspiel und die meisten, wenn nicht alle, werden mitrennen. Einer der Welpen mag sich jedoch vielleicht lieber hinlegen und beobachten oder sich an die anderen anschleichen, wobei er sie mit den Augen fixiert und er schließlich von dem Spiel fast hypnotisiert ist. Es ist sehr selten, dass mehr als ein Welpe in einem Wurf diese Veranlagung zeigt, da sie alle verschiedene Rollen einnehmen, und wenn man sie sorgfältig beobachtet, geben sich die vorherrschenden Erbmerkmale bald zu erkennen. Es gibt extrovertierte und introvertierte Typen und einen Anschleicher, einen, der beim Spielen bevorzugt sein Auge einsetzt, und einen, der eher seine physischen Kräfte benutzt. Das bedeutet nicht, dass die Welpen nicht aus der gleichen Zucht stammen oder ungewöhnlich sind, es bedeutet einfach, dass sie alle ihre natürlichen Instinkte beim Welpenspiel einsetzen und jeder seine natürlichen Fähigkeiten entwickelt. Wenn Sie einen Welpen kaufen, sollte der Züchter in der Lage sein über die Charaktereigenschaften, die bei den einzelnen Welpen im Vordergrund stehen, Auskunft zu geben und Ihnen zu raten, nicht welchen Welpen sie nehmen sollen, sondern wie man mit den verschiedenen Typen umgehen muss. Meine Erfahrung hat mich gelehrt, dass ich, wenn ich einen Welpen sehe, der zu viel Auge beim Spielen zeigt, ihn aus dem Spiel herausnehme und mit ihm allein etwas anderes spiele, wobei ich eher seine Bewegung fördere anstatt seinen hypnotischen Blick. Bei jedem Üben verstärken Sie die Instinkte, die Sie erhalten möchten, **165** und kontrollieren diejenigen, die eher eine untergeordnete Rolle spielen sollen.

Wenn ein Welpe mit einem Spielzeug oder Ball spielen soll, wird er oft von der Bewegung des Objektes hypnotisiert. Das ist die Zeit, um das Spiel zu beenden (oder es sollte auf jeden Fall nicht zu lange dauern) und dafür zu sorgen, dass der Welpe seine Augen auf etwas anderes richtet; wenn nicht, wird der Hund nur auf das Spielzeug achten und nicht auf den Menschen.

Das „Auge" des Border Collies sollte niemals als Problem oder Fehler hingestellt werden, wenn ein Hund nicht den Erwartungen entspricht, denn menschliches Unverständnis hat irgendwann dazu geführt, dass der Instinkt gefördert wurde, der nun kritisiert wird. Border Collies unterscheiden sich nicht nur erheblich in der Farbe, sondern auch in ihren Augen und die verschiedenen Augen zu verstehen ist ein Ansatzpunkt dafür, wie man sich mit einem Hund vertraut macht.

Kampf- und Flucht-Distanz

Diese Distanz ist der Abstand zwischen Jäger und Beute, bei dem die Macht des Auges ins Spiel kommt. Nicht alle Border Collies haben dieselbe Kampf- und Flucht-Distanz. Sie ist abhängig von der Macht des Auges und nicht von der Körpergröße. Wenn ein Hund ruhig auf ein Schaf zugeht, ist der Punkt, an dem das Schaf sich zu bewegen beginnt, die Kampf- und Flucht-Distanz von diesem Hund. Ich kann einen Hund mit auf die Weide nehmen und er bewegt die Schafe, wenn er noch dreißig Längen entfernt ist, wobei sich ein anderer Hund auf zehn Längen oder weniger nähern kann. Sie haben dann nicht einen unterschiedlich starken Einfluss, sondern einfach eine andere Kampf- und Flucht-Distanz.

Wenn der Einfluss des Hundes etwa zehn Längen vom Schaf entfernt beginnt, wird es sich bedroht fühlen, sobald der Hund diesen Abstand erreicht, und das Schaf merkt, dass es sich dem nicht entziehen kann. Das Schaf wendet sich dem Hund zu und die Situation ist festgefahren, denn wenn der Hund weiter vorwärts läuft, wird sich das Schaf entweder umdrehen und Reißaus nehmen oder (wenn der Hund sich noch an der Grenze bewegt) den Hund herausfordern. Der Hund wird in diesem Stadium das Schaf mit seiner Macht „festhalten" und warten, bis es Schwäche zeigt. In der Wildnis könnte sich der Hund nun bewegen, aber er ist dafür gezüchtet und ausgebildet kontrolliert zu werden und der Hund sollte das Schaf umdrehen und weggehen lassen. Zu diesem Zeitpunkt wird ihm der Hund nicht folgen, aber stattdessen wird er wieder die richtige Distanz einnehmen, bevor er das Schaf innerhalb seines Kontrollbereiches weiter vorantreibt. Sollte sich das Schaf nicht umdrehen und weitergehen, sondern sich dem Hund stellen, dreht sich der Spieß um, da der Hund nun entweder aufgeben muss oder nicht von der Stelle weicht.

Ein Hund mit dem „Auge" und Selbstvertrauen wird sich weiterhin dem Schaf nähern, und zwar langsam, als ob er ihm eine zweite Chance zum Bewegen geben würde. Wenn sich aber das Schaf nicht bewegt, wird der Hund die Herausforderung annehmen und wenn nötig physische Kräfte einsetzen. Das macht die Rasse Border Collie aus und es sind seine Stärke und Weisheit gekoppelt mit der Macht des Auges, die den Hund so bemerkenswert machen.

So wie die Kampf- und Flucht-Distanz für die Sicherheit des Schafes wichtig ist, ist sie es auch für den Border Collie, denn wenn sich irgendetwas innerhalb dieses Bereiches bewegt, kann er sich bedroht fühlen. Die Sensibilität des „Auges" ist nicht nur abhängig von Training und Selbstvertrauen, obwohl beides eine wichtige Rolle spielt; das Auge und seine äußere Erscheinung reflektieren die innere Einstellung des Hundes und seine Reaktion auf den Augenkontakt. Kenntnisse über das Auge und die Art, wie es kommunizieren kann, sind wichtig, nicht nur um den eigenen Hund zu verstehen, sondern auch als Richtlinie für andere Border Collies, mit denen man Kontakt hat.

Verschiedene Augen – verschiedene Sprachen

Die Instinkte des Border Collies zu akzeptieren ist äußerst wichtig für die Rasse, damit sie alle ihre besonderen Qualitäten bewahren kann: Versuche, das „Auge" und seine Macht wegzuzüchten oder zu schwächen, wären vernichtend für die Zukunft der Rasse. Wenn jemand einen Hund ohne diese besonderen Qualitäten möchte, sollte er sich für eine andere Rasse entscheiden. Es ist nicht schwer zu lernen, sie richtig zu interpretieren, und es sollte sogar beim Sport kein Problem darstellen. Wenn ein Hund nicht daran interessiert ist, andere Menschen und Hunde zu treffen, bedeutet es sogar, dass er sich besser konzentriert und bessere Leistung zeigt!

Nicht alle Augen sind gleich. Es gibt sie in verschiedenen Schattierungen, sie können sogar unterschiedliche Farbe haben und sie sind im Ausdruck unterschiedlich. Das Einzige, was sie alle besitzen sollten, ist Stolz, da sich alle Border Collies gerne präsentieren und sogar die scheuen, introvertierten etwas haben, was sie der Welt mitteilen möchten, aber nur, wenn sie in Zuversicht aufwachsen. Augenfarbe und deren Intensität geben Hinweise über die Tiefe der „Privatsphäre" des Hundes und sie entsprechen gewöhnlich ihrem Charakter.

Ein Border Collie mit sehr tiefbraunen Augen ist gewöhnlich ein Hund von sehr sanfter Natur, häufig mit Kippohren und dickem Haarkleid; die Pupillen sind ziemlich groß und der Gesamteindruck ist ein intensives Braun. Dieser Hund hat gewöhnlich sehr wenig Macht über die Schafe und neigt dazu, einer Konfrontation aus dem Weg zu gehen. Soweit es das „Auge" betrifft, stellt dieser Typ Hund kein Problem dar. Die Instinkte des **167**

Durch das Auge erkennt man die Seele des Hundes.

Die Macht des Auges hängt auch von der Intensität der Augenfarbe ab.

Border Collies kommen nur wenig zutage, da der Hund gewöhnlich aus „schwächeren" Linien stammt. Ein braunes Auge mit einer kräftigen Färbung, das in der Mitte dunkler mit einem leicht helleren Rand erscheint, lässt den Hund ein starkes „Auge" zeigen, aber er wird selten offensiv reagieren, wenn jemand in seinen „Raum" eindringt. Ein Hund mit etwas helleren, fast bernsteinfarbenen Augen hat gewöhnlich ein sehr starkes „Auge". Er nimmt es meistens übel, wenn sein Raum bedroht wird; er ist häufig glücklicher als Ein-Mann- oder Ein-Familien-Hund. Ein „wall-eye" ist ein blaues Auge und in ihm ist häufig nur schwer zu lesen. Blaue Augen sind nicht ungewöhnlich, aber da sie oft einem bestimmten Typ entsprechen, sind sie nicht so häufig wie die verschiedenen braunen Augen. Die meisten blauäugigen Hunde sind entweder kurzhaarig oder Blue Merles und ein echter Blue Merle hat ein Augenpaar so blau, dass es fast schon stechend wirkt. Da Blue Merles gewöhnlich sehr temperamentvoll sind, ist es häufig schwer zu entscheiden, worauf die Beschreibung „etwas zu viel des Guten" eher zutrifft, auf die Augenfarbe, die Fellfarbe oder das Temperament! Etwas häufiger, aber nicht immer beliebt, sind die ungleichen Augenpaare mit einem braunen und einem blauen Auge. Ich habe niemals einen Hund mit einem blauen und einem „weichen" braunen Auge gesehen, das Blau ist gewöhnlich eher mit dem helleren oder bernsteinfarbenen Auge kombiniert. Hier handelt es sich normalerweise um kräftige Hunde mit einem schönen, starken „Auge", die nicht immer darüber begeistert sind, ihren Raum mit jemandem zu teilen.

169

Kontroversen gibt es häufig über die „wall-eyes" und sie haben häufig einen fragwürdigen Ruf. Eine der Fragen, die ich immer wieder höre, ist: „Sind blauäugige Hunde taub?" Wenn sie es sind, denke ich, dass die meisten meiner Hunde blaue Augen haben müssten, da sie sicherlich ihre Ohren auf taub stellen können! Ich glaube, dass es eher einen Zusammenhang mit der Fellfarbe statt mit der Augenfarbe gibt, denn es ist möglich, dass ein Blue Merle unter genetischen Defekten einschließlich Taubheit leidet. Auch dies hat mit der Zucht zu tun, da ein Merle-Welpe, der nur einen merlefarbenen Elternteil hat, nicht stärker gefährdet ist als jeder andere Welpe. Das Problem tritt auf, wenn Merle mit Merle verpaart wird. Aber wenn man beide Eltern anschauen kann, sollte kein Risiko bestehen einen geschädigten Welpen zu kaufen. Das Risiko besteht dann, wenn ein Elternteil nur einen Merle-Schimmer im Fell trägt und deshalb genetisch gesehen ein Merle ist – aber nicht als solcher zu erkennen ist – und daher nicht mit einem weiteren Merle verpaart werden sollte. Ich kann nicht genug betonen, dass die Züchter die Verantwortung für die Zukunft des

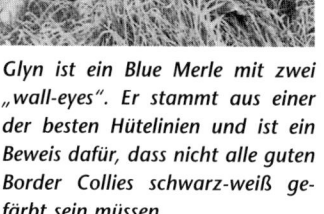

Glyn ist ein Blue Merle mit zwei „wall-eyes". Er stammt aus einer der besten Hütelinien und ist ein Beweis dafür, dass nicht alle guten Border Collies schwarz-weiß gefärbt sein müssen.

Tess hat ein „wall-eye" und ein hellbraunes Auge.

Border Collies tragen und die Besitzer müssen diese Verantwortung mit ihnen teilen, indem sie sichergehen, dass sie keine schlechten Zuchten unterstützen, weil sie bei der Auswahl ihres Welpen ihre Hausaufgaben

nicht gründlich erledigt haben.

Den Bereich des Hundes respektieren

Ein Border Collie geht „frontal" an die Arbeit, seine Konfrontationen sind „frontal" und wenn Sie sich einem Border Collie nähern, unterschreiten Sie nicht nur seine Kampf- und Flucht-Distanz, sondern es kann auch zu einer direkten Konfrontation führen. Gehen Sie niemals eine Auseinandersetzung ein, wenn Sie nicht wissen, dass Sie gewinnen und dass Sie dabei Ihren Hund nicht ruinieren. Da das Erste häufig zu dem Zweiten führt, sollte man im Zweifelsfall lieber vorsichtig sein.

Nähern Sie sich einem Border Collie von der Seite und bieten Sie ihm eine Hand an, damit er entscheiden kann, ob er Ihren Kontakt möchte. Wenn er Sie ignoriert, wünscht er, so leid es mir tut, Ihre Gesellschaft nicht, und wenn es nicht Ihr eigener Hund ist, sollte er diese Entscheidungsfreiheit besitzen. Wenn der Besitzer des Hundes ganz glücklich darüber ist, dass Sie zusammenkommen und sein Hund immer freundlich ist, nehmen Sie es nicht als selbstverständlich hin (auch wenn es der Besitzer tut), dass der Hund auf Sie reagiert. Hunde werden von Gerüchen regiert und wenn Sie ein für ihn unerträgliches Parfum tragen, kann es sein, dass er beleidigt ist.

Versuchen Sie niemals einen Border Collie auszugucken, auch nicht Ihren eigenen.

Wenn ein Hund Sie anstarrt, starren Sie nicht zurück; das ist wahrscheinlich genau das, was er will. Er schätzt Sie ab und fragt sich, ob Sie eine Konfrontation wollen. Wenn Sie einen Hund ansehen möchten, aber keine direkten Blickkontakt wollen, verhalten Sie sich wie bei einem Baby, zwinkern oder blinzeln Sie, wenn Ihr Blick ihn streift, und lächeln Sie. Schließlich wird er Sie entweder vorsichtig akzeptieren oder er wird bei seiner anfänglichen Meinung bleiben. Wie auch immer, denken Sie daran, es ist ein Hund und als solcher verdient er den Respekt, den ihm jemand, der nicht zum Rudel gehört, entgegenbringen sollte.

Das Ausgucken ist eine populäre Methode bei einigen Trainern, aber ich habe so viel Kummer gesehen, der dadurch ausgelöst wurde, und außerdem ist es völlig unnötig. Wenn jemand meint, er müsste einen Hund ausgucken, hat er ein Problem, und zwar ein Dominanzproblem. Wenn es jemand wirklich schafft, den Blick eines Border Collies zu brechen, ist die Wirkung dieselbe, als würde sich der Hund vom Schaf abwenden, und er wird das Vertrauen und die Zuversicht in seine eigenen Fähigkeiten verlieren. Es mag den Effekt haben, dass der Hund von seinem Hundeführer abhängig ist, aber diese Art von Abhängigkeit passt nicht zu dem Charakter eines Border Collies. Er sollte aus Liebe und Respekt arbeiten, nicht weil er gedemütigt wurde. Der Hunde, der gedemütigt wurde, indem er gezwungen wurde sein „Auge" abzuwenden, war vermutlich kein sehr starker Hund und daher kann ihn dieses extreme Ausmaß der Konfrontation nur mental verletzen. Der Hund, der einer Konfrontation standhält, ist derjenige, der sich einem Herausforderer nicht unterwirft, und dieser Hund wird **171**

Einem Hund nähert man sich richtig von der Seite. So kann der Hund entscheiden, ob er Kontakt aufnehmen will oder nicht.

vielleicht nicht nur die Herausforderung nicht annehmen, sondern sogar körperlich reagieren. Die Ergebnisse solcher Auseinandersetzungen enden vielleicht nicht nur mit Tränen, sondern auch in der Zerstörung eines Hundes, der nur nach seinem eigenen natürlichen Kodex gelebt hat. Wenn ein Hundeführer kein Selbstvertrauen hat, wird er die Konfrontation und das Vertrauen in seinen Hund verlieren. Wie auch immer, dem Hund tun solche Methoden nicht gut.

Ein Rudelführer fordert nur heraus, wenn er bereit ist sein Leben zu riskieren, und ein Mensch sollte klug genug sein zu führen, ohne jemals in solch einer Lage sein zu müssen! Jeder Hund, den ich zum ersten Mal sehe, und jeder Tierheimhund oder einer, der aggressiv geworden ist, wird niemals in eine Position gedrängt, in der er eine Konfrontation auslösen oder in eine verwickelt werden kann. Wenn die Zeit für den Hund und mich kommt, miteinander zu trainieren, traut mir der Hund und meint nicht länger mich herausfordern zu müssen.

Die Macht des „Auges" muss berücksichtigt werden, wenn sich Kinder in der Nähe eines Border Collies aufhalten, da nicht alle Hunde an Kinder gewöhnt sind und leider nicht alle Kinder gelernt haben, wie bzw. dass man sich einem fremden Hund nicht nähern soll. Ein Kind, das mit großen Augen auf einen Hund zukrabbelt, kann ihn in Alarmbereitschaft versetzen, wenn es die Kampf- und Flucht-Distanz unterschreitet, und da das Kind in Augenhöhe ist, sieht es der Hund vielleicht als Bedrohung an. Nicht alle Hunde haben regelmäßig Kontakt zu Kindern und wenn die erste Begegnung sie erschreckt, kann der Hund ständig nervös werden,

172

wenn Kinder in der Nähe sind. Nicht alle Eltern respektieren die Privatsphäre eines Hundes und ich habe aufgehört zu zählen, wie oft meine Hunde bei einem Hütewettbewerb hinten in meinem Wagen saßen und ich gehört habe, dass Eltern ihre Kinder aufgefordert haben, „in den Wagen zu steigen und diese niedlichen Hunde zu streicheln". Die Hunde sind ziemlich friedlich – gewöhnlich fühle ich die Aggression, wenn ich sehe, wie leicht diese Kinder sich einem Hund falsch nähern und dadurch einen Unfall auslösen können!

Strafe

Wasserspritzen, Zeitungen, Rucken an der Würgekette, Klapse, Knurren, Schreien, Schütteln am Genick – die Liste ist endlos und der Hund wundert sich wahrscheinlich, was um Himmels willen sein Besitzer da tut, oder er ist schon so daran gewöhnt, dass es keine Wirkung erzielt. Wenn Sie einen Traumwelpen haben und nichts falsch machen, müssen Sie Ihren Hund niemals tadeln! Schelte ist eine andere Form der Konfrontation und wenn Sie nicht vorsichtig sind, kann sie ein größeres Problem verursachen als das, wofür Sie Ihren Hund maßregeln wollten. Es gibt keine Veranlassung Ihren Hund zu bestrafen, wenn sein Verhalten Ihnen nicht passt; zuerst müssen Sie herausfinden, *warum* sich Ihr Hund so verhält.

Die „künstlichen" Methoden sind für einen Hund unnatürlich und einige der Rudeltheorien basieren auf den menschlichen Vorstellungen eines Rudels und nicht auf den Instinkten eines Hundes. Wasser ist nicht immer verfügbar und oft finden die Hunde es sogar gut. Die zusammengerollte Zeitung kann Schmerzen bereiten und ist keine Maßnahme, die ein Hund versteht. Die Würgekette ist es nicht wert zu erwähnen und der Rest macht entweder Angst oder regt Ihren Hund auf, wenn er ohne Zusammenhang eingesetzt wird.

Ein Hund kann mit seinem Besitzer direkten Augenkontakt aufnehmen, aber der Austausch ist freundlich und nicht feindselig.

Das Wort „Nein" ist unschätzbar und wenn es vom ersten Tag an verwendet wurde, ist es die beste Präventivmaßnahme, die es gibt. Border Collies sind Spitzbuben, aber sie sind nicht frech, und wenn sie über die Stränge schlagen, dann deshalb, weil sie die Regeln nicht verstanden haben. Sie müssen auch den Wunsch des Hundes nach Gefallen berücksich-

173

tigen, weil ihn der häufig in Schwierigkeiten bringt. Meine Hunde machen regelmäßig Sachen, die frech erscheinen, aber sie meinen zu helfen. Ich verbringe z. B. eine Stunde damit eine Schafherde zusammenzutreiben, um sie auf eine andere Weide zu bringen, und in dem Moment, in dem die Schafe durch das Gatter gehen, bringt der Hund sie alle zurück! Ich könnte losschreien, aber es gibt keinen Grund, da der Hund glaubt alles richtig zu machen. Ich muss auch einen meiner älteren Hunde davon überzeugen, dass der Postbote nicht jeden Morgen kommt, um mit ihm zu trainieren, denn er bringt pflichtbewusst eine kleine Gruppe Schafe zum Hof in der Hoffnung, ich würde mich darüber freuen.

Am Genick zu schütteln als Strafe ist zwecklos; es soll nachahmen, wie ein Rudelführer mit einem Aufrührer umgeht, aber ich habe noch nicht gesehen, dass ein Hund einen anderen packt, in die Luft hebt und schüttelt. Ein anderes Missverständnis ist das Hochheben des Hundes, so dass er den Boden unter den Füßen verliert, damit sich der Hund unterwirft. Border Collies sind Freidenker und sollten nicht gedemütigt werden.

Denken Sie gründlich nach, bevor Sie etwas zu Ihrem Hund sagen, weil er vielleicht genau das tut, was Sie ihm beigebracht haben.

Wenn also ein Problem vorliegt, sollten Sie dieses an den Wurzeln packen. Hunde mögen in der Luft kämpfen, aber nur, wenn es um ihre Vormachtstellung geht. Der Hund, der gewinnt, ist der Hund, der am Ende oben ist, daher kürzen Sie das Ganze ab und lassen Sie den Hund gleich zu Beginn liegen und in dieser Position verharren. Einen Hund zu schütteln oder hoch zu heben erfordert nicht nur Kraft, sondern Sie müssen auch gewinnen und vermutlich wird auch hier der Hund dominant sein und jeder, der einen dominanten Hund am Nacken schüttelt, kann zum Verlierer werden. Alle Arten von Zurschaustellung von Kraft, sei es körperlich oder verbal, stehen nicht auf der gleichen Ebene. Der Hund gewöhnt sich daran und ignoriert es, so dass es beim nächsten Mal noch stärker sein muss. Schreien und Knurren würde vielleicht ein anderer Hund, aber er wäre auch bereit zu kämpfen – sind Sie das auch?

Wenn Sie Ihren Hund für sein schlechtes Betragen mit einem strengen „Nein" auf den Boden drücken, sich vor ihn stellen (nicht über ihm aufbauen) und ihn dort liegen lassen, haben Sie ihn in seine Schranken gewiesen und mussten noch nicht einmal die Stimme erheben. Das ist Stärke, solange es sich um einen Hund dreht. Bieten Sie ihm nicht das Vergnügen Ihrer Aufmerksamkeit; er muss still lieben bleiben, bis Sie von ihm Notiz nehmen wollen. Sie können den Stolz eines Hundes verletzen, ohne ihm seinen Stolz zu nehmen. Sie können ein Problem aus der Welt schaffen, ohne den Hund zu drangsalieren, und Sie können einen gut erzogenen Hund haben, ohne dass er unterwürfig ist.

Es gibt nichts Schöneres als einen glücklichen Border Collie, der frei

mit seinem Besitzer spazieren geht und sich nicht nur mit ihm „unterhält", sondern auch die Zeit mit ihm genießt – ein entspannter Mensch und ein fröhlicher Border Collie!

Border Collies, Kinder und Strafe

Border Collies können gut und zum Vorteil beider Seiten mit Kindern zusammenleben, aber nur unter gewissen Umständen und wenn sowohl Erwachsene als auch Kinder in der Lage sind, die zusätzliche Verantwortung zu übernehmen. Es ist wichtig, dass es eine kinderfreie und eine hundefreie Zone gibt und dass der Hund seine Position in der Rangordnung versteht. Alle Kinder sollten lernen, wie man sich richtig einem Hund nähert, sollten nicht dazu ermutigt werden sich fremden Hunden zu nähern und sollten niemals engen Augenkontakt mit einem Hund haben.

Wenn ein Hund getadelt werden muss, bedeutet es, dass es an Kommunikation mangelt. Wenn wir den Hund zu unserem Vergnügen in unser Heim aufnehmen, liegt es bei uns, sich um einen klarere Kommunikation zu bemühen.

Kapitel 10
Grundsätzliches

Wann immer Sie die Gelegenheit bekommen sich mit einem älteren Schäfer zu unterhalten, einem echten Schäfer, dessen gesamtes Leben sich um die Schafe und die Hunde dreht, bitten Sie ihn von seinem Leben und seinen Hunden zu erzählen. Sie werden wahrscheinlich überrascht sein von seinem Witz, sich über seinen Sinn für Humor amüsieren und neidisch werden über seine einfache, aber ehrliche Lebenseinstellung. Ist es da ein Wunder, dass diese Hunderasse, die so viel Zeit in der Gesellschaft dieser wunderbaren alten Charaktere verbringt, einen besondere Sinn für Humor hat und sich weigert das Leben ernst zu nehmen? Wenn Sie Bücher lesen und trainieren in der Hoffnung einen perfekten Hund zu bekommen, werden Sie enttäuscht werden – nicht weil Ihr Hund nicht perfekt ist, sondern weil ein Border Collie nur perfekt ist, wenn er spitzbübisch ist. Vor Jahren erzählte man mir, dass, wenn ich nur halbherzig trainieren würde, froh sein könnte überhaupt irgendwelche Ergebnisse zu erhalten. Sie müssen 100 Prozent anstreben, glücklich darüber sein etwas weniger zu erreichen und sich freuen, wenn Ihr Hund nicht so folgsam ist, dass er vergessen hat, wie man lacht. Ein sehr folgsamer Border Collie ist nicht immer glücklich, aber mit einem führigen ist es eine Freude zu arbeiten.

Wenn Sie geschafft haben, was Sie sich vorgenommen haben, nämlich diesen vorwitzigen Kerl, der es liebt Sie aufzuziehen, zu verstehen, lehnen Sie sich nicht zurück und ruhen sich auf Ihren Lorbeeren auf. Denn das ist nur der Anfang und wenn Sie Ihrem Border Collie beigebracht haben sein Gehirn zu benutzen, wird er schon planen, was Sie als nächstes in Angriff nehmen. Nur selten weiß man nichts mit sich anzufangen und dann ist es Zeit, mit Ihrem Freund einen Schritt weiter nach vorne zu tun und sich neuen Herausforderungen zu stellen.

Wann immer Sie sich mit einem Border Collie zeigen, werden Sie gut gemeinte, aber widersprüchliche Ratschläge bekommen – denken Sie daran, das ist *Ihr* Hund und *Sie* müssen mit ihm leben. Solange Sie beide glücklich sind, sich gegenseitig verstehen und Ihr Hund sich führen lässt, sollte sich keiner Sorgen machen müssen. Und so wie Sie Vorlieben haben bei der Wahl von Freunden und Bekannten hat auch Ihr Hund seine Vorlieben und Abneigungen. Es tut weder Ihnen noch dem Hund gut, wenn Sie unter Annäherungsversuchen von Hundeführern leiden müs-

Spielende Hunde haben zusammen viel Spaß. Achten Sie auf die Körperhaltungen und das Rutenspiel.

sen, die darauf bestehen, dass „alle Hunde sie lieben". Hören Sie auf die Körpersprache Ihres Hundes und haben Sie das Selbstvertrauen, seine Wünsche gegenüber solchen Menschen zu respektieren. Denn trotz allem ist es der Hund, der mit *Ihnen* nach Hause geht!

Es gibt keine Alternative für gute Erziehung und das beinhaltet auch alle Methoden, mit denen man den Hunden das Schafehüten abgewöhnt. Ein Border Collie ist gemäß Abstammung, Natur und Instinkt ein Hütehund; ihm das Hüten abzugewöhnen geht gegen seine Natur und seinen Lebensstil. Einen Border Collie zu haben und dann zu versuchen die ureigensten Instinkte, die ihn so besonders machen, zu unterdrücken ist aussichtslos und die Methoden, mit denen ein Hütehund gegen seine Instinkte verändert werden soll, sind nicht sehr fein. Diese Methoden basieren gewöhnlich darauf, dass der Hund mit seinem Instinkt Schmerz assoziiert. Ein langes Seil um den Hals oder Bauch des Hundes gebunden, ein Halsband, das Stromstöße abgibt, das Einsperren in einen Pferch mit einem Widder oder einem Mutterschaf mit Lämmern sind nur einige Methoden, um dem Hund den Sinn des Lebens zu zerstören. Er ist ein Hütehund, leben Sie damit und nutzen Sie es. Nehmen Sie ihm nicht die Instinkte, nutzen Sie sie und leiten sie in eine Richtung, bei der der Hund sein Gehirn anstrengen muss und glücklich ist. Wenn Ihr Hund gerne Schafe hetzt, ist er nicht genügend ausgebildet, daher sollten Sie noch einmal „die Schulbank drücken", herausfinden, wo das Defizit in der Kommunikation liegt, und sie neu aufbauen.

Border Collies sind sensibel und nachdem ich mein ganzes Leben mit ihnen verbracht habe, kann mich keiner vom Gegenteil überzeugen. Ich habe überhebliche Hunde, harte Hunde und solche getroffen, die Spaß daran haben einen herauszufordern, aber in allen steckte eine verletzliche Seele. Man muss sich das wie ein riesiges weiches Zentrum in einem komplizierten Labyrinth vorstellen. Manchmal gelangt man direkt dorthin und ein anderes Mal muss man wieder zurückgehen und einen anderen Weg nehmen. Das Zentrum ist immer da, Sie müssen es nur erkennen und fest entschlossen sein es zu erreichen. Alle Border Collies haben ein ausgezeichnetes Gedächtnis und werden immer nach ihrer letzten Erinnerung an einen Platz oder Zwischenfall handeln, auch wenn Sie es vielleicht vergessen haben. Ich kann mich daran erinnern, wie ich Meg bei einem Wettkampf, als sie auf halber Höhe eines Hügels war, das Kommando dafür gab, einen größeren Bogen zu laufen. Zwölf Monate später auf demselben Gelände kam ich zu spät an und musste direkt starten und ohne einen Pfiff trieb Meg die Schafe genau in diesem Bogen über das

Gelände! In diesem Beispiel kam mir ihr Gedächtnis zugute, aber ein Hund mit einem guten Gedächtnis kann sich auch an Dinge erinnern, die Sie nicht nur erfreuten, sondern auch frustrierten, daher sollten Sie dafür sorgen, dass Ihr Hund Sie nicht hereinlegt.

Versuchen Sie Ihren Hund so schnell wie möglich an das Autofahren zu gewöhnen und daran, dass er dabei ruhig bleibt, da ein winselnder oder bellender Hund ablenkt und zur Gefahr werden kann. Nicht alle Hunde mögen Autofahren, aber viele vertragen es besser, wenn Sie nicht herausschauen können, da die vorbeiziehende Landschaft sie desorientieren und auch aufregen kann. Die Transportbox oder der

Verfolgungsspiele sind immer beliebt.

Käfig sind ideal und mit einer darüber gelegten Decke kann der Hund zur Ruhe kommen. Denken Sie daran, es ist ein Hund und kein Kind. Er muss nicht mit Spielen und Spielzeugen abgelenkt werden und Ihr Hund wird am Ende der Reise viel ruhiger sein, wenn er sich nicht in Hysterie hineingesteigert hat.

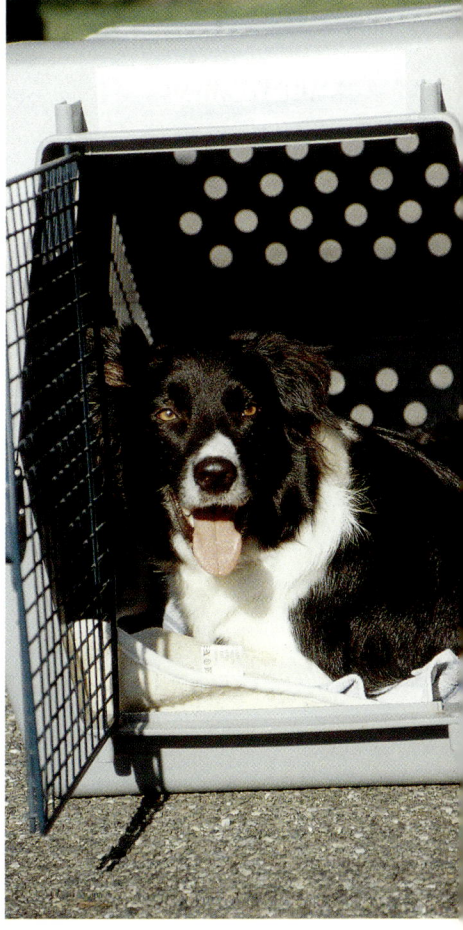

Spezielle Gitterboxen für Autos bieten sichere, geschützte Transportmöglichkeiten auch für mehrere Hunde.

Eine Transportbox ist das ideale mobile Heim für einen Hund und passt in die meisten Autos. Am besten setzt man sich gleich hinein, damit man nicht vergessen wird, wenn es losgeht.

Vereine und Wettkämpfe

Es ist nicht obligatorisch einem Verein beizutreten oder an Wettkämpfen und Ausstellungen teilzunehmen, aber es hilft Ihnen neue Leute kennen zu lernen und verschiedene Anregungen zu erhalten; es bietet Ihnen und Ihrem Hund außerdem neue Herausforderungen. Wie immer Sie auch Ihre Zeit mit Ihrem Hund verbringen möchten, sollte er der perfekte Begleiter sein und mit ganzem Herzen sich Ihren Plänen anschließen. Vielleicht entscheiden Sie sich für ein ruhiges Leben, um nur die gegenseitige Gesellschaft auf langen Spaziergängen zu genießen, niemandem Rechenschaft ablegen zu müssen und sich selber Freude zu bereiten. Oder vielleicht gehen Sie in einen Verein und nehmen an allem, was angeboten **179**

Die Hunde können fast senkrecht hoch springen, wobei die Beine beim Landen dann sofort Laufbewegungen ausführen.

Border Collies lieben es zu springen. Schon in der Luft dreht sich der Körper zur Seite und das ganze Gewicht landet auf einem Vorderbein.

Es gibt keinen Grund einen Hund mit einem Zerrspiel anzustacheln, damit er etwas für Sie tut. Hunde haben bemerkenswert viel Kraft in Zähnen und Körper Ein Spielzeug in Kinderhand kann zum Ausrasten eines ansonsten folgsamen Hundes führen.

wird, teil. In diesem Fall gibt es gewisse Regeln, an die Sie sich halten müssen. Bevor Sie also irgendwo beitreten oder etwas für Sie und Ihren Hund entscheiden, nehmen Sie sich etwas Zeit, um alle Möglichkeiten abzuwägen.

Es gibt Kurse für die Grunderziehung, aber viele Trainer sind begeisterte Wettkampfanhänger und tendieren dazu nach den Wettkampfanforderungen zu üben statt nur das, was für den normalen Familienhund erforderlich ist. Ihr Hund muss nicht apportieren, Fährten verfolgen, für eine gewisse Zeit außer Sicht sitzen und liegen bleiben. Und man sollte auch nicht zur nächsten Stufe übergehen, wenn die erste Stufe noch nicht **181** richtig beherrscht wird. Wenn Sie also nur in einen Verein gehen, um die normale Begleithundausbildung zu absolvieren, müssen Sie nicht die ganzen Stufen durchlaufen, die für einen Wettkampf wichtig sind. Aus welchem Grund auch immer Sie einem Klub beitreten, schauen Sie sich die Sache erst einmal vom Rande aus an und wenn Sie mit den Methoden nicht einverstanden sind oder Sie es einfach nicht als passend für Sie und Ihren Hund empfinden, suchen Sie sich einen Verein, der zu Ihnen passt. Es gibt viele gute Vereine, unter denen man wählen kann, wenn man sich etwas Mühe macht.

Zerrspielzeuge sind in einigen Vereinen üblich und werden dazu benutzt, den Hund vor einem Wettkampf anzuheizen. Es ist nicht notwendig einen Border Collie auf diese Weise zu aktivieren, damit er gut im Wettkampf ist. Wenn er aber für die Arbeit angestachelt werden muss, wird er nicht klar denken. Glauben Sie nicht, dass Sie hart sind, wenn Sie keine Spielzeuge oder Leckerli verwenden – Ihr Hund liebt Sie, nicht Ihre Taschen voller Futter.

Bitten Sie Ihren Hund etwas für Sie zu tun und er wird es tun.

Wenn Sie an Wettkämpfen teilnehmen wollen, fragen Sie Ihren Hund, was er darüber denkt, denn nicht alle Hunde lieben jeden oder einen bestimmten Sport. Sie denken vielleicht, Sie haben einen Gewinner für den Ausstellungsring, aber Ihr Hund mag nicht von Fremden angefasst werden, dann ist er kein Show-Hund. Wettkämpfe in Obedience, Agility und Hütearbeit sind weitere Möglichkeiten und auch wenn Letzteres für einige nicht in Frage kommt, trainieren diejenigen, die Land und Vieh besitzen auch die Arbeit an der Herde. Border Collies zeichnen sich bei allen Tätigkeiten aus, denen sie sich widmen. Da Hütearbeit und Agility die Beine sehr belasten, sollten die Hunde voll ausgewachsen sein, bevor mit ihnen das Springen geübt wird. Die Hunden können ausgezeichnet springen und lieben es, aber wenige Menschen sind sich dessen bewusst, wie hoch die Beanspruchung der Beine und Gelenke dabei ist. Beim Springen landet nicht nur das gesamte Körpergewicht des Hundes auf einer Pfote, sondern der Stoß beim Landen und die Geschwindigkeit des Sprungs kommen noch dazu.

Übermäßiges Toben

Border Collies sind sehr agil und geben niemals auf. Als Hütehund macht sie das unvergleichlich, aber als Begleithund kann es zu körperlichen Schäden führen. Sie drehen und verbiegen sich, nur um einen Ball zu fangen, sie rennen, springen und werfen sich sprichwörtlich in jedes Spiel, das sich der Mensch ausdenkt, und sie machen auch dann weiter, wenn sie nicht mehr klar denken können. Sie tun dies, weil die Menschen **182** daran Freude haben und es wünschen in dem Glauben, den Hund da-

Double Trouble! Zwei Welpen im selben Alter sind nicht leicht zu erziehen, wenn sie zusammenleben.

durch ausreichend zu bewegen. Menschen halten allerdings Kinder davon ab, bis zu hysterischem Geschrei zu spielen oder bis sie sich weh tun. Sie wissen, ein übererregtes Kind braucht einige Zeit, um sich zu beruhigen, und wird wahrscheinlich verdrießlich sein, wenn es nach Hause geht. Denken Sie wie ein Hund, denken Sie wie ein Border Collie und lassen Sie ihn auch denken.

Ein zweiter Hund

Sollten Sie sich einen zweiten Hund zulegen und wenn ja, wann? Die gut gemeinte Idee von zwei Spielkameraden kann zum Desaster führen, wenn es um Border Collies geht. Den Hunden geht es gut, aber die Menschen könnten sich schnell überfordert fühlen. Ich rate niemals dazu, sich zwei Welpen zur selben Zeit anzuschaffen. Ich züchte meine eigenen Welpen, aber ich behalte selten zwei im selben Alter, obwohl ich die Möglichkeiten dazu hätte und die Zeit, um sie getrennt zu erziehen. Mit familiären Verpflichtungen und begrenztem „Hunderaum" ist es schon häufig schwierig für den Besitzer ausreichend sinnvolle Zeit mit nur einem Welpen zu verbringen und wenn zwei Welpen zusammenleben, ist diese Zeit unerlässlich. Wenn Welpen sich gegenseitig als Gesellschaft haben, ist es sehr einfach, sie sich selbst zu überlassen und die Erziehungsübungen auf später zu verschieben. Wenn nur ein Welpe in **183**

Am liebsten tun sie alles gemeinsam.

![Zwei Border Collies spielen im Gras]

Welpen, die zusammen aufwachsen, beschäftigen sich viel miteinander – erlangen dann aber auch eher Unabhängigkeit von ihren Menschen.

Zwei Hunde in der Familie entwickeln ihre eigene Rangordnung.

der Familie ist, bemüht man sich, mit ihm sinnvolle Zeit zu verbringen und mit ihm zu kommunizieren.

Welpen besitzen einen natürlichen Rudelinstinkt, der sich bald entwickelt, und wenn sie Zeit zusammen verbringen, lernen sie voneinander, interagieren und entwickeln ihre eigene Rangordnung. Wenn der „Möchtegern-Rudelführer" dann versucht, etwas Ordnung in deren Leben zu bringen, ist es oft zu spät, da sie ihn schon zum „Chefkoch und Schüsselabwascher" degradiert haben! Wenn Sie zwei Hunde in der Familie haben möchten, lassen Sie vor der Anschaffung des zweiten mindestens sechs Monate, besser mehr, vergehen, obwohl das auch davon abhängt, wie gut **185**

Sinnvolle Zeit ist nicht nur für jüngere Hunde wichtig. Die Autorin verbringt Zeit mit Gyp und Kim, zwei alten Damen, die sich das Recht auf besondere Zuwendung verdient haben.

Sie mit dem ersten Hund vorankommen und wie gut Ihre Beziehung zueinander ist. Ein Hund hat seinen menschlichen Führer zur Gesellschaft und wenn die Beziehung gut ist, wird er mehr als zufrieden damit sein. Jedoch kann die Gesellschaft eines Artgenossen stimulierend sein und wie Menschen lieben Hunde gemeinsame Streiche, aber sie müssen Mitglieder *Ihres* Rudels sein und nur *Ihnen* gegenüber, nicht gegenseitig, für etwas verantwortlich sein. Getrennt miteinander verbrachte Zeit, wenn sie auch kurz ist, hilft ihnen zu verstehen, wer der Rudelführer ist. Und vergessen Sie nicht, dass sich dies auch auf die Spielzeiten bezieht. Wenn Ihre Hunde die Zeit zum Denken getrennt verbringen, werden sie sich nicht einfach herausnehmen gemeinsam zu rennen und zu spielen – sie werden bei Ihnen sitzen und sich erst mit Ihnen unterhalten und dann geben *Sie* ihnen die Erlaubnis ihre freie Zeit zu genießen. Zwei Welpen zusammen aufzuziehen scheint eine gute Idee, solange sie klein und wuschelig sind, aber als Halbstarke können sie doppelten Ärger machen und als Erwachsene werden sie vielleicht versuchen den Ton anzugeben.

Der alte Hund

Alte Hunde sind wirklich liebenswert. Diese Hunde waren immer da und verstehen Sie besser als irgendjemand – und wenn nur, weil sie sich immer die Zeit nehmen zuzuhören. Wenn meine alten Hunde sprechen könnten, könnten sie ein Vermögen mit „Erpresserknochen" machen. Alte Hunde besitzen Qualitäten, die sie so liebenswert wie Welpen machen, und sie verdienen so viel Aufmerksamkeit wie sie bekamen, als sie jung und munter waren. Sie lassen Sie wissen, wann sie sich ausruhen wollen, oder sie fordern Sie zum Spiel auf, gerade wenn Sie Ihre Füße hoch legen wollen, und das Beste ist, dass sie in ihrem Alter ungeschoren davonkommen! Der ältere Hund macht niemals Ärger; wird er geliebt und umsorgt, hält er sich selber sauber, achtet peinlich auf Hygiene und wenn sein Körper beginnt nachzulassen, wird er für alles, was Sie für ihn tun, dankbar sein und wird sich niemals beschweren.

Gemeinsam sinnvolle Zeit miteinander zu verbringen ist nicht nur wichtig für die jüngeren Hunde, es gehört zu jedem Hund jeden Alters und je älter der Hund ist, umso mehr hat er es verdient. Mit der Lebenserfahrung, die sie haben, ist ihr Sinn für Humor jedoch häufig subtiler, daher seien Sie auf der Hut, dass sie den Spieß nicht umdrehen!

Wenn man sein Leben mit einem Border Collie teilt, ist das einzig Schlimme zu wissen, dass man sich eines Tages verabschieden muss. Auch wenn es nicht einfach ist, ist es doch unvermeidlich. Wir sollten in diesem Zusammenhang noch auf einige Fragen eingehen, mit denen ich im Laufe der Jahre konfrontiert worden bin. Eines der Probleme von Besitzern mit älteren Hunden ist die Frage, ob und wann sie sich einen neuen Hund anschaffen sollen. Ein Border Collie ist bei allem, was er tut, mit Leib und Seele dabei; er liebt das Leben, lebt jeden Moment aus und liebt bedingungslos. Das Letzte, was ein sicherer und vertrauter Hund wollte, wäre von seinem lebenslangen Partner zu verlangen auf die Freude, die das Zusammenleben mit einem Border Collie bringt, zu verzichten. Sie schaffen sich keinen anderen Hund als „Ersatz" an, sie bekommen einen „wegen ihm". Wann Sie Ihre Familie vergrößern, müssen Sie für sich entscheiden, aber häufig bereitet die Liebe zu einem zweiten Hund nicht nur Freude und erinnert an die Jugend des alten, sondern kann auch eine Stütze für den trauernden Menschen sein. Es ist natürlich, traurig zu sein, aber lassen Sie sich dadurch nicht davon abhalten sich über Ihren Hund zu freuen. Er verlässt Sie niemals wirklich, er ist immer in Ihrer Erinnerung und in Ihrem Herzen. Daher werden Sie niemals ohne einen Border Collie sein und wenn Ihnen jetzt einer zu Füßen liegt, wird jeder, der vorher gegangen ist, wieder lebendig in den Handlungen des jetzigen Hundes und in Ihren Erinnerungen.

Individualität

Border Collies werden niemals langweilig, weil sie nicht auf eine bestimmte Rolle festgelegt sind. Und einen zu verstehen bedeutet nicht, dass Sie den nächsten verstehen, den Sie treffen, da sie alle Individuen sind und als solche und nicht als bestimmter Typ verstanden werden wollen. Jeder Hund braucht Führung und Erziehung entsprechend sei-

Ein gut erzogener Hund begleitet Sie gerne überall hin – vor allem im Urlaub!

nem Charakter und seinen genetischen Veranlagungen, daher können zehn Hunde, die dieselbe Ausbildung erhalten, alle unterschiedlich geführt werden, um das beste Resultat zu erzielen. Wenn ich Ihnen einige verschiedene Charaktere vorstelle, hilft es Ihnen vielleicht zu erkennen, dass Ihr Hund ein Individuum bleibt.

Als ich dieses schreibe, ist Hope, der von Hand aufgezogen wurde, zwei Jahre alt. Er ist überheblich und frech, aber darunter verbirgt sich eine sensible, ziemlich ängstliche Seele. Er liebt Bewegung und beim Autofahren will er Tempo und wird so aufgeregt bis zu dem Punkt, wo er ungehorsam wird. Wenn er sich hinlegen und still sein soll, ist er ruhig und schläft schließlich ein. Er liebt es zu arbeiten, aber weil er gelernt hat seinen Kopf zu gebrauchen, statt sich ständig zu bewegen, benutzt er sein Gehirn, um das Beste aus der Arbeit zu machen. Skye (vier Jahre alt) ist immer beschäftigt, aber wenn sie nichts zu tun hat, z. B. im Auto, schläft sie, als würde sie ihre Batterien neu aufladen, um dann weiterzumachen. Skye liebt Menschen, aber außer mit Artgenossen im eigenen Rudel versteht sie sich nicht besonders gut mit anderen Hunden. Sie hat gelernt, dass ich es nicht mag, wenn sie jeden Hund, den sie trifft, „überfällt", aber sie hat auch gelernt, dass ich es anderen Hunden nicht gestatte sich ihr zu nähern und sie zu ärgern. Mit diesem Verständnis erlaubt sie mir die Situation zu klären, wenn ein Hund in ihren Raum eindringt.

Gyp (zwölf Jahre alt), Max, ihr Bruder, und Meg, ihre zwei Jahre alte Tochter sind alle glücklich, wenn sie niemanden außer mich sehen. Sie gehen niemals zu anderen Menschen und sie mögen keine Annäherungsversuche. Max und Gyp haben gleich klargestellt, dass sie keine Wettkämpfe mögen, aber sie lieben es zu arbeiten und Meg kommt nach ihnen. Max und Gyp haben beide helle Augen, aber Meg, die nicht ganz so distanziert ist, hat etwas dunklere Augen. Einen weiblichen Welpen von Gyp jemandem zu verkaufen, der Wettkämpfe besuchen will, wäre unsinnig, aber sie sind unglaublich freundlich und loyal und somit ideal für jeden, der eine Eins-zu-Eins-Beziehung zu seinem Hund haben möchte.

Pip ist sieben Jahre alt und ignoriert andere Hunde; gäbe es neben ihm eine Explosion, würde er sie nur bemerken, wenn er nicht gerade mit etwas anderem beschäftigt wäre. Er ist sehr loyal und ein typischer Ein-Mann-Hund, arbeitet aber gerne für andere Menschen, wenn ich ihn darum bitte. Er hat helle Augen und mag nicht angestarrt werden. Er hat gute Manieren, aber wenn jemand in seinen Raum eindringt, straft er ihn gewöhnlich mit einem empörten Blick und geht weg. Hope und Skye lieben körperlichen Kontakt mit Menschen, aber Pip sehnt sich niemals nach Zuneigung. Er akzeptiert sie, wenn sie ihm entgegengebracht wird, aber er geht dann häufig wichtigen „Geschäften" nach.

Kim und Kimmy (dreizehn und zehn Jahre alt) lieben beide Menschen und Aufmerksamkeit, beide haben mittelbraune Augen und beide sind kontaktfreudig. Kimmy ist voller Energie, daher muss ihre Ernährung sorgfältig überwacht werden, aber Kim ist wesentlich ruhiger und brauchte daher einen zusätzlichen Energieschub, als sie jünger war und es viel Arbeit gab. Tip (elf Jahre alt) mit braunen Augen und Stehohren steckte immer voller Energie und ist manchmal eigensinnig. Tip ermüdet nie und weist Aufmerksamkeit nie zurück. Er liebt Erwachsene und Kinder und jeder möchte ihn streicheln, aber seine Energie in jungen Jahren erforderte viel Kontrolle.

So viele verschiedene Charaktere und solch unterschiedliche Hunde, und doch arbeiten sie alle nach demselben Prinzip. Sie fahren alle gerne Auto und sie können überall hin mitgenommen werden, ohne dass ich Angst habe, mich für sie schämen zu müssen. Aber sie lassen sich nicht alle mit demselben Standard vergleichen und das ist etwas, was wir Menschen akzeptieren müssen. Egal was Sie tun wollen, wenn Ihr Hund dafür nicht geeignet ist, sollte es auch für Sie nicht richtig sein. Aber es gibt **189** etwas, bei dem Sie und Ihr Hund sich ausleben können, Sie müssen es nur finden.

Genießen Sie alles, was mit Ihrem Hund zusammenhängt, auch wenn es Ihnen nicht gefällt. Denn es ist unvermeidlich, dass der Hund sein Gehirn benutzt, wenn es auch für den falschen Zweck ist. Amüsieren Sie sich in Ihrem Innersten über seine Streiche, wenn Sie ihm erklären, dass dies ein für alle Mal das letzte schlechte Benehmen war. Arbeiten Sie *mit* ihm und versuchen Sie *nicht gegen* ihn zu kämpfen; viele Hundeführer verbringen so viel Zeit damit mit Ihrem Hund zu streiten, dass sie häufig nicht merken, dass sich der Hund einen Spaß daraus macht. Es ist ein großer Fehler anzunehmen Ihr Hund wolle Ihnen nicht gefallen, aber es ist einfacher es zu glauben, wenn Sie Hinweise bekommen wie, dass ein Border Collie an der Leine zieht und Autos jagt. Ehe Sie es merken, bereiten Sie sich auf einen Krieg vor, noch bevor er beginnt. Denken Sie an Ihre Körpersprache – wenn Sie Ärger erwarten, drückt Ihr Körper Besorgnis aus, Ihr Hund spürt die Feindseligkeit und reagiert mit einer ähnlichen Körpersprache, wodurch auch sein Geist feindselig reagiert.

Dieser Welpe blickt erwartungsvoll in die Zukunft – genießen Sie die Zeit mit Ihrem Border Collie.

Wenn Sie das Führen eines Hundes mit dem Führen eines Autos vergleichen sollten, könnten Sie sagen, dass eine Vernachlässigung der Mechanik, eine Misshandlung der Gangschaltung und ein zu frühes Hochschalten sehr bald Ihrem Auto schaden wird. Wenn Sie aber die Mechanik warten, gefühlvoll schalten und herunterschalten, wenn es langsamer geht, haben Sie über viele Kilometer Freude an Ihrem Auto. Erwarten Sie nicht von Ihrem Hund zu bald im höchsten Gang zu laufen, nehmen Sie sich Zeit.

Der Border Collie ist eine außergewöhnliche Hunderasse und muss vorsichtig und rücksichtsvoll geführt werden, damit er sich optimal entwickeln kann. Wenn Ihr Hund gut erzogen ist und Sie fühlen, dass Sie ihn überall hin mitnehmen können, wird er Sie gerne beim Laufen, Radfahren, Wandern, Segeln, Camping, im Wohnmobil, im Hotel und im Zelt begleiten. Ihr gemeinsames Leben beginnt gerade und hinter jeder Ecke, um die Sie biegen, werden Sie einen neuen Horizont erblicken. Sie sind Beschützer für eine der edelsten Hunderassen, daher genießen Sie jede Minute von Ihrem Leben mit einem Border Collie.

Kapitel 11
Problemlösungen auf einen Blick

Kauen
Je mehr Spielzeug und Kauartikel ein Hund hat, umso eher wird er vieles zerkauen. Achten Sie darauf, ihm keine Haushaltsgegenstände wie Bürsten oder Schuhe als Spielzeug zu geben.

Kommen auf Rufen
Das Rufen muss mit einem fröhlichen Kommando erfolgen und sollte immer eine freundliche Einladung für Ihren Hund sein. Immer wenn Sie Ihren Hund heranrufen, sollten Sie sicherstellen, dass Ihr Hund Ihnen Aufmerksamkeit schenkt.

Leinenführigkeit
Wenn Sie Ihrem Hund erlauben jederzeit vor Ihnen zu laufen, glaubt er immer den Weg angeben zu können. Sie müssen ihm klarmachen, welches „sein" Bereich ist und er muss den Raum vor Ihnen respektieren.

Hyperaktivität
Hyperaktivität kann durch Spielen, durch mangelnde Disziplin und durch die Position des Hundes im Rudel ausgelöst werden, aber gewöhnlich ist der Grund dafür eine falsche Ernährung.

Geräuschempfindlichkeit
Obwohl einige Border Collies von Natur aus auf laute Geräusche empfindlich reagieren, werden viele durch menschliches Zutun als Welpe schon darauf konditioniert, vor bestimmtem Lärm Angst zu haben.

Jagen und Zerstören
Die Instinkte eines Hütehundes dienen dem Hüten und das Jagen sollte nicht gefördert werden; viele Spiele, die mit Border Collies gespielt werden, fördern eine falsche Entwicklung dieses natürlichen Instinktes.

Das „Auge"

Viele Missverständnisse über Border Collies im Zusammenhang mit dem „Auge" rühren von den ungenügenden Kenntnissen über die Fähigkeiten eines Hütehundes her. Das „Auge" ist eine typische Eigenschaft und sollte nicht als Problem angesehen werden, obwohl es so weit kontrolliert werden sollte, wie es für den einzelnen Hund erforderlich ist.

Adressen

**Verband für das Deutsche
Hundewesen e. V. (VDH)**
Westfalendamm 174
D-44141 Dortmund
Tel.: 02 31/5 65 00-0
Fax: 02 31/59 24 40
Internet-Adresse: *http://www.vdh.de*

**Club für Britische Hütehunde
e. V.**
Internet-Adresse: *http://
www.cfbrh.de*
Rassebetreuerin Border Collie:
K. Viktoria Röntgen
Friedrichshöher Straße 19
D-31737 Rinteln
Tel. & Fax: 0 57 54/14 41

Deutscher Border Collie Ring
Internet-Adresse: *http://
www.bordercollie.de*

DVG-Hauptgeschäftsstelle
(Deutscher Verband der
Gebrauchshundsportvereine)
Gustav-Sybrecht-Straße 42
D-44536 Lünen
Tel.: 02 31/87 80 10
Fax: 02 31/8 78 01 22

Agility im ÖKV
Brunnengasse 7/5
A-1160 Wien
Tel. & Fax: 1/4 92 68 08

Kamo der SKG
(Kommission Agility, Mobility und
Obedience)
Kurt Fritschi
Freidorf 87
CH-4132 Muttenz
Tel.: 0 61/3 11-37 84
Fax: 0 61/3 11-37 62
e-mail: *fritschi–kurt@bluewin.ch*

Border Collie Club der Schweiz
Präsident: Jürg Aebli
Aumattweg 17
Ch-3032 Hinterkappelen
Tel.: 0 31/9 01 11 06

Dank

von der Autorin

Vielen Dank Malcolm und Maureen für ihre Hilfe bei den Fotografien und ihrer Geduld. Ich möchte auch Caroline für die Erstellung der Grafiken danken und Pat Borrows, dessen Gedichte einen Border Collie zum Leben erwecken. Gilbertson und Page leisteten unersetzliche Hilfe bei Ernährungsfragen. Und nicht zuletzt danke ich meinem Sohn Gary und meiner Tochter Vicki, deren Unterstützung mir über die Jahre den Mut gegeben haben, für meine Ansichten einzustehen.

von der Übersetzerin

Für die Ausstattung der deutschen Ausgabe dieses Buches war es erforderlich, noch eine Reihe von Fotografien nachzustellen bzw. zu ergänzen. Daher möchte ich mich an dieser Stelle bei folgenden Border-Collie-Haltern bedanken, die mir ihre Zeit geopfert haben und ihre Hunde – und sich auch zum Teil selber – als Fotomodelle zur Verfügung gestellt haben:
Anke Gutekunst, Schweix (Frankreich)
Petra Kolatzek mit „Duke", Genkingen
Walter Mollenkopf, Pfullingen
Silvia Sinner mit „Corry", Unterensingen
Susanne Steinmetz, Riedelhof
Andrea Wurtz mit „Mak", Reutlingen
Nicht zuletzt möchte ich Frau Uta Reichenbach danken, die mir erst die Kontakte zu den Hundehaltern ermöglicht hat und mir – wie schon öfter – immer weiterhilft, wenn ich mal wieder ein -Anliegen „in Sachen Hund" habe.

Abbildungsverzeichnis

Die Zahlenangaben beziehen sich auf die Seitenzahlen.

Fam. Eckert, Blieskastel: 25

Gutekunst, Anke, Schweix (Frankreich): 30, 38 unten, 190

Lehari, Gabriele, Reutlingen: Titelbild, 10, 11 (2), 14 (2), 16, 20, 21, 25 (2), 27, 31, 35, 36, 54, 57 (2), 58, 59, 60, 63, 64, 65, 70 (2), 80, 81, 85, 87, 92, 94, 96, 105, 107, 109 (3), 111 (2), 116, 117, 122, 133, 134, 136, 137 (2), 139, 141, 142, 146, 151, 161,168, 169, 173, 177, 178, 179 (2), 180, 181 (2), 183, 184, 185 (2),

Sell, Kerstin, Nürtingen: 188

Alle anderen Fotos von Malcolm und Maureen Merone, Trevor Robinson, Betty Duggan und Barbara Sykes.

Sachwortregister

Zuverlässiger Begleithund

Heike E. Wagner

Hunde erziehen

Der richtige Weg zum zuverlässigen Begleithund

200 Seiten, 43 Farb- und
20 SW-Abbildungen
15,2 × 21,5 cm, gebunden
ISBN 3-88627-**228**-1

Die verschiedenen Methoden, wie man sich mit dem Hund verständigen und sein Verhalten in die gewünschte Richtung steuern kann, werden vorgestellt. In Schritt-für-Schritt-Anleitungen werden alle wichtigen Lektionen der Hundeerziehung erklärt und mit zahlreichen Fotos dokumentiert. Ob der Hundeführer im Verein, auf dem Hundeplatz oder für sich allein seinen Hund erziehen und ausbilden möchte – in diesem Buch findet er die richtige Anleitung mit wertvollen Tipps und Hinweisen dazu.

Bestellen Sie bei Ihrer Buchhandlung!

Verlagshaus Reutlingen · Oertel + Spörer
Postfach 16 42 · D-72706 Reutlingen

OERTEL
+SPÖRER

Faszination Agility

Brigitte Lau

Faszination Agility

192 Seiten, 42 Farb- und
21 SW-Abbildungen,
20 Zeichnungen,
15,2 × 21,5 cm, gebunden
ISBN 3-88627-**229**-X

Agility – eine Hundesportart, die aktive Sportler wie Zuschauer gleichermaßen fasziniert. Der besondere Reiz dieser sportlichen Beschäftigung mit dem Hund ist die Harmonie, die zwischen Hund und Hundeführer besteht.
Alle Tipps und Tricks für die neue Hundesportart: Die Autorin erklärt alle Geräte des Agility-Parcours, das effektive Training sowie die aktive Wettkampfteilnahme – mit aktuellem FCI-Reglement im Anhang.

Bestellen Sie bei Ihrer Buchhandlung!

Verlagshaus Reutlingen · Oertel + Spörer
Postfach 1642 · D-72706 Reutlingen

OERTEL
+SPÖRER